中国地质大学(武汉)马克思主义理论研究系列丛书

大学生思想政治教育理论与实践

DAXUESHENG SIXIANG ZHENGZHI JIAOYU LILUN YU SHIJIAN

主　编　喻芒清
副主编　邬海峰　王　甫　童将峰

图书在版编目(CIP)数据

大学生思想政治教育理论与实践/喻芒清 主编. —武汉:中国地质大学出版社,2022.12
(中国地质大学(武汉)马克思主义理论研究系列丛书)
ISBN 978-7-5625-5469-1

Ⅰ.①大… Ⅱ.①喻… Ⅲ.①大学生-思想政治教育-研究-中国 Ⅳ.①G641

中国版本图书馆 CIP 数据核字(2022)第 240095 号

大学生思想政治教育理论与实践	喻芒清 主编
责任编辑:彭 琳 何 煦　　　选题策划:彭 琳	责任校对:张咏梅

出版发行:中国地质大学出版社(武汉市洪山区鲁磨路388号)	邮政编码:430074
电　　话:(027)67883511　　传　真:(027)67883580	E-mail:cbb@cug.edu.cn
经　　销:全国新华书店	http://cugp.cug.edu.cn

开本:787毫米×960毫米 1/16	字数:265千字	印张:15.25
版次:2022年12月第1版		印次:2022年12月第1次印刷
印刷:武汉市籍缘印刷厂		
ISBN 978-7-5625-5469-1		定价:58.00元

如有印装质量问题请与印刷厂联系调换

中国地质大学（武汉）马克思主义理论研究系列丛书编写委员会

主　任　黄晓玫　郝　翔
副主任　王林清　高翔莲　喻芒清
成　员　傅安洲　储祖旺　李祖超　黄　娟
　　　　阮一帆　侯志军　邬海峰　黄少成
　　　　刘世勇　朱桂莲　汪宗田　王　甫
　　　　陈　慧　高翠欣　陈华文　魏海勇

前言

思想政治教育是研究人们思想品德形成、发展规律和对人们进行思想政治教育的科学。思想政治教育的指导思想和理论基础是马克思主义科学体系,因此,直观的表述就是,思想政治教育是用马克思主义科学世界观和方法论来指导人们形成正确的思想和行为的科学。思想政治教育作为一门学科创立于20世纪80年代初,是在思想政治工作实践基础上建立起来的。与其他学科相比,思想政治教育有自己独特的学科特性,主要表现在以下四个方面。

一是从学科关系和学科属性来看,思想政治教育是马克思主义理论一级学科下的二级学科。它以人的思想行为形成变化的规律,以及实施思想政治教育的规律作为研究对象。马克思主义理论是思想政治教育的指导思想、理论基础和根本教育内容,思想政治教育学科的基点是马克思主义及其中国化的理论。坚持以马克思主义理论学科为基础加强思想政治教育学科建设,必然要求按照马克思主义理论学科的整体性原则,坚持以马克思主义理论教育为核心和基础,明确学科属性、研究对象和学科边界,彰显学科特色,发挥学科优势。思想政治教育学科与马克思主义理论学科中其他二级学科的不同点体现在学科理论基础的综合性和较强的学科实践性。因此,思想政治教育学科实际上所关注的理论范围相较于马克思主义理论其他二级学科更为广泛,或者说思想政治教育学科相对具有一定的特殊性。

二是从学科理论的形成上看,思想政治教育学科是一个综合性的学科,它不仅要以马克思主义理论为学科的理论基础,还要借鉴吸收教育学、政治学、伦理学、心理学、社会学、管理学等多学科的理论知识。借鉴、包容和整合后形成的思想政治教育学科客观上要求学科自身进一步提炼、融合,而这一过程无疑需要在学科基础理论研究上深下功夫。这不是通过提出一些新范畴就能够实现的,也绝非创造一些原则、设计种种方法所能够达到的。

三是从学科的性质来看，思想政治教育学科本身不是自我封闭的学科，而是一个开放的学科。其一，思想政治教育学科的应用性要求学科研究具有综合性、广泛性和社会性的特点，也因此要求思想政治教育学科研究不应仅仅停留在学科理论体系的建构与完备上，而且应当在解决现实问题、推进学科应用性发展上展示其特有功能，彰显学科优势。其二，思想政治教育的核心是政治教育，而政治教育不同于一般的学校道德教育、心理教育的特点就是它具有实践上的社会性和广泛性。思想政治教育不仅仅是在学校这一特定的场域中实施，而且要面向大众，针对各类人群、不同社会领域。这就要求思想政治教育学科研究要广泛关注社会现实，研究各类对象，把握动态，扩大学科视野。

四是从学科功能的外显状况上看，学科的现实境遇要求思想政治教育学科研究应追求广度和深度。当前，思想政治教育的实效性问题、社会对本学科的评价与认同问题、专业人才培养问题等仍然是思想政治教育学科建设与发展所面临的突出矛盾。这些问题环环相扣，其解决成效依赖于学科的进一步发展和研究的不断深入。

由此可见，思想政治教育有着不同于其他学科的独特性，其研究的范畴非常广泛，主要涵盖：个人与社会、思想和行为、教育主体与教育客体、内化与外化、教育与管理等基本问题。马克思主义理论是学科的基础。用马克思主义科学世界观和方法论来指导人们形成正确的思想和行为，在实践中就是思想政治教育工作，因此，思想政治教育是一门实践特色非常突出的学科。

大学生思想政治教育是大学生德育的重要组成部分，是以提高大学生思想道德修养，培养良好的思想品德，促进学生全面发展为根本目标，贯穿社会主义大学教育全过程的理论和实践紧密结合的教育活动。大学生思想政治教育的主要任务包括四个方面：一是以理想信念教育为核心，深入进行"三观"教育（世界观、人生观、价值观）；二是以爱国主义教育为重点，深入培养和弘扬民族精神；三是以基本道德规范为基础，深入进行公民道德教育、社会主义核心价值观教育；四是以大学生全面发展为目标，深入进行素质教育。在开展大学生思想政治教育过程中，大学生思想政治教育理论与实践逐渐成为思想政治教育学科下一个独立的研究方向。

中国地质大学（武汉）是最早设立思想政治教育本科专业的学校之一，早在

20世纪80年代就开始了思想政治教育专业本科生培养工作,2000年获得马克思主义理论与思想政治教育硕士学位授予权,经过20多年的教学科研积累,形成了较丰富的教学经验和较丰硕的科研成果,2006年获得思想政治教育博士学位授予权。大学生思想政治教育的理论与实践是思想政治教育学科下的三大研究方向之一,重点研究大学生思想政治教育规律、实践体系和运作模式。经过长期的学术积淀,形成了"全员、全方位、全过程"的育人模式,形成了"基本规律研究—基础理论研究—实践模式构建"三位一体、相互促进的研究范式,产生了一系列的学术研究成果。这些学术研究成果来源于广大思想政治教育工作者在实践中的探索与思考,极大地丰富了大学生思想政治教育理论与实践的研究内容,他们为学校人才培养和思想政治教育学科建设付出了艰辛的努力。本书选取其中一部分研究成果汇集出版,既是对过去研究工作的阶段性总结,同时也为当下大学生思想政治教育工作者继续开展理论研究与实践探索提供参考。

大学生思想政治教育理论与实践研究是新时代探索高等教育与人才培养规律的永恒主题,这种持续深入的研究,必将继续推进大学生思想政治教育的实际工作,推动思想政治教育学科建设不断发展。在实践中,我们要坚持用习近平新时代中国特色社会主义思想武装师生、教育学生,深入开展理想信念教育、爱国主义教育、道德教育和素质教育,践行社会主义核心价值观,巩固马克思主义理论在高校意识形态领域的指导地位,凝聚实现中华民族伟大复兴的磅礴伟力。同时,要继续努力探索新时代大学生思想政治教育的规律,研究新情况,解决新问题,把大学生思想政治教育理论与实践的研究提升到一个新的高度。期待今后能涌现出更多的理论与实践成果。

喻芒清

2022年6月6日于武汉

目录 CONTENTS

论思想政治教育学基本范畴与一般范畴的区别 …………………………（1）

柯尔伯格道德发展理论对加强和改进大学生思想政治教育的启示 ………（11）

思想政治教育文化范式探微 ……………………………………………（18）

新媒体时代青年学生核心素养培育的路径创新 …………………………（27）

把握研究生群体特点　增强研究生思想政治工作实效性 ………………（33）

强化服务意识　推进学生工作方式转变 …………………………………（39）

对比解析：增强高校民族学生"四个自信"的重要教育方法 ……………（45）

"以生为本"教育理念的现实困境与对策研究 …………………………（52）

基于说服理论的大学生思想政治教育创新 ………………………………（58）

后现代主义视野中的思想政治教育主客体关系审视 ……………………（65）

基于复杂性理论视阈的大学生教育问题研究 ……………………………（70）

论爱国主义教育基地功能发挥的现实路径 ………………………………（80）

试论大学生对思想政治教育的价值期待 …………………………………（85）

新时代大学生道德价值观的问题分析与对策研究 ………………………（93）

"双主体"视域下大学生网络思想政治教育研究 ………………………（107）

导师主导的研究生科研道德教育探析 ……………………………………（112）

我国女大学生领导力培养现状及启示 ……………………………………（119）

信任研究的心理层面探析 …………………………………………………（124）

关于高校生命教育的再思考 ………………………………………………（131）

研究生压力认知对心理健康的影响……………………………………(136)
高校创新创业教育的反思与模式构建…………………………………(143)
论高校研究生自主创新平台的建设……………………………………(151)
高校马克思主义生态文明理论教育思考………………………………(158)
论高校辅导员的悟性修养………………………………………………(165)
新形势下高校青年教师思想政治工作的困境与对策…………………(172)
高校辅导员胜任力模型的构建与检验…………………………………(178)
应用于研究生培养中的知识管理问题研究初探………………………(187)
专业教师实践"课程思政"的逻辑及其要领——以理工科课程为例……(195)
论思想政治理论课教学中的"灌输原则"与"无灌输"理念……………(202)
关于经典阅读提升思想政治理论课有效教学的思考…………………(207)
突发公共卫生事件下的精准思政路径研究——基于武汉市11所高校
大学生的调研……………………………………………………………(216)

论思想政治教育学基本范畴与一般范畴的区别

黄少成　傅安洲

中国地质大学(武汉)马克思主义学院,湖北 武汉 430074

摘要:范畴作为学科的基本理论单元,是一门学科建立的重要基石之一,由学科范畴构建起来的逻辑结构体系是该学科的基本骨架。思想政治教育学基本范畴与一般范畴都是思想政治教育学范畴理论的重要内容。深入辨析思想政治教育学基本范畴与一般范畴之间的区别,对于深刻理解思想政治教育学范畴的内涵,构建思想政治教育学不同层次的范畴体系,并通过范畴体系的发展引导思想政治教育学科建设与发展具有重要意义。

关键词:思想政治教育学;基本范畴;一般范畴;区别

一、思想政治教育学的基本范畴与一般范畴概述

当前,学界对思想政治教育学范畴类别的专门研究并不多见,相对比较权威、系统地对范畴进行分类和说明的学者主要有张耀灿、徐志远等。他们认为,按照性质状态不同,思想政治教育学范畴可分为实体范畴、属性范畴和关系范

【文章来源】本文原载于《湖北社会科学》2015 年第 5 期,有修改。

【项目来源】国家社会科学基金一般项目"德国政治教育研究"(项目编号 10BKS054);湖北省教育厅人文社科专项项目"政治教育学范畴研究"(项目编号 2014235035)阶段性成果。

【作者简介】黄少成,男,博士,中国地质大学(武汉)马克思主义学院教授,博士生导师。傅安洲,男,中国地质大学(武汉)教授,博士生导师。

畴;按照高低层次不同,可以分为核心范畴、基本范畴、一般范畴和具体范畴(张耀灿,2006;徐志远,2005)。在按照高低层次进行分类的基础上,学界对思想政治教育学基本范畴和一般范畴分别作了较为深入的研究,辨析了思想政治教育学基本范畴和一般范畴各自的内涵、特征,确立了相应层次的逻辑范畴及其结构体系。在思想政治教育学范畴逻辑结构体系中,基本范畴及其体系和一般范畴及其体系具有各自不同的地位和作用。

思想政治教育学基本范畴,是反映和概括思想政治教育学所研究的特殊领域中各种现象之间最本质、最重要、最稳定、最普遍的特性和关系的基本概念(徐志远,2009)。基于当前对思想政治教育理论与实践的认知水平,以及基本范畴的内涵与特征,思想政治教育学主流学派(傅安洲等,2010)确立了8对呈对偶形态的基本范畴,并遵循"逻辑起点—逻辑中项—逻辑终点"的基本原则,构建思想政治教育学基本范畴的逻辑结构体系。这一体系即围绕"教育主体与教育客体"这一逻辑基项(中心),从"思想与行为"的逻辑起点,经过"疏通与引导""言教与身教""教育与管理""物质鼓励与精神鼓励"等逻辑中项,完成思想政治品德的"内化与外化"的两个阶段,到达"个人与社会"逻辑终点的过程。

思想政治教育学一般范畴,是指在思想政治教育过程中,起着重大作用,并能揭示现代思想政治教育学某些规律且又能为完备现代思想政治教育学科理论体系创造一定条件的概念(徐志远,2009)。根据思想政治教育学一般范畴的内涵、特征,以及逻辑范畴结构体系的构建原则,徐志远等学者确立了思想政治教育学一般范畴的5个维度,即基本理论维、价值认识维、教育过程维、对偶范畴维、方法载体维以及分属相应不同维度的思想政治教育学20个一般范畴,具体包括思想政治教育的基本矛盾、灌输原则、研究对象、价值、目标、内容、思想政治品德形成发展过程、思想政治教育客体、环境、过程、机制、评价、理论与实践、表扬与批评、主导性与多样性、继承与创新以及心理咨询、自我教育、教育载体、网络教育等。思想政治教育学以"维"为理论单位和工具,概括抽象并展示具有某些共同特征的一般范畴,从一定程度上体现出该学科一般范畴研究的复杂性,同时也标志着一般范畴的研究进一步得到科学的规范。

尽管如此,上述思想政治教育学一般范畴的5个维度之间的逻辑关系以及20个一般范畴与所属维度之间的对应关系,仍存在着可商榷之处。因此,笔者在前期对思想政治教育学基本范畴与一般范畴以及两者之间的联系进行了初步探索,并对一般范畴进行了优化组合。笔者认为,思想政治教育学一般范畴从单个概念组合到"维"的过程,是多个一般范畴之间展示、演绎、聚合等辩证运动的结果。按照逻辑范畴体系构建的一般原则,以及各范畴的不同内涵和相互之间的关系,将思想政治教育学一般范畴体系的"维"由 5 个优化减少至 4 个,一般范畴由 20 个优化减少至 13 个(黄少成等,2011a)。在前期研究论证基本范畴与一般范畴之间对应关联关系中,黄少成等(2011b)已对思想政治教育学基本范畴与一般范畴共同的逻辑特征、逻辑功能、构建原则进行了剖析和阐述。但按照马克思主义认识论的基本原理,对事物本质特征的认识,不仅要把握事物普遍的共同特征,更重要的是要把握事物个别性与特殊性的特征。因此,在深入辨析思想政治教育学基本范畴与一般范畴各自的内涵、逻辑结构,以及相互对应关联关系的基础上,进一步厘清两者之间的区别,对于深刻理解两者之间的差异,更好地把握各自特征,深化思想政治教育学范畴理论研究和学科发展都具有重要作用。

二、思想政治教育学基本范畴与一般范畴的区别

尽管学界对思想政治教育学基本范畴与一般范畴各自的内涵、特征、结构、功能及两者的共通之处,都有相应论述,但对两者之间的差异并没有进行专门而深入的辨析。深入分析把握该学科基本范畴与一般范畴之间的差异,对于深刻理解学科范畴的内涵,构建思想政治教育学不同层次的范畴体系,促进思想政治教育学科建设与发展具有重要意义。我们认为,思想政治教育学基本范畴与一般范畴的区别主要体现在以下几个方面。

1. 两者抽象的程度不一样

相比较而言,思想政治教育学基本范畴对思想政治教育领域现象、特性和关系的抽象程度更高,而一般范畴的抽象程度相对较低。

前文已经述及,思想政治教育学基本范畴是反映和概括思想政治教育学所研究的特殊领域中各种现象之间最本质、最重要、最稳定、最普遍的特性和关系的基本概念。基本范畴"最"的特性及其重要性,是由马克思主义矛盾分析法确定的。马克思主义认为,矛盾分析法是人们认识事物变化发展的根本方法,是科学认识客观事物的根本方法。思想政治教育学各对基本范畴都由对偶形态的概

念来呈现,即对偶范畴,其本质体现的是对立统一关系,这是思想政治教育领域最基本的矛盾关系。这一矛盾关系在对偶形态的基本范畴上表现出相互对立与相互统一的特征,这是思想政治教育学基本范畴重要性最深刻的体现。8 对对偶范畴的对立关系,思想与行为表现为支配与被支配,教育主体与教育客体表现为主导与接受,疏通与引导表现为广开言路(集思广益)与说服教育,言教与身教表现为口头(或书面)的语言教育与模范行为的榜样教育,教育与管理表现为启发说服与管制约束,物质鼓励与精神鼓励表现为奖金实物与表扬,内化与外化表现为输入与输出,个人与社会表现为适应与排斥。其统一性表现为对偶范畴的两者之间相互依赖、相辅相成、相互补充、相互转化的关系。比如,思想决定行为,行为是思想的外在表现形式,二者相互联系并统一于思想政治教育实践活动;教育主体与教育客体相互依赖、互为存在前提,没有教育主体就没有教育客体,没有教育客体,教育主体就没有存在的必要,二者在一定的条件下相互转化;疏通与引导、言教与身教、教育与管理、物质鼓励与精神鼓励等作为逻辑中项,对偶范畴的统一关系表现为相互补充、相辅相成、缺一不可,体现的是思想政治教育社会实践活动中方法的多样性;在内化与外化的对立统一关系方面,内化是要求,外化是目标,内化为外化作准备,外化为内化提供效果检验标准,二者统一于人的思想行为形成发展转变过程之中;在个人与社会的对立统一关系方面,个人是社会的基本单元,社会由众多个人组成,没有个人就没有社会,而个人的生存发展离不开社会的支撑,二者统一于由个人活动的总和构成的社会整体运动及其成就之中。思想政治教育学基本范畴"最"的重要性程度深刻体现在这些对偶范畴的对立统一关系之中。

思想政治教育学一般范畴在其概念内涵中对重要性程度也有明确界定。即它是用是否"在思想政治教育过程中起着重大作用"来描述和界定。所谓"在思想政治教育过程中起着重大作用",是指一般范畴在思想政治教育实践活动中对思想政治教育目标的实现起着重要影响和制约作用,它或表现为思想政治教育的依据,或为思想政治教育的表现形式等,反映的是思想政治教育过程中某一类别、某一层次、某一环节、某一维度现象和关系的本质特征。如思想政治教育的基本矛盾、规律,思想政治品德形成发展过程,以及学科研究对象、范畴等,是完备该学科理论体系的重要概念,体现的是思想政治教育的根据;思想政治教育价值、内容、环境、机制贯穿思想政治教育过程的始终,与教育载体、教育方法共同成为影响和制约思想政治教育目标实现的重要因素；思想政治教育目标、价值和评价，在一定意义上揭示和反映了思想政治教育的本质。相比基本范畴由4个"最"体现出的思想政治教育过程中更高程度的抽象性和重要性，"起着重大作用"的一般范畴则是更直观、更具体地揭示和展现出思想政治教育过程及其相应的特征。

可见，在思想政治教育学范畴体系中，基本范畴及其体系起到决定性和支柱性的重要作用，抽象程度更高；"起着重大作用"的思想政治教育学一般范畴的重要性位于基本范畴重要性之下，对思想政治教育现象、特性和关系的抽象程度相对较低。

2. 两者揭示的规律的性质不一样

思想政治教育学基本范畴揭示的是思想政治教育领域中具有根本性质的规律，一般范畴揭示的是该领域的某些规律。

根本性质的规律是指在思想政治教育中普遍存在的、贯穿思想政治教育始终的、本质的、必然的联系(张耀灿等,2006)。基本范畴揭示的规律，正是统摄思想政治教育各个层面的具有根本性质的规律。如思想与行为揭示了人的思想和行为相互之间的关系，其中思想主导和支配行为的规律，成为探索思想政治教育规律的逻辑起点；教育主体与教育客体是思想政治教育过程中最活跃的因素，主客体之间思想、意识、情感的交流是思想政治教育过程中最核心的关系，体现的是双向互动的规律；疏通与引导、言教与身教、物质鼓励与精神鼓励、教育与管理等逻辑中项是思想政治教育全过程最基本的方针和原则，是具有方法论意义的规律；内化与外化体现了人的思想政治品德形成、发展过程中两个不同阶段的基本规律；个人与社会互为因果，是思想政治教育领域矛盾特殊性的集中展现。可见，基本范畴蕴含着思想政治教育实践活动领域的基本矛盾，揭示的是思想政治教育过程中具有根本性质的规律。

思想政治教育学中的某些规律揭示的是思想政治教育社会实践活动中某一类别、某一环节、某一层次、某一维度的本质联系。如思想政治教育过程中的基本矛盾、相应学科的研究对象、学科范畴反映的是基本理论维度的本质联系；思想政治教育过程、环境、内容、机制等范畴揭示的是过程维度中不同方面、不同层次的本质联系；教育载体和教育方法是对方法载体维度的抽象与概括；思想政治教育目标、价值和评价集中反映了价值认识维度的本质及其关系。同时,思想政治教育目标、过程、评价还分别体现了思想政治教育不同阶段的本质与联系。此外,在思想政治教育的教育实践活动中,必须遵循的双向互动规律、协调控制规律、人格分析规律、教育与自我教育相统一等规律,体现的都是其中某一环节、某一层面或者某一维度的本质和联系。

从根本规律和某些规律自身的区别而言,根本规律和某些规律分别体现为全部和局部、全方位和某一方面、全过程和某一环节之间的本质联系。比如,思想政治教育学包含政治教育、道德教育、思想教育、心理教育等内容,如果思想政治教育学的根本规律体现的是以上述这些方面内容相互融合、辩证统一为基础的本质联系,那么某些规律则是这些方面内容各自内部的本质联系。再如,思想政治教育学的根本规律体现的是全过程的本质联系,某些规律体现的则是某一环节或过程的联系,或者前半段、或者后半段、或者中间的任何截断后的某一段的本质联系。可见,思想政治教育学基本范畴与一般范畴在揭示的规律的性质上有明显区别。

3. 两者逻辑结构体系的构建方式不一样

基本范畴和一般范畴逻辑结构体系的构建方式由各自内涵及其相应特征所决定。思想政治教育学基本范畴逻辑结构体系以"点线"方式连接构建,一般范畴逻辑结构体系则以"面线"方式连接构建。两者逻辑结构体系构建方式的差异与其各自内涵特征密切相关。

前文已经述及,思想政治教育学基本范畴位于范畴体系的较高层次(仅次于核心范畴),它反映和概括事物现象、特性和关系的程度更抽象、更深刻、更重要。思想政治教育学基本范畴体系是以确立的 8 对对偶范畴为节点,按照"逻辑起点—逻辑中项—逻辑终点"的基本原则,通过基本范畴的内在联系和辩证运动,以"点线"方式连接构建。研究基本范畴体系的逻辑结构,实质是研究范畴内部、范畴与范畴之间以及范畴与逻辑结构体系之间的关系。这一关系就是以"点线"方式相连的思想政治教育学基本范畴逻辑结构体系(图 1)。

相比思想政治教育学 8 对对偶形态的基本范畴,一般范畴体现出更生动、更具体且数量更多的特征。要深入理解维数较多的一般范畴及其相互之间的逻辑关系,就需在全面理解其内涵与特征的基础上,更深入地把握这些一般范畴相互

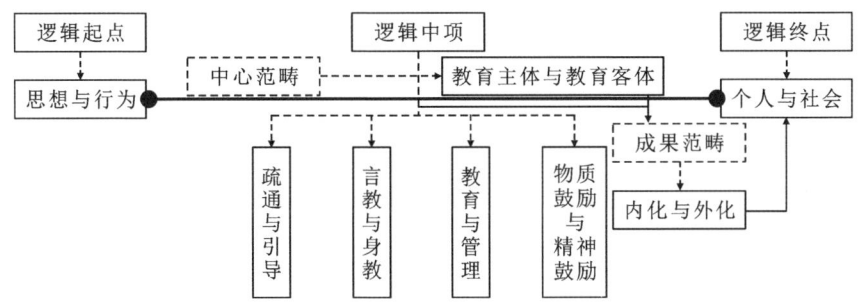

图 1 思想政治教育学基本范畴逻辑结构体系示意图

之间的演绎、展示、聚合的辩证运动过程及其按照各自特征属性,归属、组合、抽象而成的4个不同的维度,即基本理论维、教育过程维、方法载体维以及价值认识维。如果思想政治教育范畴体系是一个三维的立体结构的体系,那么思想政治教育学一般范畴体系的维度,其实质就是聚合了具有某些共同属性或特征的一般范畴的二维平面。一般范畴只有以聚合成的、抽象程度更高的"维"作为理论分析的工具,才能更好地按照"逻辑起点—逻辑中项—逻辑终点"的原则构建相应的体系。在这个一般范畴的逻辑结构体系的各种关系中,除包含范畴内部、范畴与范畴、范畴与系统之间的逻辑联系,还包含范畴与维、维与维、维与系统之间的逻辑联系。以"维"为单位构建的一般范畴逻辑结构体系,实质就是以"面线"方式相连的一般范畴逻辑结构体系(图2)。

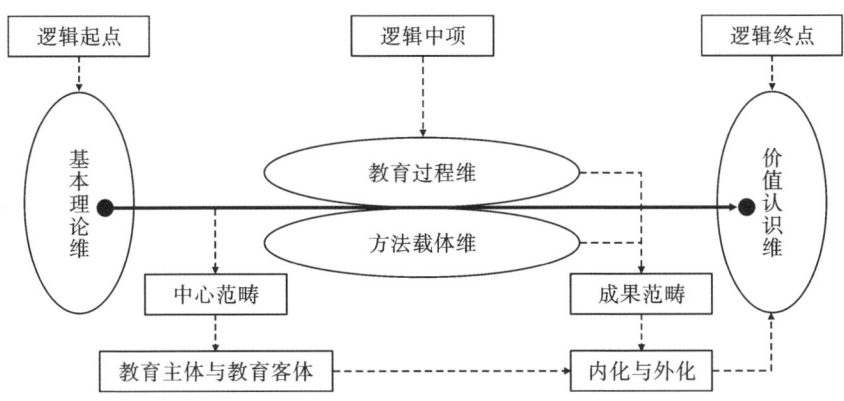

图 2 思想政治教育学一般范畴逻辑结构体系示意图

从图 2 可见,思想政治教育学一般范畴逻辑结构体系中,由一般范畴组合而成的维与一般范畴体系之间逻辑联系成为这一体系中的重要关联内容。如逻辑起点和逻辑终点与对应的基本理论维和价值认识维之间的内在联系,逻辑中项与对应的教育过程维和方法载体维等一般范畴之间的内在联系,都是该体系中最重要的关系。所有的这些维仍然以教育主体和教育客体这一中心范畴为逻辑基项和轴心,通过辩证运动,获得内化与外化的成果范畴,最终到达价值认识维这一逻辑终点。

4. 两者在构建思想政治教育学科体系中发挥的作用不一样

鉴于基本范畴、一般范畴在内涵、揭示规律的性质及构建方式上的差异,两者在思想政治教育学科体系建设中的作用也有明显差异。如果将思想政治教育学科体系比作用钢筋混凝土构建的大厦,那么,基本范畴及其体系和一般范畴及其体系在思想政治教育学科中发挥的分别是"钢筋"和"混凝土"的框架作用。"钢筋"和"混凝土"之间是相辅相成、相互补充的。"钢筋"在框架结构中起到支柱性作用,"混凝土"进一步稳固和丰富了"钢筋"这个支柱。基本范畴和一般范畴两者以不同作用共同支撑起思想政治教育学科的框架。

思想政治教育学基本范畴体系是从逻辑起点(思想与行为),经逻辑中项(反映思想政治教育的基本方式方法本质特性的范畴)到达逻辑终点(个人与社会)的一个从简单到复杂、从抽象到具体的立体动态的逻辑结构体系。思想政治教育学一般范畴体系同样是以上述逻辑范畴运动的逻辑轨迹为依据,以"维"为基本的逻辑运动单位,构建起来的更为完备、更为丰富的体系。按照基本范畴与一般范畴对应关联的原则,基本范畴体系的逻辑轨迹延伸覆盖至何处,其一般范畴体系的逻辑轨迹则相应覆盖延伸至该处,并更具体、更生动地诠释基本范畴。如思想政治教育学基本范畴体系中的逻辑起点范畴被抽象为"思想与行为",在一般范畴体系中,其逻辑起点——基本理论维,具体包含了思想政治教育的基本矛盾、所属学科研究对象和学科范畴等一般范畴;基本范畴体系中的逻辑中项对应的是反映思想政治教育基本方式方法本质特性的范畴,在一般范畴体系中,其逻辑中项——方法载体维相应包含了思想政治教育载体和方法及其丰富的具体范畴;基本范畴体系中的逻辑终点范畴被抽象为"个人与社会",在一般范畴体系中,其逻辑终点——价值认识维,具体包含思想政治教育价值、目标和评价等一般范畴。可见,思想政治教育学的每一个基本范畴,都相应有多个一般范畴与之对应。一定意义上,这种对应关系反映的是两者之间的概括抽象和演绎诠释,即基本范畴进一步概括抽象一般范畴,一般范畴进一步演绎诠释基本范畴。

由此,与基本范畴"钢筋"的支柱性作用相比,一般范畴"混凝土"的作用,在思想政治教育学科体系建设中起到进一步丰富和诠释思想政治教育学基本范畴的作用。

三、结论

从思想政治教育学基本范畴与一般范畴各自的内涵、特征,以及两者之间的显著区别,可得出以下结论。

第一,思想政治教育学基本范畴与一般范畴,同为范畴理论的重要内容,在思想政治教育的实践、理论乃至相应学科都具有认知功能、方法功能和构建功能。对思想政治教育学基本范畴和一般范畴开展研究是思想政治教育理论和相应学科深化发展的必然要求。

第二,思想政治教育学基本范畴与一般范畴在抽象的程度、揭示的规律的性质、逻辑结构体系构建方式及其在思想政治教育学范畴体系构建中发挥的作用上存在显著的差异。思想政治教育学基本范畴与一般范畴体系构建的过程及其相互之间的联系,与两者之间存在的差异呈相互印证、互为补充的关系。

第三,只有把握思想政治教育学基本范畴和一般范畴之间的差异性特征,才能更深刻地认识范畴的层次性,厘定各自层次内具有范畴特性的概念,思想政治教育基本理论和相应学科建设才能获得更进一步的发展。

主要参考文献

傅安洲,黄少成,2010.关于建立一门相对独立政治教育学的思考——兼论政治教育学的研究对象[J].吉首大学学报(社会科学版),31(1):152-156.

黄少成,傅安洲,2011a.论思想政治教育学一般范畴体系逻辑结构的优化组合[J].湖北社会科学(7):185-188.

黄少成,傅安洲,2011b.论思想政治教育学基本范畴与一般范畴的对应关联关系[J].学校党建与思想教育(31):9-12.

徐志远,2005.现代思想政治教育学基本范畴研究[M].武汉:湖北人民出版社.

徐志远,2009.现代思想政治教育学范畴研究[M].北京:人民出版社.

张耀灿,2006.思想政治教育学前沿[M].北京:人民出版社.

张耀灿,郑永廷,吴潜涛,等,2006.现代思想政治教育学[M].北京:人民出版社.

柯尔伯格道德发展理论对加强和改进大学生思想政治教育的启示

喻芒清　郝　翔

中国地质大学（武汉）马克思主义学院，湖北 武汉 430074

劳伦斯·柯尔伯格（Lawrence Kohlberg，1927—1987）是美国著名的心理学家和道德教育家，也是当代西方道德发展理论的创立者。他提出的品德发展"三水平六阶段模式"及一系列道德教育策略，对美国等西方国家的学校道德教育产生了深刻的影响，掀起了美国20世纪60年代以来的"认知发展教育运动"。很多国家把柯尔伯格的道德发展理论作为制定、设计学校道德教育标准及实施策略的依据。将道德发展理论引入思想政治教育，是因为道德教育与思想政治教育有很多相同之处，主要表现在：其一，人的思想观念、政治观点与道德观一样是后天形成的，其遵循的教育原理是相同或相似的；其二，思想政治教育与道德教育有着诸多相互交叉的内容；其三，思想政治教育和道德教育的基本规律是相通的，是可以相互借鉴的。所以，探讨柯尔伯格的道德发展理论，将其理论和思想借鉴到我国大学生思想政治教育中，能获得许多有益的启示。

【文章来源】本文原载于《学校党建与思想教育》2005年第12期，有修改。

【作者简介】喻芒清，男，博士，中国地质大学（武汉）马克思主义学院教授；郝翔，男，中国地质大学（武汉）马克思主义学院教授。

一、柯尔伯格道德发展理论的基本观点

1. 个体道德发展观

柯尔伯格认为,道德是人在与社会道德环境的交互作用中逐步发展起来的准则和规范。道德教育的前提是了解个体道德发展的过程和规律。柯尔伯格从道德判断的结构入手,提出了个体道德发展的"三水平六阶段模式":①前习俗水平,包括惩罚和服从阶段、互为手段阶段;②习俗水平,包括人际关系的相互协调阶段、法律和秩序的维持阶段;③后习俗水平,包括社会契约阶段、普遍的伦理原则阶段。个体道德认知都遵循由低级阶段向高级阶段发展的一般规律,除了有严重身心缺陷的个体外,发展总是依序向前的,并且是不可越级的。文化和教育可以加快或延缓个体的道德发展,但不能改变其阶段顺序。

柯尔伯格认为,个体的道德发展首先要有一定的逻辑理智条件,其次要具备相应的社会角色承担条件,后者的发展尤为重要,因为道德实质上反映的是个体之间或个体与社会之间的一种特殊关系。因此,个体道德发展的动力来自个体与社会的相互作用。

2. 认知——发展教育观

柯尔伯格认为,学校道德教育的目的是通过提高学生的思维能力来提高学生的道德判断能力、逻辑推理能力,促进学生道德认知的发展,从而提高学生的道德水平。他认为,人在较高道德认知阶段具有更为成熟的推理方式,能更好地处理道德冲突,同时较高阶段的主体能逐步摆脱外在的约束而受内在的道德观制约,更容易将自己的道德判断付诸行动。

柯尔伯格认为,人的道德判断对人的道德行为有较大的预示性,道德判断的成熟水平能较好地预示道德行为的成熟度。道德发展的阶段越高,道德行为的成熟度就越高,道德判断与道德行为也就更具有一致性。因此,学校道德教育的重点应放在促进学生道德认知能力的发展上,提高学生的道德判断力,而不是进行机械的行为训练和具体的道德规范的灌输。因为,一方面,道德判断具有稳定性,不像道德情感那样会随情境的变化而改变;另一方面,现实的社会情境要比

具体的道德规范包含更为丰富、更难以预测的内容,即便是在单一情境中,有时也会包含尖锐复杂的道德冲突,为解决这些冲突,就必须具备一定的道德思维能力和判断能力。因此,提升学生的道德判断力远比灌输具体的道德规范更重要。

3. 学生主体观

柯尔伯格坚决反对传统的无视学生的自由意志、不顾学生自身发展水平和自主活动的灌输式道德教育法。他认为道德教育必须以学生为主体。柯尔伯格的学生主体观包括三个方面。第一,重视学生的主体能动性。柯尔伯格认为,道德原则能否产生影响,关键在于主体是否自觉接受这一原则。儿童道德成熟的标志,是他具备做出道德判断和提出自己的道德原则的能力,而不是遵从他周围成年人的道德判断。因此,在道德教育上,教育者应当帮助学生通过自己的实践和理性思考进行判断和决策。第二,尊重学生道德发展的内在规律性。柯尔伯格认为,把发展作为道德教育的目的,并不是要通过加快发展速度以造就道德意识超前的学生,而是保证他们有适宜的发展水平。道德教育的目标和方法必须符合学生的身心实际。第三,鼓励学生参与社会活动。柯尔伯格认为,个体参与社会活动,扮演一定的社会角色对提高个体的道德判断能力非常有用。如果限制个体的社会生活环境,使他仅仅被动地接受他人的劝告,就会限制他扮演角色的能力,进而阻碍其道德的发展。为此,学校必须让学生参与社会活动,在实际生活中运用道德思维并促进道德的发展。

4. 道德教育方法论

柯尔伯格从尊重学生的自主性、能动性,培养学生的道德判断能力出发,提出了两种道德教育方法,即道德讨论法和公正团体法。

道德讨论法是柯尔伯格道德发展理论在道德教育实践中的具体应用,这种方法是指在教师的引导下,让学生通过讨论道德两难问题,引起学生道德认知冲突,激发学生进行积极的道德思考,从而促进学生道德判断水平的提高。为了保证道德讨论法的有效性,柯尔伯格特别强调讨论方案要由教师精心设计和策划,所讨论的问题必须是能引起学生认知冲突的、具有特定性质的道德两难问题,讨论的过程也必须要由教师加以引导。

由于道德讨论法的运用是在教师的引导下进行的,不利于培养学生道德认知和道德判断的自主性、能动性,柯尔伯格提出了公正团体法,以弥补道德讨论法的不足。公正团体法是指将学生置于一个充满民主道德气氛,成员间相互平等、共同管理和相互协作的集体中,通过参与集体事务,培养学生的道德责任感。

5. 道德渗透观

在道德教育的实施途径上,柯尔伯格认为道德教育不应只以学科和课程的形式实施,而应融合于所有课程中,他甚至建议将道德教育渗透进历史、文学、法律、科学等所有课程中。

重视学校隐蔽课程对学生道德教育的潜移默化的作用,也是柯尔伯格道德渗透观的重要观点。所谓隐蔽课程,是指除了学校中的正规课程外的一切对学生有影响的课程及活动。在柯尔伯格看来,道德行为通常发生在社会和团体氛围中,氛围常常会制约个人的道德决策。学生所获得的大量价值观念通常并不是来自学校的正规课程,而是来自隐蔽课程。为了充分利用隐蔽课程,学校需要营造一种民主平等的教学环境。学生在一种重视合作的、民主的、相互尊重的环境中生活,有利于较快进入道德自律的发展阶段。教师要有较高的道德水平,教师自身的言行、思想、品格修养都可以作为学校道德教育的内容,潜移默化地影响学生品德的形成和发展。

二、对加强和改进大学生思想政治教育的启示

现阶段,我国正处于重大的社会转型期,社会深层次矛盾的凸显,多元的价值观、思想观和政治观的冲突,传统的德育功能的减弱,给高校大学生思想政治教育带来了许多冲击。如何提高大学生思想政治教育的实效,是迫切需要解决的重要问题。借鉴柯尔伯格道德发展理论来思考加强和改进当前大学生思想政治教育,具有十分重要的现实意义。

1. 确立以学生为主体的开放式教育模式

当前,我国大学生思想政治教育具有低效性的主要原因在于以下两个方面。第一,教育者比较注重教育内容的说教和灌输,不太重视引导学生自主和能动地参与教育活动,忽略了学生对教育内容的自主判断和情感认同,学生处在被动接

受的地位,遏制了学生主体性的发挥,容易使学生产生抵触情绪。第二,教学内容缺乏现实性和生动性,与社会实际相差甚远,致使学生在学校教育中获得的认知很容易被社会生活的现实所否定。因此,改革这种单向式、封闭式的思想政治教育模式,确立以学生为主体的开放式教育模式,有利于增强思想政治教育的实效性。

以学生为主体的开放式思想政治教育模式,是以教育者和受教育者之间的双向互动为基础,以灵活多样的教学形式为载体,旨在发挥学生的自主性、能动性,将学校教育与社会教育有机地结合起来。这一模式具有以下特点。首先,强调学生是思想政治教育的主体,一切以提高学生的思想道德认知水平、政治辨别力和判断力为中心。尊重学生的个体差异性,使学生的自主性、能动性得到充分发挥。其次,教学形式灵活多样,可以是引导式、参与式,也可以是讨论式、咨询式。这种开放式的教学模式是一种教与学双向互动、互相促进的模式。最后,教育体系是一个理论与实践、学校教育与社会教育相结合的开放体系。思想政治教育将更加注重从建设中国特色社会主义的实践角度来系统阐述马克思主义的基本原理,重视让学生在社会实践中理解四项基本原则,从而避免学校教育与社会现实脱节的矛盾,确保思想政治教育取得实效。

2. 把握差异性,建立分层教育和个性化教育机制

大学生思想政治教育的总体目标是培养有理想、有道德、有文化、有纪律的社会主义事业的建设者和接班人,这是坚决不能动摇的。但在具体实施教育的过程中,必须准确把握大学生的思想政治状况及其认知水平,重视个体差异,建立分层教育和个性化教育机制,做到因材施教。

分层教育的核心观点是,既要重视对思想政治觉悟较高学生的培养,又要关心思想政治觉悟较低学生的进步与成长,使每一位学生都能在各自的基础上得到提高和发展。具体来说,第一个层次的目标是学校可通过党、团组织及党校、团校等机构,大力培养一批信仰马克思主义,具有一定共产主义思想觉悟、德智体美劳各方面均较优秀的先进分子;第二个层次的目标是通过学校的常规教学途径,培养一批具有爱国主义情感和集体主义精神、有较精深的业务专长的学生;第三个层次的目标是通过深入细致的思想政治工作,使那些在思想认识上还存在一定偏差的学生,能认同现代社会主流价值观和政治观,能在各自的基础上有所提高。

个性化教育要求教育者能准确把握教育对象的思想实际,通过深入细致、有针对性的思想教育,提高学生的思想政治觉悟,实现教育目标。同时还要求教育者善于发现学生的特长,扬长避短,因材施教,使每一位学生都能获得最大的发展机会。

3. 倡导实施引导式、参与式、讨论式、咨询式、案例式教学

柯尔伯格是极力反对将灌输作为道德教育方法的道德教育家之一。实践证明,那种不顾学生思想实际和认识水平的机械的、单纯的政治理论的灌输,不仅没有效果,相反还会引发学生的抵触情绪。因此,改进思想政治理论课教学的方式方法,倡导引导式、参与式、讨论式、咨询式、案例式教学,可以增强思想政治教育的实效性。思想政治理论课改革应注重以下三个方面:一是教师在组织和设计课堂教学时,应有意识地引导学生去思考一些重大的理论和实践问题,引发学生认知上的冲突,然后运用马克思主义的基本原理和方法,正确回答这些理论和实践问题,从而提高学生的思想觉悟和认识水平;二是开展咨询式教育,解决学生个体思想政治上的认识问题;三是收集典型案例,特别是来自社会实践和现实生活中的案例,给学生提供一个分析探讨问题的活教材,提高学生的思想觉悟,增强学生的政治敏锐性和观察力。

4. 增强渗透性,挖掘专业课教学及"第二课堂"中的思想政治教育资源

事实证明,在专业课教学中,隐含着丰富的思想政治教育资源。一方面,任何一门自然科学中都充满着哲学和自然辩证法的思想,任何一门社会科学中都散发着历史唯物主义和辩证法的光辉,这些都是生动的思想政治教育素材,关键要靠教师去发掘、提炼。另一方面,体现在教师身上的人文精神、科学精神、职业道德、学术道德、科学伦理等,对学生的影响都是潜移默化的。因此,学校应采取切实有效的措施,提高专业课教师的政治素质,增强教师的政治责任感和思想政治教育意识,将思想政治教育融入各门专业课教学中。

在思想政治教育中,还要注重发挥"第二课堂"的作用。学校要选派政治素质好、热心学生工作的老师专门指导学生的第二课堂活动,使学生在自主参与活动的过程中受到潜移默化的教育。

主要参考文献

傅季重,黄万盛,1987.道德的理论和实践[M].上海:上海社会科学院出版社.

黄松鹤,2000.道德教育过程模式论[M].北京:华龄出版社.

万作芳,2000.柯尔伯格的道德教育思想及启示[J].教学与管理(12):7-8.

郑航,2002.当代西方德育视野中的道德认知观及其启示[J].比较教育研究(12):7-11.

思想政治教育文化范式探微

徐 伟

中国地质大学(武汉),湖北 武汉 430074

摘要: 如何进一步加强思想政治教育文化范式研究,是摆在现代思想政治教育学者面前的一项紧迫课题。开展思想政治教育文化范式研究,对于开辟思想政治教育范式研究的另一个全新领域具有重要作用,对于深化思想政治教育学前沿问题研究具有提升效应,对于推进思想政治教育理论研究和实践形态的发展具有重要意义。思想政治教育文化范式,可从范式与思想政治教育范式的含义以及思想政治教育文化问题和思想政治教育文化范式问题研究现状出发来构建。

关键词: 思想政治教育;范式;文化范式

近年来,随着世界多极化、经济全球化深入发展,科技进步日新月异,我国经济社会快速发展,思想政治教育学也得到迅猛发展,在基础理论、学科建设、研究方法等方面都取得了很大的进步。与此同时,在思想政治教育学深入发展的过程中,思想政治教育学前沿问题也不断涌现,特别是有关学科建设与学科发展、基础理论研究与应用问题研究等几大根本性问题,迫切需要我们加紧研究。笔者纵观近年来思想政治教育学前沿理论与实践研究动态,发现其中一个前沿问

【文章来源】本文原载于《湖北社会科学》2012 年第 5 期,有修改。
【作者简介】徐伟,男,博士,中国地质大学(武汉)研究生院思想政治工作办公室,讲师。

题——思想政治教育文化范式,其理论研究只是在以思想政治教育范式为主题的学术论文和专著中零星提到,目前我国学术界对这一问题的研究还处于起步阶段。因此,开展思想政治教育文化范式研究,对于开辟思想政治教育范式研究的另一个全新领域具有重要作用,能深化思想政治教育学前沿问题研究,对于推进思想政治教育理论研究和实践形态的发展具有重要意义。

一、问题的提出

"问题"在科学研究中扮演着十分重要的角色。德国数学家希尔伯特曾感言,只要一门科学分支能提出大量的问题,它就充满生命力;而问题的缺乏则预示着独立发展的衰亡和终止。著名物理学家爱因斯坦曾经讲过,提出一个问题往往比解决一个问题更重要,因为解决问题也许仅是技术层面的问题而已。而提出新的问题,新的可能性,从新角度去看旧的问题,却需要有创造性的想象力,而且标志着科学的真正进步(刘放桐等,1981)。可以说,科学进步是由问题推动的,是在问题导向下实现的。问题是贯穿科学研究的主线,是真正的核心和灵魂。每一门学科都有自己的基本问题,思想政治教育学也有自己的基本理论问题。思想政治教育学前沿问题是思想政治教育学理论研究与实践展开中居于学科最新与最先进领域,制约思想政治教育创新和发展的具有前瞻性和趋向性的重大理论问题。对前沿问题有比较科学的认识,是思想政治教育学科建设的一项基本任务,也是思想政治教育学科建设的一项基础工作。思想政治教育范式研究是思想政治教育学前沿研究问题之一,其中思想政治教育人学范式研究,即思想政治教育如何以人为本,如何从需要论、利益论、主体间性转向、人的实践性发展、人的社会关系发展、人的精神生活发展、虚拟社会人的发展等新的角度研究思想政治教育研究是现代思想政治教育研究的一个前沿问题(颜素珍等,2010)。该问题目前已成为思想政治教育学研究的热点和重点之一,研究进展较快,研究成果较多。

思想政治教育作为意识形态性的教育实践活动,紧密植根于人类社会。从一定意义上说,人类是一种特定的文化存在物,人类社会则是一个社会文化的复杂体系,所以,思想政治教育的存在发展总是与特定的社会文化相联系,受到特定文化模式的制约与影响。我们将思想政治教育放入整个社会文化大系统中加以考察，实质是从一个文化学原理的新视角来解读学科发展、寻求思想政治教育原理的新突破。虽然，近年来思想政治教育文化相关问题研究基础较好，研究成果较多，影响较大，进展很快，但是思想政治教育文化范式研究就像小孩一样，还处于幼年期，才刚刚学会走路，未来的路还长得很。与思想政治教育人学范式研究相比，其研究基础较弱，系统研究成果暂无，距离相差甚远。特别是党的十七大报告提出推动社会主义文化大发展大繁荣的目标和宏伟蓝图后，思想政治教育文化范式研究还未跟上形势，未能取得突破。因此，如何进一步加强思想政治教育文化范式研究，是摆在现代思想政治教育学者面前的一项紧迫课题。

二、范式与思想政治教育范式的含义

概念是逻辑思维的起点。范式与思想政治教育研究范式的含义是思想政治教育文化范式研究必须首先明确的问题，也是本文逻辑结构的起点。

1. 范式

"范式"（paradigm）作为科学方法论的重要概念，最初是由美国科学史家、科学哲学家托马斯·库恩提出来的。他在其著作《科学革命的结构》中对范式进行了集中的阐述。在库恩的诸多著作中，他本人并没有对范式给予明确的定义。多年来，随着学者们对范式概念认识的深化，已形成了基本一致的看法。范式就是指某一科学家集团围绕某一学科或专业所形成的理论上或方法上的共同信念（刘放桐等，1981）。这一定义基本上涵盖了学术界对范式概念的整体认识。现代社会里，人们受到库恩的影响，用范式来衡量科学发展的水平，用范式来界定某种基本的研究方法。

2. 思想政治教育范式

思想政治教育范式的定义多种多样，仁者见仁，智者见智，各有道理。思想政治教育专家傅安洲教授认为，思想政治教育范式是由价值取向、研究主体和研究对象及其相互关系、研究目的、研究方法、知识语素五个方面所决定的。根据范式的基本定义和傅安洲教授的理论见解，笔者认为，思想政治教育范式是指思想政治教育理论研究专家和实践工作者对思想政治教育学领域内公认的基本理论问题和研究方法所持的共同信念或主张,是由价值取向、研究主体和研究对象及其相互关系、研究目的、研究方法所决定的。正是有这些共同的信念或主张,才产生了一系列的思想政治教育学理论流派,丰富和发展了思想政治教育范式的内涵。思想政治教育范式是思想政治教育学科深入发展的重要基础,它是思想政治教育学共同体中每个成员所认同的思想政治教育理念、规律、模式、原则和方法的理论基础,主要类型可分为四种:一是理论理性研究范式,二是技术理性研究范式,三是科学理性研究范式,四是实践理性研究范式。

三、思想政治教育文化问题和思想政治教育文化范式问题研究现状

在解析相关重要概念的基础上,我们还必须对思想政治教育文化问题和文化范式问题研究现状进行系统的梳理和归纳,从而为进一步开展思想政治教育文化范式研究明确方向。

1. 思想政治教育文化问题研究现状

关于思想政治教育文化问题的研究由来已久,经过图书检索,相关学术光盘、期刊检索,通过系统地归纳与梳理,总体情况如下。一是从文化底蕴来探讨思想政治教育。有的学者认为思想政治教育的发展,植根于中华民族优秀文化沃壤之中,并从传统文化与现代文化的相互碰撞中获得发展的文化动力。二是从文化环境的角度去探讨思想政治教育。有的学者认为思想政治教育文化环境就是指围绕并影响思想政治教育和人的思想的文化要素的总和,他们对思想政治教育文化环境进行系统分析,研究其结构、特征、功能和运行等。三是将思想政治教育放入整个文化系统进行思考。有的学者努力从文化建设与发展的大背景观察思想政治教育。四是从文化整合功能视野去研究思想政治教育。有的学者认为发挥文化整合功能是思想政治教育的历史使命,也是促使社会文化体系关系和谐、提升社会自身有序性的重要手段和途径,进而讨论了我国思想政治教育文化整合功能的路径选择。有的学者认为思想政治教育的文化功能体系是一个由众多衍生功能组成的复杂结构:精神文化功能是核心功能,而物质文化是作

用对象、载体和基础,是思想政治教育引领精神文化、发挥文化建设功能的外在表现形式和结果,是思想政治教育作用的物质平台。有的学者认为思想政治教育文化引领功能是指思想政治教育主体及其活动对一定时期、一定社会的文化的建构和所起的导引作用及其产生的影响和结果。五是从思想政治教育文化力的概念出发研究思想政治教育。有的学者认为所谓的思想政治教育文化力,是指思想政治教育作为一种文化品类所具有及发挥的作用力,是思想政治教育立足于人的本质,在教育者与受教育者之间双向互动过程中所表现出来的主观能动之力;它是教育者借助人性而启发受教育者对生活意义追问与反思所形成的精神生产之力;它是思想政治教育整合文化场力对人们的影响而激发出来的意志创造之力。六是从社会主义和谐文化、高校网络文化等角度去探讨思想政治教育。

2. 思想政治教育文化范式问题研究现状

同上,经过图书检索,相关学术光盘、期刊检索,目前均未发现思想政治教育文化范式研究方面的专著。从期刊来看,笔者通过检索发现,1982年至今,尚无一篇以思想政治教育文化范式为主题的论文,只有两篇文章分别涉及思想政治教育文化范式的内涵和外延。一篇是吴琼(2008)的《思想政治教育范式解析》,作者在文中指出,思想政治教育文化范式是采用文化学原理对思想政治教育的理论和实践进行文化认知和文化解读,针对思想政治教育中存在的问题建构一种基于文化、融于文化的思想政治教育样式。另一篇是颜素珍等(2010)的《思想政治教育学前沿研究回顾与发展趋向探析》,作者在文中指出,思想政治教育文化范式所要研究的主要问题是:思想政治教育如何继承与超越中国传统文化、批判与吸收西方文化、创新和发展马克思主义理论,如何在多元文化社会环境中利用丰富的校园文化、企业文化、网络文化、大众文化等建构思想政治教育文化学,如何发挥思想政治教育在社会主义文化建设中的作用,这些都是研究的热点问题。

基于以上研究现状的分析,我们可以看出:以上学者的研究将思想政治教育与文化看作两个相对独立但内容有所交叉的系统,进而讨论思想政治教育与文化两者之间的关系,或表现为从思想政治教育学科的特定场域中去解读文化,或表现为从大文化的特定场域中去构建思想政治教育具体理论内容,忽视和遮蔽了思想政治教育文化范式的内涵和逻辑结构,没有进行完整意义上的建构。

四、思想政治教育文化范式的初步构建

通过以上问题的提出、对相关重要概念的理解和研究现状的分析,我们可以尝试性地界定思想政治教育文化范式的基本内涵,阐述其主要内容,搭建其主体框架,但这只是起步,不要企图一口吃成一个胖子,正如著名思想政治教育学家张耀灿先生(2010)所说的:新范式下理论新形态的形成是一个系统工程,需要许多同仁协作攻关,一步一个脚印地向前推进;是个渐进过程,要通过集体奋斗,由量的积累逐步达到质的飞跃。

1. 思想政治教育文化范式的基本内涵

教育伴随文化产生,文化是教育的主要载体,教育本身就是一种文化传承和创新过程。思想政治教育从本质来看其内容是人文知识,其教育形式是一种文化现象。思想政治教育如果只唯"政治"和"意识形态",一味追求政治效应,而无视文化在思想政治教育方面的"载体"作用,无疑是一种舍本逐末的行为。因此,基于这种认识,本文第二部分对相关重要概念进行了解读,第三部分对研究现状进行了分析,并将思想政治教育文化范式初步定义为:思想政治教育理论研究专家和实践工作者在思想政治教育研究领域引入文化学价值取向,在文化视野观照下对思想政治教育本身的内在结构、精神特征和发展演变进行梳理,对思想政治教育的基本理论和实践问题进行文化认知和解读,形成一种基于人类社会文化实践的思想政治教育共同研究方法和构建一种外化于人类社会文化实践的思想政治教育共同学说主张。它主要从文化学的视角审视思想政治教育,关注基于文化情境下的思想政治教育研究和基于深刻的文化关怀意识下的思想政治教育研究,探讨思想政治教育的文化功能。

2. 思想政治教育文化范式的主要内容

文化是由各个要素构成的统一体或整合而成的系统。一般而言,这一系统包括物质文化、制度文化和观念文化三个层次(张耀灿等,2006)。毛泽东同志

(1991)曾说过:一定的文化是指一定社会的政治和经济在观念形态上的反映。观念形态的文化,包括思想、理论、哲学、艺术等,都是社会经济基础的反映,归根结底是由社会生产方式决定的。所有的文化或文化的各个方面都是由社会的经济类型、生产力发展水平和生产关系决定的。因此,思想政治教育文化范式的主要内容由社会主义市场经济体制中以公有制为主体、多种所有制经济共同发展的基本经济制度和社会主义先进文化的前进方向所决定,但同时也有其学术要求的独有的学理内容。主要内容有三个方面。

其一,思想政治教育文化范式主要内容蕴含五种共同的信念和主张:一是确定思想政治教育相应的文化价值观和文化认知方式;二是提供思想政治教育文化哲学思想指向;三是为思想政治教育理论与实践研究提供具体的文化方法启示;四是成为整合协调思想政治教育系统内部和外部要素的重要纽带;五是通过思想政治教育理念、理论、方法等新的文化范式形式,对原有文化范式进行替代,成为思想政治教育学变革的内在动力。

其二,思想政治教育文化范式主要内容包括三个不同层次的研究问题:一是宏观层面,即对中国传统文化的继承与超越、对西方文化的批判与吸收、对马克思主义理论的创新和发展;二是中观层面,即如何发挥思想政治教育在社会主义文化建设中的作用;三是微观层面,即如何在多元文化社会环境中利用丰富的校园文化、家庭文化、社区文化、企业文化、村镇文化、大众文化、科技文化等建构思想政治教育文化学。

其三,思想政治教育文化范式主要内容涵盖社会主义先进文化的基本内容,也就是涵盖发展面向现代化、面向世界、面向未来的,民族的、科学的、大众的社会主义文化的基本方向,涵盖马克思主义的基本理论,涵盖构建社会主义和谐社会的基本要求和思想道德建设的基本内容,涵盖社会主义核心价值体系的基本内容,根本落脚点就是坚持以马克思列宁主义、毛泽东思想、邓小平理论、"三个代表"重要思想、科学发展观为指导,深入贯彻落实习近平新时代中国特色社会主义思想,全面落实党的教育方针,紧密结合全面建成小康社会的实际,以理想信念教育为核心,以爱国主义教育为重点,以思想道德建设为基础,以大学生全面发展为目标,解放思想、实事求是、与时俱进,坚持以人为本、贴近实际、贴近生活、贴近学生,努力提高思想政治教育的针对性、实效性和吸引力、感染力,培养德智体美劳全面发展的社会主义合格建设者和可靠接班人。

3. 思想政治教育文化范式的主体框架

在初步界定思想政治教育文化范式的基本内涵和主要内容的基础上，搭建思想政治教育文化范式的主体框架，如表1所示。

表1 思想政治教育文化范式的主体框架

哲学依据	理论基础	价值取向	教育功能	研究目的	研究对象	研究方法
大文化思维方式	马克思主义文化学	社会主义先进文化	文化整合功能	构建思想政治教育文化学	思想政治教育理论与实践的结合	马克思主义唯物史观和现代文化学基本方法

本文立足于探索思想政治教育文化范式的微观事理，而不是宏观构建。总之，随着思想政治教育理论研究者和实践者范式理论研究的不断深入，思想政治教育文化范式研究将会逐步成熟壮大，正如毛泽东同志在《星星之火，可以燎原》中写道："所谓革命高潮快要到来的'快要'二字作何解释，这点是许多同志的共同的问题。马克思主义者不是算命先生，未来的发展和变化，只应该也只能说出个大的方向，不应该也不可能机械地规定时日。但我所说的中国革命高潮快要到来，决不是如有些人所谓'有到来之可能'那样完全没有行动意义的、可望而不可即的一种空的东西。它是站在海岸遥望海中已经看得见桅杆尖头了的一只航船，它是立于高山之巅远看东方已见光芒四射喷薄欲出的一轮朝日，它是躁动于母腹中的快要成熟了的一个婴儿。"思想政治教育文化范式研究的高潮也快要到来，可以预测，思想政治教育文化范式研究必将会有越来越丰富和有效的研究成果问世，并展现其社会效用和学术影响力，其学术成果也将不断被创造性地应用于思想政治教育的理论体系建构和工作实践中，把思想政治教育理论提升到新高度，开创思想政治教育学发展的新局面。

主要参考文献

刘放桐，等，1981.现代西方哲学[M].北京：人民出版社.

毛泽东，1991.毛泽东选集[M].北京：人民出版社.

吴琼,2008.思想政治教育范式解析[J].北京教育(德育)(3):14-16.

颜素珍,侯勇,2010.思想政治教育学前沿研究回顾与发展趋向探析[J].思想政治教育研究,26(2):33-37.

张耀灿,2010.推进思想政治教育研究范式的人学转换[J].思想教育研究(7):3-6.

张耀灿,等,2006.思想政治教育学前沿[M].北京:人民出版社.

新媒体时代青年学生核心素养培育的路径创新

喻芒清　姚翼源　童将峰

中国地质大学(武汉)马克思主义学院,湖北 武汉 430074

摘要: 核心素养既是学校人才培养的基本要求,也是党的教育方针的具体化,是连接宏观教育理念、培养目标与具体教育教学实践的中间环节。党的教育方针通过核心素养这一桥梁,直接转化为教育教学实践可用的、教育工作者易于理解的具体要求,明确学生应具备的必备品格和关键能力,明确回答"立什么德、树什么人"的根本问题,引领课程改革和育人模式变革。文章试图从新媒体的角度探讨新时代青年学生核心素养培育路径创新问题,为教育回归立德树人的本源提供教育与媒体有机融合的全新视角。

关键词: 新媒体;核心素养;培育路径

2014 年出台的《教育部关于全面深化课程改革落实立德树人根本任务的意见》,首次提出了青年学生"核心素养体系"的概念。所谓学生发展的核心素养,主要是指学生应具备的、能够适应终身发展和社会发展需要的必备品格和关键能力。从实现"全面发展的人"这一核心理念出发,学生的核心素养主要包括文化基础、自主发展、社会参与三个方面,综合表现为学生的"人文底蕴、科学精神、

【文章来源】本文原载于《学校党建与思想教育》2017 年第 24 期,有修改。

【作者简介】喻芒清,男,博士,中国地质大学(武汉)马克思主义学院教授;姚翼源,男,博士,中国矿业大学马克思主义学院副教授;童将峰,男,中国地质大学(武汉)公共管理学院 2012 级硕士研究生。

学会学习、健康生活、责任担当、实践创新"等六大素养。当前,建设具有前瞻性和科学性的青年学生核心素养教育体系,需要我们紧贴众媒时代发展的新趋势,把握青年学生成长的新动态,在教育教学改革、教学体系优化、校园媒体生态圈打造等角度上寻找新的突破点。

一、新媒体时代青年学生核心素养培育的特点

1. 互动的面面性对传统的核心素养培育形式提出了挑战

新媒体时代,核心素养培育在主体、客体、载体、教学内容、课程体系等方面的形式变得更加丰富,文化产品更加多样。培育的方式由单一的课堂教学、浅显的教学实践,逐步走向多维度、多主体的对话交流,互动的面面性、迅捷性、新颖性成为新的发展特点。与以往的"点面性"相比,众媒时代社会成员的信息通过朋友圈、运动圈、学术圈、生活圈等多种人际交往的载体进行传播,这是多群体间的面面互动。这种广泛的信息传播对传统的以课堂教学为主渠道的核心素养教育,必然带来一定的挑战,但也带来了一个全新的机遇。这无形中对教师提出了更高的要求,他们不仅要跟上时代发展的趋势,了解学生群体的心理状态,实现对信息源、信息环体、信息渠道、信息载体的精准掌握,还要对学生培养中出现的各种问题迅速做出反应,以提升核心素养培育的实效性。

2. 环境的复杂性对广大教育工作者提出了新要求

当前,互联网日益成为社会成员各种社会思潮和利益诉求表达的集散地,良性的价值观导向与消极的价值观引导、崇高的社会追求与庸俗的利益索取、基本的信仰恪守与淡化的信仰追求等各种复杂的思想碰撞交织,复杂的社会环境对青年学生塑造健康的、科学的价值观产生了一定的冲击。信息时代,青年学生核心素养培育环境的复杂性,不仅源于德育主客体所面临环境的多元性、动态性,而且也源于传统德育内容本身的陈旧性和枯燥性,有些教育工作者不能及时捕捉新鲜有趣的内容,与学生进行互动性的分享讨论。总之,核心素养培育环境的复杂性,无论是从广大教育工作者本身的教学技能来说,还是从他们以往积攒的德育经验来说,都给他们带来了严峻的挑战,对改进教育理念、更新教育内容、拓

展教育渠道、改进教育方式、改革人才培养模式等提出了新的要求。

3. 手段的多样性为探索核心素养培育新路径提供了新选择

移动互联技术的发展,为青年学生核心素养培育提供了多样性的教学手段,延伸了教学空间,在教学方式上呈现了新的途径。无论是互联网、大数据,还是云计算、VR技术的发展,都在不断丰富着青年学生核心素养培育内容的传播形态。传统的素质教育主要是以课堂教学、社会实践、专业实习、课程改革、文理科交叉选课的教学改革、教师专业发展、学生"第二课堂"等层面作为突破点,更多地站在学校层面和教育者的角度思考问题,而很少从受教育者的角度寻找手段和途径的突破口。然而,由于众媒时代青年学生获取知识的自主选择空间更大,核心素养培育应很好地融入新媒体,凸显众媒时代学生的主体地位,强调师生之间的互动性,侧重MOOC(massive open online courses,慕课)、翻转课堂、板块式教学、嵌入式教学、课程微信群等形式与路径的创新。

二、新媒体时代青年学生核心素养培育的新路径

1. 创新青年学生核心素养培育的教学形式

对学校教育而言,课堂依然是学生接受教育的主渠道。新媒体时代,不仅不能否定课堂教育的作用,还要充分利用新媒体技术增强课堂教育教学效果。在媒体融合的背景下,教师要善于运用MOOC,翻转课堂,板块式、实践体验式、生存体验式、互动式、探究式教学等方式,引导学生走向广阔的学习空间,让青年学生在"回归生活、回归本真"的情境体验中,提升协作参与的能力、创新实践的能力、勤学好思的能力。

MOOC作为一种在线学习平台,最大的特点是可突破传统课程时间、空间的限制,给学习者带来极大便利。制作高质量的MOOC课程,给学生提供大量优质的课程资源,再配合嵌入式教学方式,通过网络给学生提供大量的学习参考资料,无疑对学生全面、系统掌握知识,增强学生的学习能力、实践能力、领悟能力很有帮助。思想政治理论课还要主动嵌入青年学生关注的问题,让他们用所学的理论知识去回答现实问题,以调动他们学习的积极性、主动性和自觉性。

翻转课堂,是指重新调整课堂内外的时间或授课方式,将学习的决定权从教师转移给学生,或者由学生直接上讲台自主讲授。在这种教学模式下,课堂内,学生能够更专注于主动的基于项目的学习,共同研究解决本土化或全球化的挑战以及其他在现实世界中他们会面临的问题,从而对所学知识有更深层次的理解;教师不过多占用课堂的时间来讲授知识,能有更多的时间与每个学生交流。在课后,学生自主规划学习内容、学习节奏和呈现知识的方式,教师则采用讲授法和协作法来满足学生的需要并推动他们的个性化学习。这一形式因注重教育主客体的平等对话,而受到青年学生的欢迎。不过,思想政治理论课的翻转课堂,并不等于老师放任不管,或任由学生自由发挥。相反,老师要进行必要的引导,要善于把握学生感兴趣的问题,让学生有对是非、真假、美丑、善恶的判断能力。

板块式教学方式应用在思想政治理论课教学中时,要求教师必须全面、系统吃透教学内容,并将其内容分层次、分板块地由浅入深排列,使讲授的知识梯度化、问题化,并给予学生充足的时间自主学习与思考,让学生主动利用网络查询学习资料,培养自主研究的学习习惯。这一教学方式的最大优势在于能最大限度地调动学生学习的兴趣和学习的自主性,变被动听课为自主学习。

2. 优化青年学生核心素养培育的教学体系

21世纪以来,经济合作与发展组织(Organization for Economic Co-operation and Development,OECD)、欧盟等国际组织及美国等国家均建立了具有时代意义的核心素养框架,以适应教育革新与发展的需求。中国在2014年首次提出"核心素养体系"的概念,要求各级各类学校及教师群体自身,在众媒时代积极创新核心素养培育的课程体系,提升学科专业技能水平,改进教育教学方式。在技术层面上,充分运用大数据在信息集成和传播上的优势,为青年学生提供需要的有效信息;在内容层面上,融合多学科、多角度、个性化、时代化的教学内容;在教学形式上,尊重青年学生的主体地位,重视对技能和创造性思维的培育;在课程体系上,尝试打造以社会主义核心价值观为导向、以学科课程体系为抓手、以传媒工具为载体的教育方式。教师要充分发掘各学科和专业的课程中蕴含的德育元素和育人因子,将思想政治教育渗透在各学科和专业课程教学中,建立全方位的青年学生核心素养培育教学体系。

新常态下,青年学生核心素养培育的教学体系的建构,要在遵循核心素养教育发展规律的基础上,借鉴西方教学体系的理论和方法,立足本土教育的实践发展情况,以传统的教学方法革新为突破口,将全新的教学理念贯穿到素养教育非正式化的生动讲授、自主讨论、亲身实践的活动中,试着从青年学生的视角,潜移默化、循序渐进地引导青年学生运用获得的技能分析问题、解决问题、反思问题、总结经验、获得认知、提高认识。

新媒体时代,教育主体只有借助新媒体线上与线下、虚拟与现实、课堂与课下、学校与社会融合的教育形式,创新教育的渠道,优化教育教学体系,营造良好的核心素养培育氛围,形成协同发展的合力,才能实现当前环境下青年学生素养培育的新发展。

3. 打造青年学生核心素养培育的媒体生态圈

访谈研究发现,社会环境、校园环境、家庭环境对青年学生核心素养的培育有着诸多影响。借助微博、微信、微视频、论坛、博客等传媒载体的发展,可以形成青少年核心素养培育的公共环境场域。每位任课教师可尝试建立"一课一群"的媒体平台,即以课程教学为中心,让所有上课学生加入组建的"课程学习微信群"或"课程学习QQ群",教师有意识地结合本课程中蕴含的德育元素,引导学生在群里讨论一些学术问题、社会问题、思想问题、文化问题,潜移默化地引导学生树立正确的世界观、人生观、价值观,使课程学习群成为一种传递正能量的良性媒体场域。良性媒体场域的形成,可以驱除无道德底线和伦理标准的社会思潮,夯实青少年核心素养培育的网络阵地,开辟一个良性的媒体生态圈。此外,学校和社会应着力打造良好的媒体生态环境,净化网络环境,这有助于教育工作者营造良好的舆论氛围,实现核心素养培育的多主体联动,提升青年核心素养培育的实效性。

打造绿色生态的媒体环境,是教育工作者营造培育青年学生健康成长氛围的重要手段,是创建富有特色教育实践基地的重要内容。当前,青年学生群体处在复杂多变的社会环境中,构建健康的媒介环境,重要的是将青年学生作为"现实的人"的逻辑思维,作为开展教育实践活动的出发点。在了解与吃透社会前沿热点信息的基础上,教育主体要紧跟核心素养培育发展的趋势,从未来教育的角度、从人文关怀的视野,一点一滴地分解核心素养教育的系统工程,借助各种显性的或者隐性的传播途径,整合社会的、校园的、社区的、家庭的群体力量,为青年学生营造健康幸福的教育空间。

　　党的十九大的胜利召开,宣告中国特色社会主义进入新时代。新时代一定要有新气象,更要有所作为。广大教育工作者只有把握新时代的特征,了解青年学生的社会需求、心理诉求、价值观的影响因素,才能更好地创新因类施教的授课形式,优化教育教学体系,打造出良好的媒体生态和育人环境;只有不断提升自身的教学技能、开阔自身的视野、加强对当前青年学生思想动态的把控,才能使青年学生核心素养培育在目标、内容、实践层面更好地贴近学生的生活,满足学生的需求。

把握研究生群体特点
增强研究生思想政治工作实效性

喻芒清　李红丽

中国地质大学(武汉)马克思主义学院,湖北 武汉 430074

研究生教育是我国高等教育人才培养的最高层次,其目标是为社会主义培养一批在某一专业领域具有独立研究能力和自主创新能力的"学术型"或"应用型"高级专门人才。研究生的思想政治教育应在充分把握研究生群体特点的基础上,服从和服务于研究生教育这一总目标。

一、研究生群体的特点

1. 思想较为成熟,人格趋于稳定

大多数研究生拥有了一定的生活阅历,积累了一定的生活经验,形成了比较固定的生活方式。他们思想比较成熟,世界观、人生观、价值观已基本形成;能比较冷静、客观地思考和看待问题,日常行为上也表现得更为自信。

2. 知识层次较高,学术取向明确

研究生有较高的知识层次,大多有明确的专业方向和人生目标,自我期望值

【文章来源】本文原载于《学校党建与思想教育》2006 年第 11 期,有修改。

【作者简介】喻芒清,男,博士,中国地质大学(武汉)马克思主义学院教授;李红丽,女,中国地质大学(武汉)工程学院党委书记。

较高,学术发展后劲足。他们拥有较为科学系统的思维方式和一定的综合能力,学术科研意识强,各方面悟性较好。

3. 学业上以自主性、研究型学习方式为主

自主性学习方式,是指研究生在导师的指导下,通过能动地、创造性地参与学习活动,实现自主性发展的学习方式。研究型学习方式,是指研究生在导师的指导下,根据各自的科研兴趣、爱好和条件,选择不同的研究课题,并独立地开展研究,从中培养创新精神和创造能力的一种学习方式。因此,研究生具有独立性强、分散性大的特点,集体活动较难组织。

4. 民主参与意识较强,分析和看待事物比较理性

研究生一般都比较关注社会事务,有较强的民主参与意识,自我教育、自我管理、自我服务意识强。他们向往和追求自由、公正、民主、平等的学习生活环境和社会环境,有较强的批判精神,且能比较理性地看待和分析各种社会现象及问题,行事较为成熟、稳重。

5. 整体素质较高,个体差异较大

首先是年龄跨度大,硕士研究生一般在 22~35 岁之间,博士研究生一般在 25~45 岁之间。其次是社会经历各不相同,有的是直接从本科阶段升入研究生阶段,依然是在父母的呵护下,还是"没长大的孩子",有的则是有了数年工作经历后再返回学校深造的,还有的已结婚甚至已为人父母。最后是研究生心理发展水平极不平衡,有的研究生已具备良好的心理素质,自我调节能力强,但有的研究生心理还相对脆弱,不能找到合适的方式去调节、缓解各方面的压力。

二、研究生思想政治教育工作的主要方法

1. 将学术研究活动作为研究生思想政治教育的重要载体

学术研究是研究生的重要任务和主要的学习方式。要以激发研究生的学习积极性为突破口,将思想政治教育工作融入研究生的学术研究工作中,使研究生

在学术活动和科研实践中学会做人和做学问。加强研究生学术平台建设,倡导学术自由,营造宽松的学术科研氛围,在学术科研中培养研究生的科学精神和良好的学术道德,教育他们热爱真理、追求真理、求真务实、敬业爱岗,从而自觉抵制学术腐败。同时注重形成融洽、和谐、活泼的科研群体,培养研究生的团队意识和集体主义精神,营造良好的科研环境。

2. 贴近研究生学习生活实际,重视解决研究生的实际困难和问题

我们在研究生思想政治教育工作中,要深入实际,重视调查研究,切实了解研究生的思想、学习和生活状况,从关心研究生的切身利益入手,了解他们的实际困难,积极创造条件为他们排忧解难,为他们更好地集中精力学习排除后顾之忧。我们要不断增强服务意识,搭建有利于研究生成长与发展的平台,营造民主、平等、公平、公正的学习、生活、科研氛围,为研究生的健康成长保驾护航。

3. 指导好研究生群团组织建设,发挥研究生自主能动作用

在研究生思想政治教育工作中,要充分尊重研究生的主体地位,激发研究生的自觉性、自主性。要努力发挥各级各类研究生群团组织的作用,对其工作给予及时的指导、支持和帮助,鼓励各群团组织结合自身特点,开展以研究生为主体的思想教育、学术科研、社会实践、文化体育等各方面的有益的集体活动,使更多的研究生融入集体生活中,增强他们自我教育的意识,提高他们自我教育的能力,促进广大研究生全面成长成才。

4. 建立研究生学术研究激励机制,将物质奖励和精神鼓励相结合

研究生思想政治教育的根本目的,在于努力调动研究生从事学术研究的积极性和创造性,提升他们的学术水平和道德水准。绝大多数研究生都有较强的自尊心、上进心和荣誉感,因此我们在对研究生进行思想政治教育时,应以激励、鼓励为主,努力为他们营造积极向上的学习生活氛围和自由、宽松的学习生活环境。要制订切实有效的激励措施,坚持精神激励与物质激励相结合,突出精神激励;坚持正向激励与负向激励相结合,突出正向激励;坚持目标激励与过程激励相结合,突出目标激励。充分调动研究生学术研究的积极性、主动性和创造性,引导他们在相互学习、公平竞争中提高能力,获得全面进步和发展。

5. 尊重研究生个体差异,重视开展个性化教育

研究生的年龄层次、知识结构、受教育基础等差异很大,他们的政治信仰、事业追求、思维方式、价值取向等也都不尽相同,这就决定了研究生的思想政治教育工作不能笼统化和简单化,必须因人而异。比如,对偶然失误或初犯一般错误的同学,我们不应严厉批评,而是要以理解和宽容的态度,有针对性地加以提醒;对反应敏锐者,宜采取暗示性批评;对性格内向者,宜采用商讨的方式,循序渐进,热情帮助;对自尊心较强者,则更适于迂回式批评,和颜悦色地耐心疏导。

6. 注重教育与管理相结合,以科学管理促进研究生思想政治教育

从事研究生工作的工作人员,要通过各种途径及时了解研究生的需求,收集、整理各种合理化建议,不断改进管理工作,完善管理制度,维护研究生的正当权益。在工作中,既要注重以情感人、以理服人,同时又要严格执行规章制度,在一些原则问题上绝不模棱两可、听之任之,要大胆管理,使同学们在公平、公正、公开的管理氛围中接受教育、磨炼品质。

三、进一步完善研究生校院两级工作体制

1. 进一步凸显院系主体地位

要做好研究生思想政治教育工作,必须进一步巩固和完善由学院(系)分党委(党总支)副书记主管的学院(系)研究生思想政治工作体制,采取有力措施,制定相关制度,充分调动学院(系)副书记和其他学生思想政治教育工作者的积极性和主动性,使学院(系)承担起研究生思想政治教育工作的重任,积极进行研究生的教育管理。各学院(系)要学会"两手抓",一手抓本科生的思想政治工作,一手抓研究生的思想政治工作。工作中,不能"一手硬,一手软",必须"两手都要抓,两手都要硬"。"两手抓"能够促进研究生思想政治教育工作与本科生思想政治教育工作相互借鉴、相互影响、相互融合,从而有效推进全院学生的思想政治教育工作。

2. 充实学院研究生教育管理工作者队伍

随着研究生招生规模逐渐扩大,学院(系)分党委(党总支)副书记工作头绪多、任务重,仅靠一己之力难以将研究生思想政治教育工作深入下去。要加强研究生思想政治教育工作,就必须考虑在研究生数量较多的学院(系)配备专职的研究生思想政治教育工作人员,专门从事研究生的思想政治教育工作。对研究生数量相对较少的学院(系),该项工作可由学院(系)从事本科生思想政治教育工作的辅导员兼顾,同时考虑选配德才兼备的优秀研究生担任助管,协助副书记做好研究生思想政治教育工作中的具体事务性工作,待研究生人数达到一定规模后,再配备专职的研究生思想政治教育工作人员。

3. 努力彰显研究生导师教书育人的功能

导师是研究生在校期间接触最多、最密切的人,导师不仅在业务上指导研究生,而且几乎影响着研究生在校期间的方方面面。教育部《关于加强和改进研究生德育工作的若干意见》(教社政〔2000〕3号)明确指出:"研究生导师……是研究生德育工作的重要力量。研究生导师应在政治思想上、道德品质上、学识学风上,以身作则,率先垂范,为人师表。要大力倡导并加强研究生导师教书育人工作。"因此,要充分调动导师教书育人的积极性,大力推广研究生导师"教书育人"的典型经验,引导广大导师将思想政治教育融入对研究生的学业指导、日常教育中去,用高尚的人格去影响和感化研究生。

4. 进一步理顺两级管理运行机制是保障

顺畅的运行机制是研究生思想政治教育工作有效开展、校院两级工作体制得以顺利实现的基本保障。因此,要不断理顺和完善校院两级管理体制的运行机制,进一步明确党委研究生工作部、各学院(系)、研究生导师以及与研究生思想政治教育有关的其他单位、部门的职责和任务,正确处理集权与分权、分工与合作、权利与义务等各种关系,各司其职,各尽其责,进一步加强校院两级工作体制的理论研究和实践总结,建立并完善行之有效的队伍建设机制、组织制度与约束机制,以及目标引导、考核评估、奖励惩戒等运行机制,不断推进研究生思想政治教育工作。

主要参考文献

陈超,2004.研究生思想政治教育的四个结合[J].大学教育科学(1):73-75.

李玲,梁大战,杨路清,2006.新时期研究生德育工作的特点[J].教书育人(20):42-43.

吴宁萍,马孟珂,钱进,2006.综合性大学建立研究生教育三级管理体制与运行机制问题研究[J].学位与研究生教育(3):66-69.

强化服务意识 推进学生工作方式转变

王林清 蒋怀柳

中国地质大学(武汉),湖北 武汉 430074

随着高等教育改革的不断深入,提高教育教学质量和培养创新型人才成为高等学校人才培养的重中之重。以教育、管理、服务、引导为主要内容的学生工作在人才培养中的作用日益突出,并逐渐跨入了"学生服务"的发展转型阶段。传统"管控"型学生工作方式已不能适应现实的需要,加快推进学生工作方式转变,以"学生服务"促进"学生发展",构建以学生为主体、以学生工作者为主导、以服务学生发展为主要表现形式的新型学生工作模式,成为形势发展的需要和学生工作发展的方向。

一、提高认识,增强推进学生工作方式转变的使命感和主动性

《国家中长期教育改革和发展规划纲要(2010—2020年)》提出,提高质量是高等教育发展的核心任务,是建设高等教育强国的基本要求。提高高等教育质量的根本方法在于转变人才培养模式,促进人的全面发展。钱学森先生曾指出,我国高等教育最根本的出路或者说未来发展的方向就是加快构建创新型的、创

【文章来源】本文原载于《中国高等教育》2010年第23期,有修改。

【作者简介】王林清,男,博士,中国地质大学(武汉)党委副书记,研究员;蒋怀柳,女,中国地质大学(武汉)本科生院副院长。

造型的教育模式。因此,构建包括学生工作在内的服务型教育体系就成为践行科学教育质量观的应时之举、战略之策。

1. 推进学生工作方式转变是适应教育发展规律的客观要求

从教育发展的客观规律及教育改革趋势上讲,教育越往前发展、越进步,越需要重视教育对象的需求并给予满足。教育的本质是通过传承文化使个体社会化的活动,并促进社会的发展和个体的全面发展。马克思关于教育本质的科学概括,为坚持"以人为本"的教育哲学观奠定了坚实的理论基础。我们国家的教育,由孔子时代的"经验描述"式教育,到现代社会的知识信息传递教育,本质上是一种结果教育。反映到教育结果中,仍然是一种应试教育,与时代需要的创新人才培养目标是不相符的,尤其是随着教育体制改革的深入,高等教育大众化及全球化环境的进一步开放,高等教育模式由传统的义务主题向权利主题转变,学生由单纯的受教育者变成了教育的权利主体,传统的师生关系及学生与学校的关系也发生了改变,学生的"教育消费"意识开始产生并有扩展的趋势。反映到教育过程中,就要既继承重视知识学习的优良传统,又要注重学生的实践过程教育,尽可能为学生创造应用知识、孵化智慧的机会,激发创造力。教育对象的发展、社会个体的发展和教育的发展是同步的,学生工作的基本目标、任务和内容是明确的,关键是实现的方式、方法和路径的选择。加快推进学生工作方式的转变,使它回归到教育本质的要求,更好地实现教育目标,是学生工作更加适应教育发展规律的客观要求。

2. 推进学生工作方式转变是当代学生工作发展的必然趋势

从学生工作发展规律及欧美发达国家学生事务管理发展历程上看,学生工作从教育、管理到服务的功能演化过程,是与当前高等教育大众化、多样化、国际化的发展趋势及创新人才培养目标的要求相适应的,尤其是美国、英国等国家学生事务管理的发展经验,对我国高校学生工作的发展具有理论和实践上的指导意义。他们在学生事务发展过程中形成了"以学生为本"的学生事务管理理念,以促进学生学习和发展为中心的目的观,以服务和研究并重的实践观以及日益走向专业化的发展趋向,提出了学生事务的内涵主要包括"学生服务"和"学生发展"两大基本内容。学生事务管理专业化趋势下,"一站式服务"等理念的提出,是学生工作领域"合—分—合"过程的必然,也正是在这个过程中,学生工作的专业化水平得到了提升。加快推进学生工作方式转变,以服务满足学生需要作为学生工作领域的核心价值观,以服务为导向,以服务促发展,开发服务项目,拓宽服务渠道,提高服务质量,是学生工作专业化发展的主要方向。

3. 推进学生工作方式转变是树立以生为本理念的应然之举

从进一步修正不适应现代教育发展的传统学生工作模式角度讲,我们在特定的历史条件下产生的对学生工作本身理解上的偏差,使有些学生工作者将学生视为接受政治思想观念和价值伦理规范的"容器",工作的开展更多地靠经验和习惯,依赖直觉判断,机械地服从上级安排和行政指令,学生工作仅仅成为一种单向的、主体缺失的简单化行为过程。这种做法在发挥校园政治稳定作用及保障育人工作有效落实的同时,限制了大学现代性力量的发展,学生本身也成了没有主体地位的受教育者,个性及创新意识的培养与发展受到抑制,这也在根本上违背了教育的基本要求与生本理念。从当前学生的特点和发展诉求上看,当前全球环境的开放性和我国教育环境的相对封闭性这一转型期矛盾在学生身上有明显的体现。一方面学生价值观更加多元,自我意识觉醒,主体性发展趋势明显。他们思维敏捷,想象力丰富,知识面广,易于接受新鲜事物,富有活力和创新精神。但同时,适应问题、心理问题、学习问题、就业问题、贫困问题和独生子女问题等在学生身上有不同程度的体现,而且社会热点、难点、敏感问题也充斥着有些学生的大脑,而与之相对应,高校对学生个性发展的理解、保护及对其成长、成才提供的具有现代教育理念的引导和服务不能满足所有学生的需求,致使有些大学生对现实产生不满,对生活丧失信心。因此,强化学生服务,加快推进工作方式的转变成为当前学生工作者的使命与责任。

二、创新思路,构建以服务支持学生发展为导向的学生工作模式

学生工作方式的转变,不是简单的跨越,不是推倒重来,而是继承与改进。服务不是放松管理、不抓教育,而是从服务的视角看待管理和教育。转变的目标,是要使学生的潜能得以充分挖掘并发挥,学生的注意力开始集中到自我成长

和发展的需求上,使学生开始关注社会并增强责任感,自主意识、创造意识由自发变成自觉,学生工作开始从被动走向主动。

1. 转变思想观念

长期以来,我国高校学生工作理论与实践存在"人学空场",即学生工作呈现为一种无"人"的工作。这种忽视人的主体性和学生精神世界的学生工作方式,在实施过程中必然表现为工作的教条化、强制化和形式化。但社会文化的多元化发展,促使独立、自主、尊重、合作、自我实现等新观念成为新时期个人发展的基本追求。个人主体性凸显使得"个人本位"成为除"社会本位"之外人们追求的另一重要价值取向。个人价值与社会价值的有机统一成为社会发展和个人自身发展的需要,这种变化客观上要求学生工作目标应注重"社会"与"个人"两种价值取向的有机融合,尊重学生内在的成长需要和发展追求。这必然要求原来奉行一元文化原则的学生工作者及时转变观念。

2. 转变工作重心

过去是教学生"干什么",现在是教学生"怎么干",并为此提供相应的支持与服务。过去我们重课堂德育理论教学,轻实践情感体验;重有形活动组织,轻文化氛围营造。这种脱离实际生活,缺失积极文化内容的学生工作必然因忽视受教育者的主体感受而不受学生欢迎。以服务为主要工作方式的学生工作,主体由"我"变成了"学生",必须要求将工作重心转移,必须把深入了解学生状况作为工作的出发点,把发挥学生主体作用作为工作的着重点,把促进学生全面发展作为工作的落脚点。

3. 转变工作方式方法

学生工作者常被视为"保姆""消防员",就是因为学生工作所展示的工作方式方法缺乏科学性和规范性。学生工作常被认为是单纯的思想政治工作,游离于对学生的培养过程之外;或被认为是打杂、应急等辅助性工作;或被认为是查房、安排劳务等监督性工作,这种单调的工作方式容易引发学生的抵触情绪,既影响工作成效,也影响学生的发展。转型中的学生工作者必须基于关爱的原则和发展的理念,创建公正、公平和自由的学生工作环境,平等地对待每一个学生。

要支持和保护学生,尤其是"有个性、有专长"的学生的权利和自由,并努力引导其他人来理解和尊重这种差异;要关注如何创设有效的教育经历,关注转变消极环境的方式和方法。

4. 转变评价机制

主要解决"谁来评"和"评什么"的问题。当前很多高校借鉴ISO9000质量管理体系的管理思想,构建起学生工作(及学生)综合测评体系,使评价工作细化、量化,突出目标性、程序性、监控性、评比性,这在一定程度上使学生工作及学生个人发展的目标、内容、政策、载体由虚变实,促进了学生工作及学生的发展。但是,力求以"服务"促"发展"的学生工作,其考核评价的主体不应该仅仅是管理科学的标准,其工作的主要对象——学生,才是最有发言权的评价主体,评价主体在学生工作中的受益程度、对学生工作本身的满意度应该成为服务型学生工作评价的主要指标。而对学生的评价,也要注重将学生个体评估、集体评估、教师评估三者相结合,注重形成性评估和终结性评估相结合,定性评估和定量评估相结合,个体水平与个体发展水平评价相结合,力求做到评估的客观性和发展性,使评估成为促进学生主体性发展的激励机制。

三、统筹兼顾,建立健全有利于学生工作方式转变的保障机制

1. 加快专业化人才培养,为工作方式转变提供人才支持

《中共中央国务院关于进一步加强和改进大学生思想政治教育的意见》(中发〔2004〕16号)颁布实施六年来,辅导员队伍建设的专家化、专业化在理论上的探索和实践中的验证取得了丰硕的成果,但与学生事务专业化发展的要求尚有一段距离。根据其他国家的经验,在专业队伍的建设中,各高校要在对学生服务内容进行专业性分工的基础上设置部门机构,进而依据部门的主要职责配备工作人员,不管是专职人员还是兼职人员都有明确的专业性的工作范畴,而且都受过专门训练且有一定经验。对直接为学生提供服务的各类岗位,强化人员配置,加强管理,保证每一位学生所接受的服务水平没有差异。

2. 加快工作资源的整合，为工作方式转变提供体制机制保障

面对学生规模增大，需求多样化的趋势，学校部门职能交叉以及多管齐下的运作方式难以形成强大的管理服务凝聚力。学校要协调好党务部门、行政部门、学生工作部门和教务部门的关系，按照服务项目的相关性分类，向着模块化、链条化的方向，按照各自的分工成立若干个相对独立的、垂直管理的咨询、指导、服务中心，在教学、管理、后勤服务的各个服务环节实现全员育人，同时要加强不同模块之间的协调和联动，提升学生服务的质量与效率，实现学生工作部门与学校其他部门服务工作的无缝衔接。

3. 加快模式构建和平台建设，为工作方式的转变提供实践环境

学生个性发展诉求的实现，得益于先进工作理念的落实。笔者所在学校从2008年起推行"一体两翼"学生工作模式，在这方面做了有益的探索，取得了较好的效果。"一体"指学校的大德育体系，"两翼"则指思想政治教育子系统和学生事务管理服务子系统。学生工作部门及其所属中心（办公室）侧重于总体规划和基于学生服务大厅的"一站式"服务，学院学生工作组侧重于思想政治教育和引导学生发展。这种模式既体现学生工作的整体性，又体现职责分工明确。建立学生管理信息平台和短信平台，搭建学生发展支持平台，并尝试建立"学生管理规范与服务标准"，开展标准化服务探索。学生工作内设机构调整为"多中心"体制，如"招生注册中心""就业中心""奖励资助中心""学生教育发展中心""事务管理服务中心"等，并推行"项目制""契约化"管理。学生工作系统内"多中心"体制和"以条为主"的运作机制，增强了服务的效能，实现了学生工作的专业化和职业化。同时，"多中心"体制适应了学生个性化、多样化发展的需求，根据学生的不同特点推出一系列服务项目，引导、满足个性化发展的需求，最大限度地激发学生全面成才的内在动力。

高校学生工作已经进入了一个崭新的发展阶段，学生工作面临着发展理念的转变和模式转型，"以服务促发展""服务型学生工作"成为新时代的呼唤。但能不能顺利转型，需要对学生工作及其主体的转型发展建立一个更公正、更平等的学校环境，需要对学生的需求给予更多的关注，需要对转型中的学生工作者给予更科学的管理。

对比解析:增强高校民族学生"四个自信"的重要教育方法

黄少成　杨从印

中国地质大学(武汉)马克思主义学院,湖北 武汉 430074

摘要:党的十九大报告在明确要求全党务必坚定中国特色社会主义道路自信、理论自信和制度自信的基础上,着重阐述了中国特色社会主义文化自信的理论与实践意义,并号召广大青年坚定理想信念,在实现中国梦的生动实践中放飞青春梦想。少数民族大学生是我国青年大学生的重要组成部分,也是未来参与少数民族地区经济社会建设的中坚力量。坚定少数民族大学生中国特色社会主义道路自信、理论自信、制度自信、文化自信(以下简称"四个自信"),既是贯彻落实中央民族政策精神,也是习近平新时代中国特色社会主义思想的重要内容。对比解析作为教育教学的重要方法,对于提升"四个自信"教育教学的吸引力和说服力,引导少数民族大学生树立正确的历史观、国家观、民族观,坚定"四个自信"具有重要作用。

关键词:对比解析;"四个自信";少数民族;教育教学

【文章来源】本文原载于《贵州民族研究》2017年第12期,有修改。

【项目来源】教育部人文社科项目"微博时代大学生政治认同培育研究"(项目编号13YJC710055),湖北高校省级教学研究项目"大学生'三个自信'课堂教学研究"(项目编号2014137)。

【作者简介】黄少成,男,博士,中国地质大学(武汉)马克思主义学院教授,博士生导师;杨从印,男,博士,中国地质大学(武汉)财务与资产管理部部长,研究员。

一、多领域发展成效对比解析,增强中国特色社会主义道路自信

增强少数民族大学生对中国特色社会主义道路的自信,关键是要使他们充分理解并深刻感受这一道路上,我国社会各民族各领域发展取得的主要成就,各方面发生的巨大变化,以及包括少数民族大学生在内的社会各阶层在发展中获得的实惠,以此昭示中国特色社会主义道路才是实现社会主义现代化、创造人民美好生活的必由之路。

(1)城乡人口占比的增加,凸显社会发展进步。改革开放初期的1980年,全国总人口数量接近9.9亿,其中城镇人口约为1.9亿,农村人口约为8亿。全国城乡人口比例约为1∶4,全国少数民族城乡人口比例亦基本如此。这一单纯"农业大国"的产业结构,反映出当时我国社会生产力水平低下,社会产业结构和城乡人口结构亟待改善,农村大量富余劳动力亟须向城镇转移。

当然,农村人口向城镇人口转移的过程并非一蹴而就,而是在坚持中国特色社会主义道路上,持续向前推进的过程。正因此,一个落后的农业大国逐步向一个新型的工业型、服务型、现代化的国家转变。根据最新统计数据,当前我国城镇居民人口总数已超出8亿,约占全国总人口的57%。在这一发展过程中,更多剩余劳动力从劳动技能要求相对较低的农业劳动中解放出来,从事其他劳动技能要求相对较高产业的生产劳动和建设,社会劳动生产率得到全面提升。

(2)城乡居民收支倍增,各族人民群众购买力显著增强。1978年至2016年,我国城镇居民人均收入从343元增长到33 616元,支出从311元上涨到23 079元。农村居民年人均收入从1980年的191元增长到2016年的12 363元,人均消费支出从1980年的162元增长到2016年的10 130元,每一项目增长数十倍。20世纪80年代,家用电器在城镇被认为是奢侈品,在农村更是凤毛麟角。时至今日,品种多样、功能齐全的家用电器不仅成为城镇居民生活的必需品,在广大农村也十分普及。这些数字和事实的背后,反映的是包括少数民族在内的广大城乡居民收入水平、消费水平、购买力的大幅提升以及生活水平相比30多年前的大幅改善。

(3)各族城乡居民工作生活相关设施条件日益完善,生活舒适度和生活质量大幅提升。城乡居民食品营养结构不断改善,谷物等主粮的人均消费比例稳中

有降,蔬菜、水果、奶制品的人均消费比例日益提升,健康饮食逐渐成为包括少数民族在内的广大城乡居民解决温饱之后的追求和习惯。在广大居民的物质需求得到满足之后,旅行、康复保健、教育学习逐渐成为他们生活的重要内容。比如,当前旅行越来越受包括少数民族在内的广大城乡居民的欢迎。同时,居民日常出行、无线沟通、移动支付更加方便快捷。其中,高铁已成为广大城乡居民远行的主要交通工具,网络及其终端产品逐步普及,通过手机和电脑上网的总人数达到6.88亿,网络消费成为居民消费的重要方式。

这种贴近民情、简单朴实的数据对比,凸显出包括少数民族在内的广大城乡居民的生活品质、生活便利程度、生活幸福指数越来越高,更展现出各族人民在坚持中国特色社会主义道路上共创社会财富,并从中获益的良好态势。

二、不同理论指导革命实践的不同结果对比解析,增强中国特色社会主义理论自信

通过对比分析不同历史阶段不同理论指导革命实践的不同结果,充分论证中国特色社会主义理论在指导各族人民革命、改革的伟大实践过程中,成为行动指南的历史必然性。对中国特色社会主义理论自信的论证,须将这一理论置于近代、现代及当代中国的宏伟历史坐标中加以考察,增强少数民族大学生对"命运共同体"的历史认同感。

1. 中国共产党成立前后各种理论及其实践结果对比解析

鸦片战争以来,近代中国一直遭受帝国主义列强的侵略迫害,为了救中国,先贤志士进行了艰难漫长的革命探索。

太平天国运动时期,农民阶级的代表洪秀全、洪仁玕等提出了《天朝田亩制度》和《资政新编》。洋务运动时期,地主阶级的代表李鸿章、曾国藩等打出了"自强""求富"的旗号。维新变革时期,维新派的代表康有为、梁启超等提出了以"民权""君权"变法等。此后,资产阶级民主主义革命派以孙中山先生为代表,提出了三民主义学说。但是,这些口号、理论、思想最终都没能引导中国革命走向成功。只有以毛泽东同志为主要代表的中国共产党人,带领全国各族人民最终取得了新民主主义革命的胜利。这亦成为中国特色社会主义理论体系形成发展的

前提与基础。

历史发展实践证明,在中国无论是农民阶级、地主阶级还是资产阶级的思想或理论,因其局限性,都不能指导中国革命走向胜利,更不可能使中国走向富强。无数事实也证明,只有在以马克思主义理论为指导的中国共产党的领导下,中国各族人民追求民族独立和国强家富的目标才能最终得以实现。

2. 改革开放前后社会主义建设发展的不同结果对比解析

中华人民共和国成立之后的一段时期,中国的社会主义建设历经了较为坎坷曲折的发展过程。而这些坎坷曲折的过程,很大程度上缘于没有坚持实事求是的基本原则。

1978年后,邓小平领导中国共产党人汲取前期改革发展建设的经验教训,把马克思主义基本原理与中国新时期实际相结合,通过研究世界形势,总揽国内格局,在社会主义现代化建设的实践中,经过几代领导集体的实践努力和理论创新,逐步形成并确立中国特色社会主义理论体系。改革开放之后,包括少数民族在内的广大人民群众在30多年的时间里先后从解决温饱到部分先富,再到新时代中国特色社会主义全面建成小康社会,逐步实现从"站起来""富起来"到"强起来"的伟大飞跃。

3. 中国特色社会主义理论体系自身发展前后对比解析

中国特色社会主义从概念提出到理论体系的最终形成,是一个不断发展、完善和丰富的过程。这一理论体系在不断解决实践中各种新问题,不断指导党制定新的重大方针政策过程中,较好地回应了包括少数民族在内的各族人民群众的重大问题。党的政策方针也正是在这一理论体系指导下不断得到健全和完善。比如,效率和公平的问题。在改革开放前期,"效率优先、兼顾公平"成为按劳分配原则的核心内容,社会劳动生产率得到极大提升。但历经一段时间的发展,在社会经济总量得到大幅提升的同时,关于以人为本、脱贫攻坚和美好生活的提法和观念逐步深化,"效率优先"被代之以公平、公正、共同富裕、全面建成小康社会、"不让一个人掉队"等概念和观点。

从邓小平理论、"三个代表"重要思想、科学发展观,再到习近平新时代中国特色社会主义思想的发展逻辑来看,中国特色社会主义理论体系自身不是封闭僵化的理论体系,而是与时俱进、不断丰富、包容开放的体系。

三、与不同制度体系的国家之间发展对比解析,增强中国特色社会主义制度自信

与不同制度体系的国家进行对比,对于少数民族大学生坚定中国特色社会主义制度自信,是最具有说服力的论据。从正面解析中国共产党始终坚持中国特色社会主义制度,获得举世瞩目的伟大成就会发现,各个民族都在社会的发展中获得了相应的实惠。反之,如果不坚持这一制度,或者不坚持符合自身国情的社会制度,其后果或将不堪设想。

综观全球,遇到类似问题的国家并没有真正走上所谓民主自由、和平富强的道路,反而国内派系斗争不断、战火纷飞、发展受阻,人民生活水平不升反降。而其中最根本的原因还是在于没有根据本国国情,确立符合自身发展的社会政治经济制度。

四、与世界其他民族文化及其影响对比解析,增强中国特色社会主义文化自信

1. 通过比较,在中华民族生息繁衍的自然历史过程中探寻中华传统文化的优越性

中华优秀传统文化自信源自与其他民族文化的对比阐释。一方面是在比较中,阐释中华传统文化是民族团结和国家统一的根基。幅员辽阔的统一国家、交融繁衍的众多民族是中华文化产生、传承和发展的基石。中华文明之所以历经五千年连绵不息,正是中华民族重民守诚、尚和求同的民族个性和修身崇正、仁义担当的家国情怀铸就的文化品格使然。正如黑格尔所言,世界上所有的民族都曾经长期处于分裂之中,而唯独亚洲黄河流域的那个中国则是一个打不烂、冲不散的整体(列宁,1955)。一定意义上,这是作为整体的中华民族与其他民族最本质的优势和差异所在。另一方面是在比较中,阐释中华传统文化是中国古代文明发展的丰沃土壤。中国在古代就有"天行健,君子以自强不息"的进取认知,有"集众思,广忠益"的包容观念,正是这种勤劳、包容、开明、开放的品质,中国人

民才创造出对人类文明进步发挥巨大作用的造纸术、印刷术、中医、瓷器制作工艺等,也才逐步在周边特别是在亚洲国家形成以儒释道为内核的中华文化圈。

2. 通过比较,在中华民族独立解放的历史进程中探寻中国革命文化的进步性

革命文化反映的是中国新民主主义革命时期的文化形态和价值体系,是具有民族性、科学性、大众性的文化,体现了中国共产党人丰富的精神内涵和文化追求。同时,革命文化也是一种具有中国特色的政治文化,内含着党的政治意识形态。阐述对革命文化的自信,仍然要从1840年鸦片战争以来,将中华民族以及中华传统文化遭遇践踏的屈辱历史以及由此造成少数国人文化扭曲的心态,与中国共产党领导全国人民击败日本帝国主义、赢得解放战争,取得新民主主义革命胜利的艰难历程及其重塑的救亡图存、爱国情怀和革故鼎新精神品质进行比较,体现革命文化在近代中国社会发展、变迁,以及国家独立、民族解放过程中的进步特征。当然,增强对革命文化的自信,还要进一步阐释中国共产党带领广大人民群众,在社会主义现代化建设和中国特色社会主义伟大实践中承袭下来的建设精神、创业精神、创新精神等极富时代内涵的革命精神与文化品质及其在建设和实践中起到的源泉动力作用。

3. 通过比较,在新时代中国特色社会主义伟大实践中凸显社会主义文化的先进性

社会主义文化起源于中华民族五千多年的传统文化,根植于最广大人民群众的社会主义现代化建设实践,是以马克思主义理论为指导、符合历史发展潮流的文化,反映了中国最广大人民群众的根本利益。阐述社会主义文化先进性,就是在比较中解析新时代中国特色社会主义文化在弘扬中国精神、传播中国价值、凝聚中国力量中取得的成效和发挥的作用。特别是党的十八大以来,以习近平同志为核心的党中央,构建了一系列反映中国特色社会主义文化的话语体系,创造性地提出"中美新型大国关系""一带一路"倡议、"亲诚惠容"外交战略理念等,有力回应了国际社会对中国发展模式的质疑。党的十九大再次提出"构建人类命运共同体"的全球命题,并作出"始终做世界和平的建设者、全球发展的贡献者、国际秩序的维护者"的庄严承诺。这是在欧美国家开始盛行贸易保护主义背景下我国体现出的世界担当,其更深层次的意义则是在思想和文化领域展现兼容并蓄、交流互鉴的包容与互信,是社会主义文化先进性在世界范围内的真实反映和写照,更是对中国文化高度自信的有力展示。

习近平总书记在党的十九大报告中从多侧面、全方位、不同视角展示出中国特色社会主义的道路、理论、制度和文化发展及其成效,这些内容成为"四个自信"教育教学的生动素材。当前,"四个自信"教育教学就是将少数民族大学生感受最深刻、自我体验最强烈的成就、收益、实惠,通过实例、数据,辅之以图表进行生动的对比解析,使他们在比较中认知、理解并坚定"四个自信",只有这样习近平新时代中国特色社会主义思想才能入脑、入心、入行。

主要参考文献

列宁,1955.黑格尔"哲学史讲义"一书摘要[M].北京:人民出版社.

"以生为本"教育理念的现实困境与对策研究

高翠欣　姜　伟　喻芒清　侯金波

中国地质大学(武汉),湖北 武汉 430074

摘要:"以人为本"理念在我国高校已经得到普遍认同,"以生为本"作为"以人为本"理念的具体化,理应在高校教育教学活动中得到全面体现。但实际上,很多学校依然把主要精力放在主导教育教学工作的教师身上,主要通过学科建设、师资队伍建设,来提升学校办学水平,较少从学生成长和发展需要角度思考问题,"以生为本"理念事实上被淡化。要真正实现"以生为本",高校必须在建立新观念的基础上实现4个转变:从教师供给本位转向学生需求本位、从教师管理本位转向学生权利本位、从传统管理转向现代治理、从知识灌输转向教育叙事,以实现"完整的人"的培育。

关键词:以生为本;现实困境

"以生为本"是"以人为本"理念在高校的具体体现。落实"以生为本",就是

【文章来源】本文原载于《学校党建与思想教育》2018年第7期,有修改。

【项目来源】本文系湖北高校学生工作研究会2017—2018年度课题一般项目"高校实践育人制度化科学化常态化机制研究"(项目编号1718YB09)和中国地质大学(武汉)学校发展研究课题重点项目"我校港台生学习状况调查与对策研究"(项目编号2017FZA02)的阶段性成果。

【作者简介】高翠欣,女,博士,中国地质大学(武汉)高等研究院党委副书记,副教授;姜伟,男,中国地质大学(武汉)发展规划处;喻芒清,男,博士,中国地质大学(武汉)马克思主义学院教授;侯金波,中国地质大学(武汉)本科生院。

指学校在开展教育教学活动时要以学生为根本出发点和落脚点,坚持一切从学生的实际发展水平出发,遵循学生成长发展规律和教育规律,以有利于学生的人格培养、有利于学生的成长成才和有利于学生幸福能力的提升为根本目标。具体而言,"以生为本"就是要以人性为本,坚持人格平等与教育指导相结合;要以学生的个性为本,坚持共性标准与个性发展相结合;要以学生的幸福为本,坚持理性教育和非理性教育相结合。

一、"以生为本"教育理念的现实困境

1. 教师在教育教学活动中服务意识相对淡薄

从主观上讲,我国传统教育思想强调教师的主体和主导地位,往往从教师的角度考虑应该教什么以及怎么教,而高校多从如何管好教师这个角度思考问题,从自身角度思考应该管什么和应该怎么管,服务学生成长成才的意识淡薄;或者以爱的名义、"为你好"的出发点,把侵权活动合理化、合法化。从客观上讲,国家和学校关于高校办学以及教育教学的立法相对缺乏,虽然我国已经有《中华人民共和国教育法》等比较成熟的法律,但这些法律比较宏观,与之配套的具体法规的相对缺失以及现有法律法规中学生权利的缺失,都造成了教师在教育教学活动中法律意识淡薄,最终导致学生主体地位缺失,与"以生为本"相去甚远。

2. 学校管理体制上"以生为本"理念体现不够

首先,高校内部管理制度体系的设计缺乏学生主体地位和学生权利意识;其次,现代高校制度不健全、高校制度制定滞后,不能及时回应社会发展形成的管理空白地带;最后,高校内部管理还存在着管理失序、管理程序不完备、部门管理边界模糊、责任不清等问题,一定程度上使"以生为本"理念难以充分体现。

3. 对学生身心发展规律遵循不够,主要表现为教育理论与教育实际脱节

近年来,我国高等教育领域研究者围绕学生的身心发展和成长成才不断探索和总结,形成了诸如"素质教育""个性教育""拔尖创新人才培养""创新创业教育"等理念以及坚持社会发展和人的发展的辩证统一等理论。《国家中长期教育

改革和发展规划纲要(2010—2020年)》也明确指出要通过"遵循教育规律和人才成长规律,深化教育教学改革,创新教育教学方法,探索多种培养方式,形成各类人才辈出、拔尖创新人才不断涌现的局面"。但在教育教学的实践环节中,有些高校却依然按照传统的教学思维和路径在运转,主要体现"以生为本"理念的"平等的师生关系"、创新型人才培养模式、注重每个学生发展的人才观等新的育人局面还远未形成。

二、"以生为本"教育理念的实现对策

1. 实现"以生为本"教育理念首先要转变观念

"以生为本"理念是深化教育教学改革、实现大学治理现代化、加快我国高校"双一流"建设的重要内涵,也是对第三次工业革命等社会发展对人才要求的理性回应。西班牙教育家奥尔特加·加塞特(2001)曾说过大学的建设必须以学生为基础,而不是以教师或知识为基础。要实现"以生为本"理念,就要建立相应的观念。

一是学生观。将学生从教育客体转变为学习主体,实践"以学生为中心"的教育理念。我国传统观念认为学生是教育教学的对象,忽视了学生的主体地位。"以生为本"的学生观则将学生视为学习主体,在实际教育教学中转向"以学生为中心",强调学生发展、学生学习,关注学习的"自主建构""相互作用"和"不断生长"(刘献君,2012),使"人"成为教育的出发点和目的,让教育与人的价值、意义和个性相关联,并以"人"的方式来把握和理解学生,让学生主体和教师主体相互开放,通过心灵的相遇、碰撞和融合实现双向交流。同时,"教育是人学"判断中的"人"是整体的人,不能将"人"以教育的名义割裂。有专家认为,"德育、智育、体育犹如金字塔之有三面,而非鼎之有三足"。这个比喻形象地表明,德育、智育、体育只是学校教育的分工而非学生"人的分裂",此外还有美育、劳育,任何"一育"都要从学生作为"整体的人"的角度去考虑和展开,要强调协同、协作,相互渗透、相互融合,而不是机械地局限在教育分工的某"一育"当中。

二是人才观。要从精英培养到全体培养,从统一标准到多样化、个性化。对于人才观念,我国传统教育有两个观点,一是"标准化",一是"精英化"。"标准

化"的人才观,是将学校视为工厂、将教育视为生产流水线、将学生视为"学校的产品",要求所有毕业生("学校的成品")像工厂的产品一样整齐划一、统一标准和"型号"。"精英化"的人才观则着重关注少数精英的培养。教育要回应第三次工业革命带来的个性化、民主化以及创造性、社会情绪能力等人才素质要求,就要从以培养"精英"学生为重点转向对全体学生的培养,关注每个学生的学习权利,努力促进每个学生的发展和成才;就要尊重学生间的差异和个性,将人才标准和教育方法向多样化和个性化转变,培养出丰富多彩、富于个性、适应多样化要求的人才。

三是发展观。要从"个别、单向、现时发展"观念转向"全体、全面、全程发展"观念。"个别、单向、现时发展"是指当前高校所重视的"尖子""精英"等个别、部分学生发展,比较重视业务学习、课程学习,相对忽视思想道德、心理健康、能力素质提升等"单向发展"以及注重学生大学阶段发展的阶段性、现时性。"全体、全面、全程发展"则是指注重全体学生的发展、每个学生个体的全面发展以及学生终身发展能力的培养。"以生为本"的发展观,就是要关注所有学生的发展,努力促进每个学生的全面发展,实现知识、能力、人格的全面培养和提升。教育从来是面向未来的,这要求教育者要关注学生的未来发展,帮助学生着眼于未来、着眼于潜能、着眼于引领和创新,帮助他们坚定在未知世界生存、发展的信念,帮助他们提升在未来社会生存、发展的能力和素质,实现教育促进人的发展和促进社会发展的使命。

2. 实现"以生为本"教育理念的具体对策

结合目前高校的实际状况,实现和落实"以生为本"教育理念有以下四条路径。

一是在高等教育改革形成的新供求关系和社会民主扩大的进程中,破除传统思想禁锢,从教师供给本位转向学生需求本位,以学生需求为本。这里说的学生需求,是指全体学生的全面需求(包括未来的潜在需求)。转变传统教师角色,与学生共建学习共同体,做学生学习的促进者和帮助者、教育教学的研究者、课程的开发者和建设者。转变教育方法,既关注"精英"学生和"落后"学生的需求,也关注"中间"学生的需求,从"抓两头、促中间""抓中间、带两头"向"抓每个学生"转变,关注每个学生的成长成才需求和发展水平。关注学生需求,既重视不同学生的不同需求,也重视同一学生不同阶段的需求;既适当满足学生合理正当需求,也引导、激发学生高层次需求和未来潜在需求。

二是在现代大学制度建立和依法治校的背景下,增强法律意识,从教师管理本位转向学生权利本位,以学生权利为本。法治,是现代社会的基本特征,依法治校是建立现代大学制度的根本保证。大学章程是现代大学制度的标志和载体,是大学治理的基本规范和依据,包括规范和协调师生关系、教与学的关系、教师管理权利与学生权利的关系等。可以说,向学生权利本位转变是完善现代大学制度建设和依法治校的内在价值导向,缺失学生权利本位的大学制度不能称之为现代大学制度。向学生权利本位转变,要建立充分体现学生权利的大学制度,与此同时,还需要努力提升广大教职员工依法依规管理、教育和服务的意识和能力。

三是在深化教育领域综合改革的背景下,从大学传统管理转向现代治理,坚持治理和管理相结合。概括来说,治理体现宏观性、战略性,着重于协调相关利益者关系。而管理体现具体性、实施性,着重于实现办学目标。大学治理和大学管理在目标、主体、客体、实施基础、沟通方向等方面都存在着显著区别,二者形成互补关系,需要协同推进。在大学管理体制机制上,要重视教师和学生的参与,要进一步完善大学章程,着重改变利益相关方"缺位"、教职员工和学生基本处于治理结构之外(秦德君等,2014)的局面,为实践"以生为本"构建适宜的制度环境;培训和帮助教师、学生,尤其是学生干部提升治理和管理能力,为实践"以生为本"提供能力保证;同时要协调好大学内外部关系,构建和谐内外部环境,提高管理和治理的效率。

四是深刻理解和遵循教育规律和人才成长规律,从知识灌输向教育叙事转变,坚持灌输和叙事相结合。落实"以生为本"理念,还要在教育方法上注重理论和叙事的结合。教育叙事的理论前提是人本哲学,它强调人的能动性、实践性以及人的自由、价值等,是"以生为本"理念的重要内涵。要摒弃非此即彼的二元对立的思维方式,充分认识知识灌输的必要性,也要正视知识灌输带来的缺乏生命热度、人性关怀及脱离生活实际的弊端,发挥叙事回归生活,关注人的情感、自由、体验与价值的作用,实现理性知识与非理性知识的完整结合,在"以生为本"理念指导下,培育完整、幸福的人。

主要参考文献

奥尔特加·加塞特,2001.大学的使命[M].徐小洲,陈军,译.杭州:浙江教育出版社.

刘献君,2012.论"以学生为中心"[J].高等教育研究(8):1-6.

秦德君,陈雪虹,陈蔚,2014.推进我国高校治理能力现代化的若干思考[J].东华大学学报(社会科学版),14(2):53-57.

基于说服理论的大学生思想政治教育创新

王甲旬 喻继军

中国地质大学(武汉)马克思主义学院,湖北 武汉 430074

摘要:大学生思想政治教育活动是说服活动的一种。基于说服理论的大学生思想政治教育研究应当实现五个"转变":教育理念从工具理性向价值理性转变,教育内容从科学认知向生命认知转变,教育方法从单向理论灌输向立体呈现转变,教育过程从理论世界向生活世界转变,教育关系从主客关系向主体间性转变。创新路径为:提升大学生思想政治教育者的公信力,增加大学生思想政治教育内容的生活气息,增强大学生思想政治教育方法的人文性,注重大学生思想政治教育载体建设,优化大学生思想政治教育人际关系。

关键词:说服理论;大学生;思想政治教育;创新

改革开放以后,中国思想政治教育的外部环境发生了很大的变化,当代大学生思想也呈现出"视野开阔、思想活跃""自我自主、崇尚平等""价值多元、观点多变"(冯秀军,2011)等特征。这些都要求大学生思想政治教育尽快实现从说教向说服的转变。现代说服理论主要探讨信息传播如何影响传播对象的习惯、观念、

【文章来源】本文原载于《学校党建与思想教育》2015年第5期,有修改。

【项目来源】本文受湖北省教育厅2013年高等学校省级教学研究项目"全能型广播电视人才培养模式研究"(项目编号2013152)资助。

【作者简介】王甲旬,中国地质大学(武汉)马克思主义学院2013级研究生;喻继军,男,博士,中国地质大学(武汉)艺术与传媒学院副教授,硕士生导师。

行为等,并通过有效的设计,使信息传播能够收到最佳效果,达到预期的目标。从这一点看,现代说服理论与大学生思想政治教育有着内在的契合。从说服理论入手,对如何创新大学生思想政治教育进行思考,有助于提高大学生思想政治教育工作的实际效果,丰富思想政治教育理论。

一、现代说服理论与大学生思想政治教育的关系

现代说服效果研究产生于20世纪40年代。多温·卡特赖特发现,要取得预期的宣传效果,必须遵守一定的原则。霍夫兰研究认为,信息传播的过程就是交流的过程,并且信息传播是一个完整的系统。他和同事提出了"耶鲁说服模型"。在霍夫兰之后,说服研究的基本框架没有太大的变化,都是从"耶鲁说服模型"的四个方面(说服者、说服内容、说服途径和被说服者)着手进行研究。现在说服效果研究已发展成为一个较为成熟的研究领域,研究的关注点集中在影响说服效果的因素方面。说服效果的影响因素大致可分为信源可信度、情绪、信息框架、社会网络及事件卷入度五个方面。

大学生思想政治教育活动是一种说服活动,主要是因为二者在目标、内容和过程方面具有相似性。

首先,总体目标都有指向性。大学生思想政治教育与说服活动在总体目标上都有很强的指向性,就是都通过采取一定的行动,达到让行动对象向着既定的目标行动或发生改变的目的。

其次,内容都体现实施者的意志。内容是总体目标的具体化和操作化,是实现最终目标的要素。大学生思想政治教育的内容体现出明显的意识形态属性和政治倾向性,代表着实施者的意志。说服的内容则更为多元,大到世界观、人生观、价值观,小到个人喜好、消费习惯、行为方式等,一些说服活动也带有意识形态属性和倾向性。二者共同点在于都体现着实施者的意志。

最后,二者的过程构成要素相似。大学生思想政治教育过程就是说服大学生接受一定的思想、观点、道德信息,并产生预期效果的过程,具体包括以下环节:教育者通过多种渠道和形式发布教育信息,大学生收到信息并对信息内容进行处理,对思想政治教育效果进行反馈和评估。这是理论上的模型,在实际操作中,这个过程并不是简单的线性过程,而是不断重复的,形成回路甚至交叉。说

服过程是说服者传递与目标相关的内容,被说服者接收这些内容,整合、理解并做出反馈的过程。从过程的构成要素来分析,两个过程都有信息发出者、传递渠道、接受者和信息反馈四个要素。这四个要素也是传播过程的基本构成要素。

二、基于说服理论的大学生思想政治教育创新思路

1. 大学生思想政治教育理念应从工具理性向价值理性转变

思想政治教育是社会或社会群体用一定的思想观念、政治观点、道德规范,对其成员施加有目的、有计划、有组织的影响,使他们形成符合一定社会所要求的思想品德的社会实践活动(陈万柏等,2001)。工具理性强调教育的目的性,该理念下的大学生思想政治教育是培养与教化"人"的手段;而价值理性理念下的大学生思想政治教育是把大学生作为"人"这一本体,出发点是大学生健全人格的塑造、道德品质的形成及自由全面的发展。因此,应当秉承马克思主义的人学思想,从人的喜怒哀乐等情感因素,人的生理、心理层面的需要等关于人本身的因素来进行大学生思想政治教育活动,即要坚持价值理性而非工具理性。简言之,就是要让大学生真切地感受到思想政治教育是关于"人"的教育、为了"人"的教育。这种实际相关性,在说服理论中被称为"事件卷入度"。关于事件卷入度对说服效果影响的研究(Rothman et al. ,1993)表明,事件卷入度越高,个体的态度越容易发生改变。具体到大学生思想政治教育,就越容易收到预期效果。

2. 大学生思想政治教育内容从科学认知向生命认知转变

《中共中央国务院关于进一步加强和改进大学生思想政治教育的意见》(中发〔2004〕16号)指出,大学生思想政治教育的内容包括:理想信念教育,世界观、人生观和价值观教育,爱国主义教育,民族精神教育,公民道德教育,素质教育。然而,在实际教育活动中,科学认知,如法律知识认知、历史知识认知等内容仍然是大学生思想政治教育的重点,学生的主观体验、感受、思想、情感、意识等并没有得到充分的重视。内容的偏向导致大学生知行的疏离,影响大学生思想政治教育的实际效果。

实现教育内容从科学认知向生命认知的转变,就是要增强思想政治教育的

人文气息,突出大学生的生命体验和情感体验。说服研究特别注重情绪和情感因素对说服效果的影响。研究认为,积极情绪和情感能够增加被说服者态度改变的可能性,同时降低他们对说服信息产生反对意见的可能性。情感因素对说服效果的影响启示我们,思想政治教育应当加强大学生情感体验内容,实现科学认知与生命体验的有机结合。

3. 大学生思想政治教育方法从单向理论灌输向立体呈现转变

大学生已经具备了一定的知识积累,初步形成了自身的价值体系和对事物的判断能力。教育方法是大学生思想政治教育的一个关键问题,它一方面要保证取得预期的教育效果,另一方面还要能够促进大学生批判思维和认知能力的发展。这就要求把大学生已有的知识、思想、技能与思想政治教育结合起来,让大学生主动自觉地参与思想政治教育。说服效果研究发现,单方面的信息并不具有充分的说服力,要让对象真正信服,必须为双面的信息,甚至是多面的信息,让对象形成自己的判断。当然,信息的呈现是可以控制的,以便收到预期的说服效果。对信息的控制,在现代说服理论中被称为"信息框架",信息框架不同,效果也不相同。一方面,大学生是接受高等教育的群体,具有一定的知识储备、价值观念和思维能力;另一方面,当前信息技术的发展,使得多元信息的获取更便捷。这二者都对传统灌输方法形成了挑战。一种客观的、全面的、多视角的立体呈现方法成为大学生思想政治教育的必然选择。

4. 大学生思想政治教育过程从理论世界向生活世界转变

大学生思想政治教育面对的是生活世界中的"人",而不是理论世界的"人"。大学生和他们的生活是统一的,这就需要在大学生思想政治教育过程中形成对他们生活世界的普遍观照,而不是仅用抽象化的理论去考察生活实际。而实际情况,往往是后者。这就使得当前的大学生思想政治教育中出现了一些学生知识扎实、信仰缺失,理论丰富、行动不足,教育形式多样、内涵缺乏等不和谐的现象。

大学生思想政治教育过程向生活世界转变,就是要通过生活实际、社会生活实践对大学生进行教育。联合国教科文组织认为个人是通过共同生活的过程来教育自己的,而不是被别人教育的。说服研究发现,社会网络是影响说服效果的又一因素,影响方式分为两种:一是他人的主动说服,使接受者对已有态度产生怀疑,进而对信息进行深层次加工,调整或改变自己的态度;二是与他人比较、对照后的自我说服。大学生在思想政治教育活动中也常常面临这两种情况,因此,应当注重教育过程的生活化,加强与生活实际的联系,让大学生思想政治教育回归生活世界。

5. 大学生思想政治教育关系从主客体关系向主体间性关系转变

传统的大学生思想政治教育中,教育者与被教育者分别是教育主体、教育客体,二者之间的关系是主客体关系。这就意味着大学生作为客体在思想政治教育过程中处于"被动"的位置。然而,随着社会的发展,大学生主体意识觉醒,这种主客体关系已经不适应大学生思想政治教育的实际。说服效果研究告诉我们,在进行说服活动之前,应当充分考虑说服对象的"主体"作用(Busch et al.,1976)。具体到大学生思想政治教育,应注重大学生主体地位的提升,重视大学生在思想政治教育中的能动作用。教育者与被教育者之间的关系向主体间性关系发展已经成为必然趋势。主体间性是一个哲学概念,主要用来描述人与人之间的关系。海德格尔用"此在"表示个体,每个个体都是"此在",最终就是"共同存在";马克思把个人之间的关系看成是"自己的联合体"。这就表明,主体间性是交往中的主体与主体的关系。从主体间性视角看大学生思想政治教育,教育者和大学生之间应当是互相尊重和理解的关系,二者之间的主体间性关系表现为交互性、平等性、宽容性、合作性、约束性。大学生思想政治教育者应当客观认识并发展自身与大学生的主体间性关系。

三、基于说服理论创新大学生思想政治教育的途径

1. 提升大学生思想政治教育者的公信力

大学生思想政治教育者相当于说服过程中的信源,信源的公信力越高,越容易达到说服效果。提升大学生思想政治教育者的公信力有两层含义:一是思想政治教育者要不断提升自己的科学文化素质和道德素质,同时要完善思想政治教育队伍建设,加强组织建设;二是通过加强对大学生的了解和与大学生的交流,深化师生之间的默契与合作。为此,思想政治教育者应当做到:第一,不断学

习,提升个人和团队素养,严格约束自身的言语和行为,避免给大学生造成"言行不一"的错误印象;第二,发挥人格魅力,增强思想政治教育活动对大学生的吸引力;第三,要了解大学生的思想、心理、性格、爱好等方面的特征,消除因为年龄、性别、教育水平、生活背景等造成的距离感;第四,转变教育理念,把思想政治教育作为培养"人"的活动,而不是为了"教育"的活动。

2. 增加大学生思想政治教育内容的生活气息

大学生思想政治教育要树立整体思维,找出思想政治教育内容之间的普遍联系和相互作用关系,拉近大学生与思想政治教育内容的距离。在具体操作中,思想政治教育内容要尽量贴近学生生活、学习的实际,让学生容易接受,而不是遥不可及、令人望而生畏。根据说服理论,内容的呈现方式也会影响说服效果。一方面,大学生思想政治教育内容要有说服力,需要呈现正反两方面信息,甚至是多方面的立体信息;另一方面,要根据大学生的特征及其思想行为的发生规律,合理安排与调整思想政治教育的内容,使教育内容生活化。

3. 增强大学生思想政治教育方法的人文性

大学生已经具备了一定的分析问题和解决问题的能力,并且随着信息时代的发展,大学生获取信息呈现渠道多样化、内容多元化的特点,但他们中的很多人对问题思考和研究的深度和广度还不够。对此,平等沟通、诚心倾听、积极引导等具有情感性、人文关怀的教育方法更为有效。此外,根据说服理论,情感因素对说服效果有重要的影响。因此,采用人性化的方法,让大学生保持积极的情绪与对思想政治教育的浓厚兴趣,就成为保证教育效果的关键。一方面,应适时调整大学生自身接受思想政治教育的状态,使其保持积极向上的心态和情绪;另一方面,在大学生处于消极心态和情绪中时,应适当调整思想政治教育的内容,鼓励大学生摆脱消极状态。教育内容和学生状态的和谐,是实现预期教育效果的条件之一。

4. 注重大学生思想政治教育载体建设

载体是大学生思想政治教育的重要构成要素。载体选择是否得当,关系到大学生思想政治教育各个环节和要素之间能否实现协同。新媒体作为一种新的大学生思想政治教育载体,它具有的时效性和便捷性、开放性和渗透性、融合性和分众性、互动性和参与性等特征应受到广泛重视。在大学生思想政治教育中,应当充分利用网络媒体平台,加强教育者与受教育者之间的联系;利用数字媒体形式,改革内容呈现方式;利用个人媒体资源,拓宽信息传播渠道;利用社交媒体空间,形成舆论公共场域;利用移动媒体延伸,巩固教育实际效果。

5. 优化大学生思想政治教育人际关系

大学生的主要社会关系集中在家庭、学校和同辈群体中,大学生思想政治教育的主要环境是人际环境。优化大学生思想政治教育人际关系,就是建立大学生与周围人的和谐对话关系,形成良好的社会关系网络。良好的社会关系网络也是增强说服效果的一个因素。家庭,特别是父母对子女的影响深远。优化父母与子女的关系可以通过父母的言传身教感染子女,培养他们对父母的关心、孝心和感恩之心;通过父母和子女的共同努力,消除由教育、生活经历等造成的代沟,建立家庭沟通氛围。校园人际关系对大学生当前和未来的学习、生活、求职、工作都有着重要影响。优化校园人际关系,应当加强校园公平竞争、团结互助的学风建设,建立和谐的同学关系;培养大学生正确的择友观,增强其人际关系处理能力,建立和谐的朋友关系;加强教师与学生在学习、科研活动中的联系,巩固尊师重教传统,建立和谐的师生关系。

主要参考文献

陈万柏,张耀灿,2001.思想政治教育学原理[M].北京:高等教育出版社.

冯秀军,2011.新时空境遇中的当代大学生理想信念教育[J].教学与研究(4):14-18.

BUSCH P, WILSON D T, 1976. An Experimental Analysis of a Salesman's Expert and Referent Bases of Social Power in the Buyer-Seller Dyad[J]. Journal of Marketing Research, 13(1):3-11.

ROTHMAN A J, SALOVEY P, ANTONE C, et al., 1993. The Influence of Message Framing on Intentions to Perform Health Behaviors[J]. Journal of Experimental Social Psychology, 29(5):408-433.

后现代主义视野中的思想政治教育主客体关系审视

李霞玲　李敏伦

中国地质大学(武汉)马克思主义学院,湖北 武汉 430074

摘要: 后现代主义思潮对我国的思想政治教育领域产生了深刻的影响,使得思想政治教育的主体与客体由传统的截然对立转向了相对和不确定的相互融合、相互渗透、一体化的关系。在后现代主义的解构下,这种新的主客体关系对建立一种思想政治教育新型师生关系模式具有十分重要的意义。

关键词: 后现代主义;思想政治教育主体;思想政治教育客体

后现代主义思潮是 20 世代 70 年代产生于西方发达资本主义国家的一股泛文化思潮,在产生后得到了广泛传播,并于 20 世纪 80 年代初传入我国。随后,后现代主义在中国思想文化界产生了巨大影响,成为中国学术界特别是哲学界一个非常时髦的话题,甚至出现"后现代"一词的泛滥。也正因此,后现代主义在中国的传播已经成为一个需要进行认真反思的问题。当代大学生是一个对思想观念极其敏感的群体,对这股强劲的后现代主义思潮反应也比较强烈。作为高

【文章来源】本文原载于《学校党建与思想教育》2010 年第 2 期,有修改。

【项目来源】本文系中国地质大学(武汉)马克思主义理论研究与学科建设计划资助项目(项目编号 MY0808)研究成果。

【作者简介】李霞玲,女,博士,中国地质大学(武汉)马克思主义学院副教授;李敏伦,男,博士,中国地质大学(武汉)马克思主义学院副教授。

校思想政治教育工作者不能无视这股思潮对当代大学生思想的影响,特别要关注在后现代主义思潮的冲击下,传统的高校思想政治教育面临着哪些新的变化和挑战。本文着重从思想政治教育主客体及其关系上来审视后现代主义对我国思想政治教育的影响,并从后现代主义视角对高校的思想政治教育主客体关系进行解构与建构。

一、后现代主义思潮影响下的思想政治教育主客体关系解构

1. 传统思想政治教育中对主体与客体的界定

在传统哲学认识论范畴中,主体是指相对于认识的客体而言的认识和改造客体(客观物质世界)的人,客体则是指进入主体(人)的认识和改造范围内的客观事物。从传统的角度来看,在认识过程中,主体是积极主动的、具有一定理性思维能力的人,凭借一定的物质手段去认识和改造客体;而客体相对于主体而言是消极被动的,是被认识、被改造的对象。将主客体联系起来的是一定的认识手段,它是主体认识客体的中介、主体联系客体的桥梁。由此可见,主体与客体的关系是:认识、改造与被认识、被改造。如果按照传统哲学对主客体的界定,思想政治教育的主体是施教者(老师),是积极能动的一方,他们在整个教育过程中显然是起主导作用,支配和控制其他因素。从教育过程来看,施教者是一种现实的、感性的、自由自觉的自然存在物与社会存在物,是能动地作用、改造客体的主体。而思想政治教育的客体是受教育者(学生),作为感性存在与感性直观的对象、理性认识与思维的对象,他们是主体活动或实践所作用、干预、改造和控制的对象,是与施教者主体的意识活动发生联系并进入教育活动过程的具有理性思维的那部分人。

2. 后现代主义对传统思想政治教育主体与客体的解构

从上面的分析我们可以看出,我国传统思想政治教育中对主体与客体的界定是建立在传统西方哲学的主体与客体截然二分的基础之上的,认为"一切存在者不是主体的客体,就是主体的主体",主体是自主、自足、自为的存在者。应该说,这种对二分法的强调构成了西方整个现代化进程的思想基础。也正是在这

种主客二分的哲学观念的指引下,人类进入了工业化的现代社会,并将人看作高于自然的唯一主体,认为人作为具有社会思想的动物必须按照自己的意志改造世界,主体与客体、人与自然、人与人之间是对立的。这种主客体对立的实质就是毫无节制地提升人在世界中的地位,筑建"人类中心主义"。其结果即在工业现代化的进程中,过分强调人对自然的征服而忽视人与自然的统一,过分强调个体价值而忽视群体价值,最终导致环境污染、温室效应、核战争威胁等危及人类自身生存的问题,使得人的内在丰富性逐渐丧失而沦落为"单向度的人"。

正是在这种背景之下,后现代主义向现代性进行了猛烈攻击,它对传统主体性的颠覆是在人类思考人与自然、人与人的关系中实现的。在人与自然的关系上,后现代主义者认为传统哲学中的"主体"破坏了人与世界的和谐秩序,堵塞了人类通向未来的道路。人把自身视为世界的主宰和征服自然的"上帝",人不是顺应自然,而是摆布自然,把自然当作实现自己目的的手段。在人与人的关系上,"几乎所有现代性的解释者都强调个人主义的中心地位",由此导致极端个人主义的泛滥。后现代主义消解了人的主体性观念,高喊"人的终结",但实际上是指对近现代"人"的观念的终结,力图把传统哲学所抽象出来而高高在上的主体拉回到现实生活中来。

后现代主义对现代主体的解构,自然而然也会影响到传统思想政治教育中的主客体关系。长期以来,我国思想政治领域中的主客体也是彼此对立的,在后现代主义的攻击下,传统思想政治教育中的主客体也面临着解构。一方面,从思想政治教育的主体和客体在教育过程中所处的地位来看,后现代主义认为人和他人、自然相比并没有更为特殊的地方,人没有理由获得对他人、自然的统治权和占有权。人和人、人和自然的关系是以有机联系的形式存在的,"我们乃是扎根于自然之中,人类永远不可能脱离自然;我们同时也扎根于社会历史和制度之中,我们的个人特征永远也不能同它们分离"。当我们透过后现代主义来审视传统的思想政治教育主体时,就会发现在后现代主义视野中的主体相较客体并没有更为特殊的地方,也就没有对客体支配、控制和占有的权利,所谓的思想政治教育主体并不是支配和控制其他因素。同时,思想政治教育的客体并非是被纯粹的主体活动或实践所作用、干预、改造和控制的对象,也并非是一个被动的受教育者,他和思想政治教育的主体共处于一个教育过程中,传统的以施教者为中心的主客体二元对立模式被后现代主义解构。另一方面,从思想政治教育的主客体关系来看,一旦消解了中心,解构了主客体的二元对立关系,那么在后现代主义视野中的思想政治教育主客体之间,就不再是彼此对立的认识和被认识的关系,而是一种统一和谐的伙伴关系,主体作为教育中的照料者和守护者应和客体共处于同一教育过程中。即在教育活动中处于交往关系中的人都是主体,这就消解了二元论在思想政治教育中设置的对立关系。

二、后现代主义视野下思想政治教育主客体关系的建构

后现代主义为了避免重蹈传统哲学的覆辙,对现代性义无反顾地一路拆解下去,颠覆了传统哲学的"整体性""二元论""中心""本质"等概念,把批判和解构这种拆解传统哲学的手段当成了目的本身,却不敢轻言建构。当我们理性地对后现代主义进行评价时发现,现代性并非如后现代主义所说的那样应该全盘颠覆,但后现代主义看重的被现代性所忽视的一切也应该引起我们的深刻反思。而在思想政治教育领域,面对被后现代主义解构得支离破碎的主体与客体,又该如何去重新建构现代的政治思想教育者和受教育者之间的关系呢?

首先,我们必须承认,在教育活动中,思想政治教育的主体和客体之间是有区别的,这种分界是保证政治思想教育活动有效性的一个必要前提。如果如后现代主义者所说,将主体与客体之间的分界线彻底消除,那么在教育活动中,谁是主导者,谁是施教方将无从体现。因此,这种主客体间的区分对于获得比较有成效的教育结果是十分必要的。其次,必须认识到,在思想政治教育系统中,主体和客体之间的区分并不是绝对的、不变的,而是相对的、可变的。如在高校思想政治教育中,我们必须承认,教师是教育过程中的主导方,这是使教育活动得以有效进行的一个必要条件。同时,我们也要看到,学生虽然是教育活动的对象,但他同样是教育活动的主体,教师与学生的关系是教育主体与受教育主体的关系,是人与人的关系。这种同是主体的人之间的活动是具有交互性的,而非对立性的。在思想政治教育系统中,教育者和受教育者不是绝对的、抽象的、纯粹的主客体的对立,而是相互融合、相互渗透的一体。

后现代主义思潮传入中国后,对我国的思想政治教育产生了不可忽视的影响。客观地审视这些影响和冲击具有积极的意义,尤其是后现代主义对传统主客体关系、中心的颠覆,对在思想政治教育中建立一种新型的师生关系模式具有

十分重要的作用。

主要参考文献

大卫·格里芬,1995.后现代科学:科学魅力的再现[M].马季方,译.北京:中央编译出版社.

李辽宁,2008.后现代语境下思想政治教育面临的挑战及其对策[J].思想教育研究(5):43-45.

刘振亚,2005.论后现代主义对构建我国高校思想政治教育新视角的启示[J].当代教育论坛(19):61-62.

卢岚,2007.思想政治教育社会生态优化的后现代研究[J].理工高教研究(3):24-25+29.

王仰飞,2005.后现代主义文化对高校思想政治教育的影响及其对策[J].北京科技大学学报(社会科学版)(S1):36-37.

徐向农,卢岚,2008.后现代视野中的思想政治教育社会生态研究[J].湖北大学学报(哲学社会科学版)(4):109-114.

赵煜,2007.西方后现代思潮与思想政治教育[J].思想政治教育研究(5):71-73.

基于复杂性理论视阈的大学生教育问题研究

卢文忠

中国地质大学(武汉)马克思主义学院,湖北 武汉 430074

摘要:教育是一种具有复杂性的社会实践活动。当前,需要对理性主义的简单性、唯一性、单向度、线性化的教育问题思维模式进行反思,继而代之以复杂性、开放性、多元性、发展性和非线性的观念来审视教育世界。教育的首要任务是传授大学生理解自身地位和帮助自身进行生活的文化,并形成一种开放和自由的思维方式,构造"得宜"的头脑。当今大学生教育应向多层次、多渠道、多维性思维发展,甄选多视角、多原理、多观点的认识方法,实现多维化。

关键词:复杂科学;大学生;教育

一、问题的提出

经典科学的世界观认为,世界本质是有序的,无序仅仅属于事物的现象;科学认识的目的就是透过纷乱的现象去发现和掌握事物本质的规律。经典科学方法论认为,现象复杂的表象可以从某些简单原理出发加以解释,事物惊人的多样

【文章来源】本文原载于《理论月刊》2011年第12期,有修改。

【项目来源】国家社科基金项目(10BKS054),湖北省教育厅人文社科项目(2011jytz054),中国地质大学马克思主义理论研究与学科建设计划项目(MY1008)。

【作者简介】卢文忠,男,博士,中国地质大学(武汉)马克思主义学院教授。

性可以从某些简单的元素出发加以解释。这易导致两个极端:化简和割裂(埃德加·莫兰,2001)。前者面对复杂对象的时候,总是设法把复杂性简化掉;后者,不仅使对象彼此孤立,而且使对象孤立于他们的环境和观察者。当对象真正有复杂性的时候,上述理论就必然把产生复杂性的根源简化掉,更多地肢解了而不表达被它阐明的现实和现象,得到的结果不再能反映对象固有的属性。

教育世界是有序与无序、确定与不确定、简单与复杂相互交融的世界,是各种影响因素持续不断解体与重组的复杂过程。现代教育一旦陷入还原论的思维方式,便不可避免地面临由该方法固有缺陷而导致的一系列矛盾与冲突,致使大学产生教育意义失落的存在危机。

第一,还原论的教育观倾向于将整体割裂为部分,部分之和等于整体。现代教育受科学主义教育观念的影响,分门别类地建立了自然科学、人文科学、社会科学的学科体系与知识体系,学科教学相对独立。为了满足专门化教育的需要,完整的人的素质被分解为政治、道德、智力、情感、审美、文化、心理、体能等素质,并建立起相应的德育、智育、科学教育、美育、心理健康教育、体育等学科和体系,它们各自承担培养相应素质的任务。

第二,还原论的教育观倾向于将复杂的东西还原成简单的东西,重视量化、计划、过程、成品是可见的,效率是可计算的,且是重要的;而情感、智慧是"虚无缥缈"的,是可以被忽视的。在教学中,情感、智慧被认为远不如出色的技艺、严格的控制、精密的流程来得实在。然而,奇迹和可持续发展往往是由真情、智慧的力量等"虚幻"的东西创造的。

第三,还原论的教育观将教育系统看作一个确定性世界,认为只要精确规划、专心教化,就可达成预设的目标。教育类似于科学实验,可通过控制输入、中间变量,来确认教育活动中自变量与因变量之间的关系。重视"出色的计划""严格的控制""精密的流程",而忽略"交往""情感",甚至排斥大学生发展过程中的随机性、偶然性、分岔性、冲突性等。精心设计教学步骤,力求环环相扣,控制意外之事,然而这仅能完成教学任务,却压抑了大学生的创造性。怀特海曾指出:与通常的见解相反,科学的特征不是确定性,而是不确定性。即任何看似稳定、确定的现象背后其实存在不稳定性、不确定性。因为,从不断被证实的事实出发作出的归纳并不导致真正的确定性,理论的确定性只能建立在演绎的基础上。

真实的世界不是分割的、片断的、因果分明的,正如帕斯卡所说,任何事物既是原因又是结果,既间接联系又直接作用,所有事物都被自然地联系在一起。现实需要人们通过复杂的思维方式,抓住总体和基本的问题,在此背景下来思考部分和局部的问题。1973年,法国哲学家、社会学家埃德加·莫兰出版了《迷失的范式:人性研究》,首次提出"复杂性范式"概念,倡导不可逆性、非线性、不确定性等理解世界的原则和方式,并号召人类进行思维方式上的新革命。莫兰不赞成完全取消学科,而是主张将学科放在人类存在这个基本的、总体的问题背景之下加以定位、统合,从"宇宙爆炸到地球形成再到人类基本粒子形成的演化历程"以及从"猿人进化到形成人类社会的探险历程"这两条主线揭示人类的生物和文化的双重本性,促进大学生提高将知识背景化和整体化的能力。

教育联结、聚焦着人类文明的历史、现实与可能的未来。教育是人类所特有的更新性再生系统,可能是人世间复杂问题之最(叶澜,2001)。现在的问题是,究竟是什么原因使现代的教育和过去任何一个时代的教育不同?是否正如菲尼克斯所提出的"现代形势、现代基调和特征、现代前景、现代约束和现代挑战及危险"使然?进言之,为什么会提出教育的复杂性问题?埃德加·莫兰(2004)的回答是:"教育应该重新变得不仅仅是一种职能、一种专业、一种职业,而是一个济世的任务、一项使命。"

二、大学生教育的复杂性

复杂性理论认为,复杂的东西不能被概括为一个主导词,不能被归结为一条定律,不能被化归为一个简单的观念;复杂性是不能用简单的方式来加以定义并取代简单性的东西(埃德加·莫兰,2008)。世界的存在既不可能是纯粹有序的,也不可能是纯粹无序的,因为在一个只有无序性的世界里任何事物都将化为乌有,而在一个只有有序性的世界里万物将一成不变,不会有新的东西产生。世界的基本性质是有序性和无序性的交混,这是构成事物"复杂性"的基础。

复杂性理论表明,认识永远是开放的、动态发展的、未完成的。它要求我们在思考时永远不要将概念封闭起来,要粉碎封闭的疆界,在被分割的东西之间重建联系,努力掌握多方面性,考虑到特殊性和地点、时间,又永不忘记起整合作用的总体。

1. 教育对象的复杂性

教育对象的复杂性，直接导致了教育的复杂性。自古至今，关于人的本质问题，人们在不同的层面进行了不同程度的揭示。在近现代，人们认识到人不仅仅是个体层面上的实体，而且是社会和文化层面上的。马克思指出：人是一切社会关系的总和。他用极其简洁的语言充分展示了人的复杂性。卡西尔从文化学角度揭示了人的复杂性：作为一个整体的人类文化，可以被称为人不断自我解放的历程。埃德加·莫兰则认为：对人类的一个封闭的、片段的和简化的理论时代的丧钟敲响了，而一个开放的、多方面的和复杂的理论时代开始了。教育是为人而设、由人而为的世界，这种"为人性"和"人为性"更强化了教育世界的复杂性。在某种程度上，这也进一步使教育学知识日益复杂。教育学知识的复杂程度绝不亚于其他学科，因为教育要塑造人、改造人。

2. 教育方法的复杂性

教育世界的各影响因素之间存在着极其复杂的因果联结。迈克·富兰（2004）在总结教育的复杂变革范式时指出："变革是一项旅程，而不是一张蓝图"，因为"变革是非直线的，充满着不确定性和兴奋，有时还违反常理"，而且我们"不能强制决定什么是重要的，因为变革越复杂，你能迫使它做得越少"。埃德加·莫兰（2002）也表示，凡是有生态自组织和循环的地方，就不再有机械决定论、平庸机械论、线性因果关系和粗暴的简化论。

认知教育复杂性的方法，就是把复杂当作复杂来处理，即抓住总体的和基本的问题，并在这个框架内整合部分的和局部的认识。从整体的角度入手观察，就是既考虑政治、经济等影响因素，又考虑大学生内在的基本特点，整体地观察、细致地描述。在研究教育世界时，从局部开始具体描述，在参照整体的前提下对局部进行确定，即"一分为三、合三为一"、多次往返的观察方法。第一步是"一分为三"，不论教育现象多复杂，都可概括为背景、近景和前景，远因、近因和诱因，来比较其差异。第二步则是"合三为一"，从起整合作用的总体来分析，不陷入对细节的描述。即在"一"与"三"、"一"与"多"之间保持必要的张力。既不以统一性抹杀多样性，也不以多样性割裂统一性，在教育世界里发现人类范围内的统一性与多样性之间不可消解的联系，找寻一种两重性逻辑思维的道路。

冯友兰(1989)在论及中国哲学史史料学时,提出了搜集史料要"全",审查史料要"真",了解史料要"透",选择史料要"精"。"全、真、透、精"的精神,也是大学生教育需要持之以恒追求的精髓。金圣叹(1985)曾谈到,"仆幼年曾闻人说一笑话云:昔一人苦贫特甚,而生平虔奉吕祖。感其至心,忽降其家,见其赤贫,不胜悯之。念当有以济之,因伸一指,指其庭中磐石,粲然化为黄金,曰:汝欲之乎?其人再拜曰:不欲也。吕祖大喜,谓:子诚如此,便可授子大道。其人曰:不然,我心欲汝此指头耳。仆当时私谓此固戏论耳,若真是吕祖,必当便以指头与之。"在这里,金圣叹主张方法论的普遍性。然而,即便人们掌握变金之说,能指破迷津,达到事半功倍之效,但由于教育世界的复杂性,教育方法也需因条件、因时间、因地点、因人而变通。

3. 教育环境的复杂性

教育世界的本质存在于开放系统与其环境的联系中。诺贝尔经济学奖获得者赫尔伯特·西蒙认为:蚂蚁在海边的沙滩上爬行,留下的曲曲折折的轨迹绝不表示蚂蚁认知能力的复杂性,而只表示着海岸的复杂性。当我们把人当作一个行为系统来审视的时候,人的行为的复杂性同样是所处环境复杂性的反映。

不理智地考虑背景环境和全球复杂性是盲目、轻率和不负责任的。教育系统的可理解性应该不仅需要在系统本身、而且需要在它与环境的关系中寻找,这种关系不仅是一种简单的对外依赖性,而且是系统本身的构成因素。第一,当今世界正处在大发展、大变革、大调整时期,教育正处于一个更加开放、思想文化更加激荡的环境中。第二,与市场经济相应的法权人格和道德体系的缺乏,加剧了教育环境的复杂性。我国正处于深化改革开放、加快转变经济发展方式的攻坚时期,经济体制深刻变革,社会结构深刻变动,利益格局深刻调整,思想观念深刻变化,环境将变得更为复杂。第三,党内和社会上出现的极少数较为严重的腐败现象,损害了党和政府的形象、威信,也损害了教育的声誉。这就涉及大学生要和这些冲突共存而努力不沉溺其中、不被撕裂的问题。

在大学生教育问题上,人们获得的对个体的认识,会回过头来补充对整体的认识;而对大学生整体涌现的对性质的认识,有助于对大学生个体的认识,由此实现整体认识和部分认识的双向把握。教育除了传授知识,更重要的是传授大学生理解自身地位和帮助自身进行生活的文化,并促进形成一种开放和自由的思维方式,构造"得宜"的头脑;调动学生所有的知识和能力,理智地解释和分析社会矛盾,并能针对每个情境采取恰当的行动。

三、坚持以超常思维应对复杂的大学生教育

根据时代的变迁以及增强实效性的要求,立足复杂科学理论的视野,从而使大学生教育呈现出广延性、层次性、动态性和复杂性等特点。

1. 夯实教学"主"渠道

坚持以复杂性理论为指导,掌握迎战不确定性的能力。理想的教学应该是师生一起迎战不确定性的教学实践过程。实际上,大学生都有一种从现有精神中排除掉与自身对抗的东西的无意识倾向,他们会有选择性地注意有利于自身观念的东西和忽略对自己不利的东西。因此,教师应以复杂性理论为指导,促使大学生能够应对随机因素和不确定性,根据前行中获取的信息修改行动计划,学会在散布着确定性岛屿的不确定性的海洋中航行。

注重研究教学策略,提升知识整体化的能力。教学机智是指教师在各种情境中与学生相遇时的临场智慧,是教师超越剧本化的备课方案,对意想不到的情境进行出神入化的塑造。这种创造性的活动能给师生带来惊喜。混沌就是生命和创造力的源泉,并且生命和创造力并不能事先设计,而是在自然输出的瞬间自然而然形成的(拉尔夫·D·斯泰西,2000)。因此,有必要赋予教育中的混沌、无序性、偶然性以本体论的意义,而不是一味地加以遮蔽和排斥。教师要尊重、了解、理解学生,及时肯定他们自主的思想以及创造性行动。

实现课堂教学自组织,重视生存论意义上的关怀。教育者应真心步入学生的内心世界,时刻洞察学生不断变化的情感意义,预期、理解学生的喜悦和困惑。教师要以学生的发展为本,善于抓住总体的和基本的问题,坚持知识与价值、认知与情感、智慧与道德的协调统一,将知识统合和转化为智慧,进而激发学生的主体参与意识,获得进取的力量,分享合作的快乐,发现生命的灿烂。

2. 发展社团"辅"课堂

劳动分工和局部性的生活使得无人拥有社会知识的整体。根据耗散结构理

论,系统只有不断地与外界进行物质、能量和信息的交换,才能维持系统的稳定和发展。大学生不仅从外界获得物质、能量和信息,接受环境的改造,而且不断向外界释放物质、能量和信息,发展自己、影响他人。由此,大学生打破自我空间,吸纳他人个性,进入别人的"世界",取得自我与他人融合,使自身具有明显的社会性。

塔尔斯基的逻辑学启示我们:任何系统都不能完全地自我解释和完全地自我证明。即任何思想系统都是开放的,并包容一个缺口、一个存在于它的开放本身中的空缺。正如库恩所指出,认识的任何重要的进步都必然通过打破和粉碎封闭系统来实现。而学生社团正以其组织的自发性、活动的自主性和符合大学生重个性、求个人价值发展的特点,越来越受到大学生的欢迎。

为此,高校应遵循"在繁荣中引导、在发展中提高"的原则,积极引导理论学习型社团,大力扶持科技服务型社团,监督保证兴趣爱好型社团,不断满足大学生日益增长的文化生活需求,发挥社团的思想教育功能、凝聚功能、培养功能、示范功能。要通过讨论会、社会活动、角色扮演等,帮助学生树立正确的人生观、价值观,提高思想政治觉悟,提升自律功能,增强集体观念,不断激发学生自主教育、自主管理、自主发展的动力,丰富课余生活,开阔知识视野,增强协作精神,提高实际工作能力,使社团成为大学生坚定政治信念、提高道德水平、完善知识结构、培养综合能力、促进身心健康的坚强堡垒。

3. 融入生活"大"课堂

融入生活"大"课堂,就是教育要与广大师生的生活实际紧密结合起来,贴近师生的学习、融入师生的生活,成为学生信赖、让学生终身受益的一项工作。数学家曼德勃罗指出:伟大的发现都是概念从一个领域转移到另一个领域引起的差错结出的成果,这种转移是由有才华的研究者实行的。课堂与社会生活是融通的,大学生的生活世界是教育世界的根基。当前教育亟须解决的问题是,学生获得的知识与主体境遇相分割,教育忽视了教人如何在社会中生活、热爱生活并从事工作的基本职责;而学生某种程度的成熟只有在个人连续生活史的某个特定时间点才可能发生,即学生能否形成自主的成熟政治判断,获得独立思考与行动的能力,并提升自主性,增强自我意识,是一个与个人生活相关的长久、持续的过程。

一是充分认识参与生活教育的重要性。人们对真理的探寻只能在"漂泊"和"巡游"中实现,谁也无法代替大学生完成社会化和探求真理的过程。离开了社会生活,学校就没有教育目标。生活教育不是游戏、娱乐或消遣时间,而是努力让学生具体地体验生活,通过抓住问题,提出假说,加以论证,培养出创造性。

二是全方位认识社会和人生。以往,"美德袋"式的教育,只告诉学生应该做什么,只看社会主流的、积极的、正面的东西,只想"正确"的东西,只做"正确"的事情。其实,大学生的行动是非常随机的,思想是十分不确定的。实践证明,大学生唯有在社会交往中通过认识社会的复杂性、多元性,认识、管理自我情绪,理解他人的情绪以及交往关系,认同或创造共有、共生、共享的规范、原则和情境,才能担当起改造社会的责任。

三是进入学生的内心世界。教育是建立在共识和争论的基础上,依靠合理性、经验主义、想象、检验等四只既独立又相互依存的脚行走。教育要面向全体学生,通过实施个性化教育达到教育目的。每一个大学生都有区别于他人的个性和历史,都在理性主义和经验主义之间不断地作斗争。经验摧毁理性的建构,根据新的经验又可以重新建构。如果大学生教育不能个别化,无法解读他们独特的内心世界,就不可能有的放矢,产生情感共鸣。

四是在社会生活实践中长见识、增才干。教育并不是历史和社会的消极产物,教育是形成未来的一个主要因素,在目前尤其如此,因为归根结底,教育是培养人类去适应变化,这是我们时代的显著特征(叶澜,2006)。大学生应积极投身社会大环境,体验生活,自觉地以新思想、新知识、新文化承担起引领社会前进的神圣使命。

4. 开拓网络"新"课堂

网络正在改变着社会组织、社会结构和生存环境,并促成一个高关联性、高不确定性的社会系统。信息、知识的传播不再受社会权力结构的制约,实现了超阶级、跨文化分布,使得在电子空间里有可能创造一个个虚拟社会。虚拟社会不只满足于网络上的互动,且要转换为实际的社会行为,形成对现有的社会结构予以解构和重构的力量。信息网络的国际化、虚拟化,使很多不良信息在网络中恣意传播,严重污染大学生的身心健康,导致人际交往的障碍。网络技术和网络信息也使得传统教育教学失去了信息优势。

应建立有深厚理论素养、较高网络技术水平、快速反应能力、强烈开拓进取精神的网上工作队伍。高校应发挥人才优势,建立主流网站,开展与大学生的沟通、对话、辩论、答疑、咨询,在学生乐于接受的自主教育过程中,使科学理论"入脑""管用"。

培养学生开放和自由的思维方式,他们形成"得宜的头脑"。高校要有意识地针对大学生关注的热点、疑点、难点问题,进行人文科学与其他科学、各种学科领域的系统联结,唤醒、激起和促进精神的自立,让大学生的思维之花在对整个的宇宙、地球、人类群体、自身的探索中不断开放。

5. 营造文化"多"课堂

教育环境就是整个育人活动的场所和条件,是生活在其中的每个人周围所发生的一切客观现象的总和,是学生生存的由诸多因素组成的时间和空间结构。教师不可能直接教育学生,而只是控制和改变学生所处的环境。高校要以"文"化人,活化中国传统文化资源,营造文化"多"课堂,营造有利于大学生成长成才的环境。

当代中国文化立足于当代中华民族的生产实践、生活世界和生命体验,成为了社会进步观念的表现并引领思想。大学生当下参与其中的中国社会文化现代化历史进程,是在弘扬中华优秀传统文化、学习世界先进文化和创造当代中国文化这三位一体的实践过程中持续展开的一场全面而又深刻的文化变革运动(欧阳康,2007)。高校要从文化出发对学生进行教育,而不是将其培养成"工匠"。专业教师应从文化多样性与统一性相结合的视角去培养学生观察、认识世界以及实践的能力,立足于某个具体专业和某门技术,但又超越专业和技术,培养真正能理解社会文化的人才。

营造文化"多"课堂,既要通过开设人文选修课,积极引导学生用正确的思想武装头脑,用传统优良的美德来修身,自觉抵制封建腐朽没落思想;还要注重通过优化环境,加强校园文化建设,塑造学生健全人格,培养学生积极向上的精神风貌。只有让学生置身于良好的环境中,耳濡目染、发现自我、身体力行,才能养成良好的思想观念和行为习惯。

主要参考文献

埃德加·莫兰,2001.复杂思想:自觉的科学[M].陈一壮,译.北京:北京大学出版社.

埃德加·莫兰,2002.方法:思想观念、生境、生命、习性和组织[M].秦海鹰,译.北京:北京大学出版社.

埃德加·莫兰,2004.复杂性理论与教育问题[M].陈一壮,译.北京:北京大学出版社.

埃德加·莫兰,2008.复杂性思想导论[M].陈一壮,译.上海:华东师范大学出版社.

冯友兰,1989.三松堂全集[M].郑州:河南人民出版社.

金圣叹,1985.金圣叹全集[M].南京:江苏古籍出版社.

拉尔夫·D·斯泰西,2000.组织中的复杂性与创造性[M].宋学锋,曹庆仁,译.成都:四川人民出版社.

迈克·富兰,2004.变革的力量:深度变革[M].北京:教育科学出版社.

欧阳康,2007.当代中国文化构建的资源选择与价值取向——评有关"复兴国学"的争论[J].哲学研究(10):89-94.

叶澜,2001.世纪初中国教育理论发展的断想[J].华东师范大学学报(教育科学版)(1):1-6.

叶澜,2006.试论当代中国学校文化建设[J].教育发展研究(15):1-10.

论爱国主义教育基地功能发挥的现实路径

朱桂莲

中国地质大学(武汉)马克思主义学院 湖北 武汉 430074

摘要：我国各类爱国主义教育基地在爱国主义教育中有着不可替代的重要作用，但是在实践中其教育功能的发挥仍然存在宣传度不够、公益性不够和参观形式化等诸多的问题。针对这些主要问题，本文提出了一些建议，以寻求爱国主义教育基地教育功能发挥的现实路径。

关键词：爱国主义；教育基地；功能发挥；路径

一、充分认识爱国主义教育基地的教育功能

(1)爱国主义教育基地所承载的丰富而真实的历史文化内容，是对人们进行爱国主义、革命传统、民族精神和时代精神教育的宝贵资源。从1997年起至今，中共中央宣传部(简称中宣部)先后公布了四批共356个全国爱国主义教育示范基地。这些示范基地真实地记录了中华民族悠久的历史和灿烂的华夏文明，展现了近代中国人民英勇奋斗的壮丽篇章和中国共产党人的丰功伟业，以及社会

【文章来源】本文原载于《继续教育研究》2010年第1期，有修改。

【项目来源】国家社科基金青年项目"新时期我国中小学生爱国主义教育创新研究"(项目编号07CKS009)。

【作者简介】朱桂莲，女，博士，中国地质大学(武汉)马克思主义学院副教授。

主义现代化建设的丰硕成果。而且每一个爱国主义教育基地所展示的一件件历史文物,所讲述的一个个真实故事,所展示的一张张图片,所播放的一个个场景,都是一部部真实的历史教科书。它们时刻地在教育人们真切体会中华儿女的崇高理想和价值追求、中华民族的传统美德和革命道德以及如何做人、如何做事的基本道理,也不断地在感召人们从历史文化的财富中寻找到爱国的源头,从社会进步中找到奋进的精神力量,从一代又一代人的奋斗中获得智慧启示。

(2)爱国主义教育示范基地"贴近实际,贴近生活,贴近群众"的活动形式,是深入开展群众性爱国主义教育活动的重要依托。爱国主义作为一种情感和精神,本身是抽象的,因而需要依托一些人们喜闻乐见的活动形式来进行传播。而近年来各地爱国主义教育示范基地,也随着爱国主义教育的环境和条件的变化,在继承过去好做法、好经验的基础上,坚持"贴近实际,贴近生活,贴近群众"的原则,积极创新了爱国主义教育的载体、形式、途径和渠道。

二、深刻反思爱国主义教育基地教育功能发挥的主要问题

(1)爱国主义教育基地的宣传度不够,以至于很少有人能够知道爱国主义教育基地到底有哪些。从中宣部于1997年公布第一批"百个爱国主义教育示范基地名单"至今,全国爱国主义教育示范基地有356个,再加上有关部门和地方命名的教育基地,爱国主义教育基地实际上已遍布全国各地。但是,这并不代表爱国主义教育基地已经深入人们的生活,并为人们所熟知。以中小学生的调查为例,来自全国十个省份近万份的问卷数据告诉我们,有30.4%的学生表示从来没有去过爱国主义教育基地,而在53.9%选择参加学校组织参观活动的学生中,有相当一部分其实也不是参观爱国主义教育基地,而是参观其他诸如科技馆的教育基地。在让学生列举出2~3个爱国主义教育基地的名称时,令我们颇为惊讶的是在湖南、吉林等一些存在世界闻名的爱国主义教育基地的地方,居然都没有几个学生能列举出来。可见,爱国主义教育基地的宣传还有待加强。

(2)参观爱国主义教育基地被形式化,无法达成爱国主义教育的目的。利用爱国主义教育基地进行教育的形式化倾向,主要表现为整个参观活动的无组织性、无目的性。还是以中小学生为例,我们多次在实地的考察中发现,带队老师虽然把学生们组织起来并带到了基地,但并没有指导孩子们参观或做有意识的

讲解,而是放任孩子们在场馆内自由玩耍。而接受学校组织的集体参观的基地,却因为导游、解说员人手不够,也没有组织好讲解和引导。参观前缺乏必要的知识准备,参观过程中缺乏引导和讲解,参观后也没有要求写总结和体会,所以,很多中小学生在参观完基地之后并无深刻印象,所学到的东西也更少,有的甚至连基地的名称都不知道。

(3)爱国主义教育基地公益性程度不够,也限制了爱国主义教育基地功能的发挥。尽管《新时代爱国主义教育实施纲要》等一系列文件中,都提及爱国主义教育基地要创造条件对社会开放,对学生免票,尽管各级政府也都按照中央要求,对爱国主义教育基地建设和运行给予了资金支持,部分爱国主义基地也实行了免费开放,然而我们在实地考察中,发现免费开放的基地往往都是内容陈旧单调、展示手段落后、缺乏吸引力和感染力的场馆,而建设得稍微好一些的场馆几乎都是收费的,而且门票价格还不便宜。如圆明园门票,大人25元,学生10元;韶山毛泽东同志纪念馆门票,大人40元,学生20元;而到庐山会议旧址就更贵了,因为进庐山的门票就是160元。这无疑限制了爱国主义教育基地的利用率,从而影响其教育功能的发挥。

三、爱国主义教育基地教育功能有效发挥的现实路径

(1)运用大众传媒和其他方式,加大宣传介绍教育基地的力度。随着时代的发展和技术的进步,大众传媒是人们摄取信息、休闲娱乐的重要生活方式,甚至已"渗透到我们社会体制的核心"。因此包括报纸、广播、电视和互联网等在内的大众媒体,都应该把宣传介绍爱国主义教育基地作为一项经常性工作,一方面要及时报道教育基地开展教育活动的情况和效果,反映社会各界的建议和呼声,另一方面也要大力向人们介绍爱国主义教育基地的基本状况、图片故事。而随着网络日益成为人们生活的一部分和信息的主要来源,更应该发挥网络尤其是人民网、新华网、光明网、央视网等国家重点网站对爱国主义教育基地宣传的责任。各教育基地也应该积极主动地利用网络建立网页或网站,上传基地的相关资料,实现网上建馆,打造网络资源共享平台,供广大网民浏览。各媒体尤其是影视媒体还可通过文艺创作,制作一些以反映爱国主义教育基地史实为题材的优秀作品,尤其要注重发挥动画文化企业在这方面的作用。

(2) 按照公益性文化事业发展的要求加大对教育基地的投入。为了进一步发挥爱国主义教育基地的作用,落实中央的要求,《中宣部 中央文明办 国家发展改革委 教育部 民政部 文化部 全国总工会 共青团中央 全国妇联关于加强和改进爱国主义教育基地工作的意见》(中宣发〔2004〕22号),就如何加强和改进爱国主义教育基地工作提出了若干意见,其中提到"533工程"。"533工程"即利用五年时间,通过中央资助一点、地方政府支持一点、教育基地自筹一点的办法,重点使全国爱国主义教育示范基地中直接反映中国革命斗争史和中共中央党史的示范基地在展出内容与展示手段、服务质量与教育效果、内部管理与环境面貌三个方面得到改善。但这样还远远不能满足人们对爱国主义教育基地公益化的要求。因为爱国主义教育基地作为爱国主义教育的重要依托,应该本着满足人们精神需求的原则,真正成为服务人民的公益性文化事业,实现对公众的免费开放。对于教育基地,尤其是反映中国共产党革命斗争历史的示范基地,它们为了维持各项工作正常运转所需要的经费,应该由各级财政部门给予资助和保障。接受爱国主义教育是国家赋予人们的政治义务和道德要求,不应该因为费用问题而阻碍人们接受教育。

(3) 要增强爱国主义教育基地的服务意识,把爱国主义教育落在实处。爱国主义教育基地要坚持把社会效益放在首位,坚持面向未成年人、服务未成年人的宗旨,从实际出发,精心组织一些青少年喜闻乐见的活动,如利用重大历史事件、历史人物纪念日和节假日,以及青少年入学、入队、入团、成人宣誓等有特殊意义的日子举行各种庆祝、纪念活动和必要的仪式,组织开展研讨会、演讲会、报告会和文艺演出等。同时也要通过各种方式做好文物史料的研究整理工作,挖掘精神内涵,紧密联系实际,从不同侧面、不同角度进行诠释和展示,给人们以知识的普及、心灵的震撼、精神的激励和思想的启迪。还要不断改进和提高基本陈列水平,通过实物、照片、图表、模型、绘画、雕塑、景观等多种形式以及声、光、电等科技手段来增强教育的吸引力、感染力。尤其是要把社会效益放在首位,树立服务意识,对参观群众在接待咨询、参观引导、提供资料以及安排讲解等方面实行规范化服务。

(4) 要发挥学校老师在参观爱国主义教育基地中的主导意识,提高爱国主义教育基地的利用效率。爱国主义教育的重点对象是青少年,而学校是对青少年实施爱国主义教育的主要承担者,学校应该站在祖国民族未来的高度,有目的、有意识地组织学生参观爱国主义教育基地。这就要求学校在组织参观之前,要对学生进行必要的前期知识宣传和资料积累,在宣传过程中结合文物、图片进行宣讲,在参观后通过各种形式组织学生进行总结,比如演讲会、征文比赛等。所有的带队老师,都应该把参观爱国主义教育基地当作一次爱国主义教育的教学活动来准备,从而避免形式化、过场化。

主要参考文献

梅尔文·德弗勒,桑德拉·鲍尔—洛基奇,1990.大众传播学诸论[M].杜力平,译.北京:新华出版社.

朱桂莲,2008.爱国主义教育研究[M].北京:中国社会科学出版社.

试论大学生对思想政治教育的价值期待

曹 阳 储祖旺

中国地质大学(武汉)马克思主义学院,湖北 武汉 430074

摘要: 着力实现思想政治教育目标任务与大学生价值期待之间的融合,是增强思想政治教育实效性的重要途径。大学生对思想政治教育的价值期待是客观存在的,其基本特质在思想政治教育研究中尚未得到应有的重视。因此,亟须澄清大学生对思想政治教育价值期待的具体内涵与表征特点,建构和完善大学生价值期待的目标体系、内容体系及其实现机制,引导大学生健康成长与全面发展。

关键词: 思想政治教育;大学生价值期待;策略

2016年12月,习近平总书记在全国高校思想政治工作会议上指出,思想政治工作从根本上说是做人的工作,必须围绕学生、关照学生、服务学生,不断提高学生思想水平、政治觉悟、道德品质、文化素养,让学生成为德才兼备、全面发展的人才。大学生思想政治教育的对象是学生,出发点和落脚点也是学生,学生不

【文章来源】本文原载于《思想教育研究》2017年第9期,有修改。

【项目来源】本文为教育部思想政治工作司2014年委托课题"'高校学生工作队伍战略领导力提升'专题研究"阶段成果。

【作者简介】曹阳,男,中国地质大学(武汉)马克思主义学院2015级硕士研究生;储祖旺,男,博士,中国地质大学(武汉)马克思主义学院教授,博士生导师。

是被动的客体性存在,而是具有选择性、创造性和自我意识性特征的个体存在。思想政治教育要从受教育者的价值期待而不是教育者的假设结论出发,从受教育者渴望解决的问题而不是教育者自命的问题出发。因此,澄清和掌握大学生对思想政治教育的价值期待,不断满足学生成长发展的需求,对增强思想政治教育实效性具有重要的现实意义。

一、大学生价值期待的含义及特点

1. 大学生价值期待的概念

大学生对思想政治教育的价值期待是指大学生在一定社会历史条件下对于思想政治教育能够满足自身发展需要的预期性评价,反映了大学生对自身与思想政治教育之间价值关系的未来意义的肯定性构想。该定义具有以下三点含义。

一是大学生价值期待的主体是大学生,客体是思想政治教育。根据马克思主义认识论,主体与客体之间的关系从根本上说是认识关系和实践关系,在此基础上又产生出价值关系和审美关系。其中,价值关系是客体对于主体的有用性与效益性,规定着实践的方向。在大学生价值期待这一特定内涵中,主体与客体之间是期待与满足期待的效益关系。大学生期待着凭借主体性地位,改造主客体之间的价值关系,影响思想政治教育价值功能的发挥,从而不断满足自身的价值期待。

二是大学生需要是大学生价值期待生成的前提和基础,是连接主客体关系的纽带。马克思认为:任何人如果不同时为了自己的某种需要和为了这种需要的器官而做事,他就什么也不能做。大学生对思想政治教育的需要具有客观性,主要包括物质需要和精神需要两个方面,即大学生对于完善的教育场馆和教育基地、维护自身物质利益等方面的物质需要,以及树立和实现人生远大志向、道德发展、情感发展、心理健康发展等方面的精神需要(骆郁廷,2010)。需要的满足程度,制约着大学生价值期待的实现程度。

三是大学生对思想政治教育价值期待的具体内涵一般包括价值期待是什么、如何满足价值期待、靠谁满足价值期待等三个方面、八个维度。

首先,大学生价值期待是什么,即大学生价值期待的具体内容,主要由大学生总体价值期待、具体价值期待、活动参与意愿等三个维度构成。其中,总体价值期待是指大学生对高校思想政治教育过程、效果等总体的预期性评价,具有相对稳定性、指导性特征;具体价值期待是指大学生在成长过程中对高校思想政治教育某一具体内容如世界观、人生观、价值观教育,人格培养,情感教育等方面的预期性评价,具有阶段性、发展性和差异性特征;活动参与意愿是指大学生参与思想政治教育某一具体实践活动的意愿程度。三个维度的预期性评价程度皆包括高、中、低三个不同层次,层次越高,表明大学生价值期待越高,越需要思想政治教育者加以积极引导。

其次,如何满足大学生价值期待,即大学生对思想政治教育在教育环境、教育方法等具体实现路径方面的预期性评价。其中,教育环境是指影响大学生价值期待实现的、具有内在逻辑关系的外部因素,包括政治环境、经济环境、文化环境、大众传播环境等宏观环境以及家庭环境、学校环境、社会组织环境、社区环境、同辈群体环境等微观环境(陈万柏等,2001)。教育方法是指满足大学生价值期待的方式或手段,包括思想政治教育的信息获取方法、信息分析方法、决策方法等认识方法;说理引导法、实践锻炼法、自我教育法等实施方法;反馈调节方法、检测评估方法等调节评估方法。

最后,靠谁满足大学生价值期待,即大学生对思想政治教育者在专兼职结构、知识能力结构、年龄性别结构等方面的预期性评价。具体来讲,专兼职结构维度包括专职人员与兼职人员的构成比例;知识能力结构维度包括学历层次、学科背景、专业素养、职务职称等;年龄性别结构维度包括不同年龄段的分布及男女比例构成等。结构合理、素质精良的高校思想政治教育队伍是满足大学生价值期待的核心力量。

2.大学生价值期待的特点

大学生价值期待是在大学生自身的内在需求和对外界信息不断反应处理的基础上产生的,具有以下特点。

一是个体性与社会性并存。个体意识的日益觉醒和强化是我国社会转型时期大学生思想变化的主要特点。大学生期待着思想政治教育能够实现和维护个人的尊严、价值和权益,实现自身的个性化发展。同时,大学生作为准社会人,也期待着思想政治教育能够培养自身具备良好的道德修养与思想情操、建设性思维与团队意识等综合能力与品格,以适应全球化、信息化和社会发展的需要。

二是主动性与被动性并存。大学生作为实践主体,在价值期待的确立过程中,会根据自身的动机、需要、兴趣,对接收到的信息主动加以筛选和整合,而注重教师主导作用相对淡化学生主体地位的学校教育理念,以及对子女过度保护和包办代替的家庭教育方式,使得大学生在确立价值期待时容易持消极被动的态度。

三是时代性与传承性并存。大学生价值期待是一个发展的认知体系,呈现出个性化自我意识、多元化价值取向、现实化道德理想等时代特征。同时,大学生价值期待的确立,根植于中国传统、立足于中国思维。据调查,当前,大学生对中华传统文化课程的参与意愿为79.1%,对中华传统文化传承活动的参与意愿为79.5%(沈壮海等,2017),这表明,大学生强烈期待思想政治教育能够传承中华优秀传统文化。

二、满足大学生价值期待的重要性

习近平总书记在全国高校思想政治工作会议上强调,高校思想政治工作关系高校培养什么样的人、如何培养人以及为谁培养人这个根本问题。思想政治教育重视和满足大学生价值期待,是增强思想政治教育实效性的重要途径。

1. 有利于引导学生的个性化发展目标与党和国家的教育目标相一致

马克思关于人的个性自由发展理论研究的载体是现实的、具体的人,在本质上它所表现的是不断发展的特殊性和差异性(洪波,2010)。大学生作为现实的人,对思想政治教育的价值期待是客观存在的,不以人的意志为转移,具体内容呈现出多样性与差异性。这就要求高校思想政治教育要顺应社会发展规律和人才培养规律,树立多层次思维和底线思维,采取多样化的教育模式,满足大学生"合规律性"与"合目的性"的价值期待,引导大学生在遵循社会主义核心价值观前提下实现自身的个性化与多样化发展。

2. 有利于增强思想政治教育的实效性

一是从教育的社会化功能看,高校思想政治教育更多的是发挥其社会价值,更多地注重以国家和社会的发展需要为出发点来考虑如何培养人才,较少顾及受教育者对思想政治教育的价值期待。

二是从教育的个体化功能看,教育者经常在不完全了解大学生价值期待的情况下,按照工作程序开展工作,过分突出教育者的主导作用,工作方法相对简单、生硬,效果难以得到保证。

因此,思想政治教育要从教育目标的制定、教育方案的实施、教育结果的评估反馈与控制等全过程,密切关注大学生的思想困惑和精神诉求,实现思想政治教育目标任务与大学生价值期待之间的有机融合。

3. 有利于推动思想政治教育的改进与创新

大学生价值期待的实现是一个动态过程,体现了主客体之间的互利性关系。

一是以大学生价值期待为研究视角,有助于丰富和拓宽思想政治教育的研究视域。在思想政治教育研究中,以思想政治教育促进社会发展、服务党和国家教育目标为视角的研究成果丰硕,却较少涉及思想政治教育的个体价值,而研究大学生个体对思想政治教育价值期待的成果则更少。这与当前大学生主体意识不断增强、更加注重个体发展的现状是不相适应的。因此,肯定并尊重学生的主体地位,研究学生作为"现实人"的"现实需求",澄清大学生对思想政治教育价值期待的内涵,有利于拓宽思想政治教育的研究视域。

二是高校思想政治教育功能发挥的"实然状态"与大学生价值期待的"应然状态"之间的差异是推动思想政治教育发展的重要动力。首先,大学生参加各类教育活动前,对思想政治教育的价值期待会成为其定向性选择的标准和尺度,这就驱使教育者在教育过程中关注和重视大学生价值期待,不断改进教育内容和方法,力求消除与学生期待视野的偏差。其次,思想政治教育的功能发挥,使得大学生的思想政治道德素质得以不断提高。进而,作为思想政治教育本身,也需要实现自身的创新发展,以适应不断发展的大学生价值期待。

三、满足大学生价值期待的策略

满足大学生对思想政治教育的价值期待是科学性的,更是艺术性的。需要深入开展科学调查,掌握大学生对思想政治教育的关键性诉求。在此基础上,甄别大学生价值期待的合理性、差异性与层次性,并通过优化思想政治教育环境,创新思想政治教育回应机制,满足大学生合理的价值期待,引导学生向更高层次发展。

1. 深入调查大学生价值期待,建构目标体系

没有调查,就没有发言权。通过开展细致周密、科学有序的实际调查,准确把握大学生价值期待的关键性诉求,是满足大学生价值期待的前提。

一是做足调查准备。首先,成立大学生对思想政治教育的价值期待研究小组,小组成员要求具备思想政治教育学、应用心理学、高等教育学等的知识储备,熟练掌握数据统计分析软件。其次,完善访谈提纲、调查问卷和可能性事件等,保证调查的顺利进行。

二是丰富调查方法。大学生价值期待的多样性与差异性,决定了调查方法的多样性。在具体的方法选择上,要注意各种方法的适用范围和使用前提,综合利用问卷调查法、访谈调查法、实地观察法等多种调查方法进行综合处理,全面掌握大学生价值期待的原始资料。

三是研究调查结果。在获得大学生价值期待的基本信息后,运用矛盾分析法、因果分析法、系统分析法、比较分析法、定性定量分析法等方法,分层分类地掌握大学生的价值期待及其影响因素,建构满足大学生价值期待的目标体系。

2. 甄别价值期待具体内容,建构内容体系

在总体把握大学生价值期待的关键性诉求后,要进一步甄别价值期待的合理性、差异性与层次性,建构大学生价值期待的内容体系。

一是甄别大学生价值期待的合理性。大学生对思想政治教育的价值期待具有主观性,有合理成分,也有不合理成分。其中,符合社会发展规律和个体成长规律的价值期待是合理的,反之则是不合理的。思想政治教育不能仅仅迎合大学生的价值期待,而是要在尊重合理价值期待的同时,引导学生摒弃虚假的、不健康的、不合理的价值期待,树立正确的世界观、人生观、价值观。

二是区别大学生价值期待的差异性。大学生有男女之分、城乡之分、地域之分、年级之分、专业之分、政治面貌之分。他们的个人经历、家庭环境、个性特点、思想政治品德状况等都会存在差异(邓演平,2010),对思想政治教育的价值期待也不尽相同。因此,要根据学生的心理特点和成长需求,了解学生对思想政治教育价值期待的个体性差异,运用不同的思想政治教育方法,回应不同群体、不同层次学生的价值期待。

三是厘清大学生价值期待的层次性。大学生价值期待具体内容的预期性评价程度包括高、中、低三个层次,不同层次的价值期待需要思想政治教育者给予不同的回应策略。其中,高层次且符合社会主义核心价值观标准的价值期待需要抓紧推进,高价值期待但不符合社会主义核心价值观标准的要引导学生积极转变思想,低价值期待但符合社会主义核心价值观标准的要引导学生积极参与,低价值期待且不符合社会主义核心价值观标准的要果断摒弃。思想政治教育的先进性,客观要求优先满足大学生价值期待高又符合社会主义核心价值观标准的内容。

3. 优化思想政治教育环境,创新实现机制

一是优化思想政治教育环境。思想政治教育环境的优化是一项全局性的系统工程,需要政府、社会、高校、家庭的合力参与。各级党委和政府要着力优化校园周边环境,净化文化市场和网络环境,加强毕业生就业创业服务体系、困难大学生资助机制等制度建设。社会团体、企事业单位等要主动配合做好大学生思想政治教育,形成关心大学生健康成长、重视满足大学生价值期待的社会气氛。高校要建设和谐有序、自由向上的校园文化环境,构建全员育人、全过程育人、全方位育人的思想政治教育大格局。家庭要营造民主和谐的成长氛围,重视孩子的思想政治教育,加强与学校的配合和沟通。

二是改进思想政治教育途径。首先,思想政治理论课要发挥主渠道作用,实现大学生价值期待与教学内容有机统一,增强思想政治教育针对性和亲和力。习近平总书记在全国高校思想政治工作会议上提出:"其他各门课都要……与思想政治理论课同向同行,形成协同效应。"其次,通过实践育人,组织开展安全教育、心理健康教育、就业创业教育等教育实践活动,在活动中满足学生的价值期待。最后,通过网络育人,充分挖掘校园网站、社交媒体、搜索引擎、门户网站等与大学生思想动态紧密关联的数据源,将网络信息数据转化为思想状态描述,及时做好大学生成长需求的分析、预测和服务工作,实现服务信息精准推送。

三是优化工作队伍整体结构。首先,在思想政治教育工作队伍配置方面,依

据教育对象的特殊情况,优化专兼比例,以专为主、专兼结合;优化男女比例,发挥性别互补效应;优化年龄层次,形成老、中、青合理配置;优化学历层次,组成多层次学历结构。其次,建立完善思想政治教育工作队伍的管理机制、培训机制和评估激励机制,加强思想政治教育工作队伍的专业化、职业化建设,使思想政治教育者成为具备丰富的知识结构和深厚的人文素养的教育者,引导大学生认同和践行社会主流意识形态,树立合理的价值期待;成为实践者,将课堂教学与日常工作紧贴学生的生活、生产或社会中的实际需求;成为研究者,保持对社会变革趋势和学生思想变化规律的敏锐感知,深入分析和研究大学生对思想政治教育的价值期待。

主要参考文献

陈万柏,张耀灿,2001.思想政治教育学原理[M].北京:高等教育出版社.
邓演平,2010.大学生思想政治教育论[M].长沙:湖南大学出版社.
洪波,2010.马克思个人观研究[M].北京:中国社会科学出版社.
骆郁廷,2010.当代大学生思想政治教育[M].北京:中国人民大学出版社.
沈壮海,王培刚,王迎迎,等,2017.中国大学生思想政治教育发展报告2016[M].北京:北京师范大学出版社.

新时代大学生道德价值观的问题分析与对策研究

陈庆庆　李祖超

中国地质大学(武汉)马克思主义学院,湖北 武汉 430074

摘要: 新时代大学生道德价值观具有现实化与个性化取向明显、"偏离"与"吸纳"相映、个人利益需要与道德规范遵循难以兼顾等特点,存在"德知"与"德行"不一致矛盾凸显、集体利益与个体利益取舍偏颇、道德价值取向趋于与利益倒挂等问题。社会大环境纷繁复杂、多元文化渗透冲击、网络空间虚拟无序、高校道德价值观教育成效不佳等是问题出现的主要原因。高校加强大学生道德价值观教育,应构建"三全育人"格局,抓好课堂育人主渠道,弘扬中华优秀传统文化,发挥道德榜样引领作用,构建"互联网+德育"新模式。

关键词: 新时代;大学生;道德价值观

党的十九大报告对新时代历史方位"三个意味着"和"五个特征"的科学结论,高度概括了新时代的新特点,也阐明了中国特色社会主义新时代的历史地位、现实境域和未来意蕴(顾海良,2018)。新时代对大学生的思想觉悟、道德水准、文明素养提出了新要求,也为大学生的道德价值观发展提供了新环境。大学

【文章来源】本文原载于《高校教育管理》2019年第3期,有修改。
【项目来源】国家社会科学基金教育学重点项目(AEA16005)。
【作者简介】陈庆庆,男,中国地质大学(武汉)马克思主义学院2016级博士研究生;李祖超,男,博士,中国地质大学(武汉)教育研究院教授,博士生导师。

生是建成社会主义现代化强国的生力军和中流砥柱。教育部最新统计数据显示,2018年在全国各种形式的高等教育中,在学总人数达到3833万人,高等教育毛入学率达到48.1%①。这表明,我国高等教育即将进入普及化阶段,与此同时,也对人才培养质量提出了更高的要求,因此高校应着力回答好"培养什么人"这一教育的首要问题。习近平总书记在北京大学师生座谈会上的讲话指出,要把立德树人的成效作为检验学校一切工作的根本标准,真正做到以文化人、以德育人,不断提高学生的思想水平、政治觉悟、道德品质、文化素养。习近平总书记在全国教育大会上再次强调要落实立德树人根本任务,并要求将其融入思想道德教育、文化知识教育、社会实践教育各环节。那么,新时代高校该如何引领大学生树立正确的道德价值观,帮助大学生成为心有大爱、身具大德、胸含大情怀的人呢?这是当前需要探讨的重要课题。

历史唯物主义认为,道德作为社会意识形态具有历史阶级性,并受经济基础的制约。马克思认为,道德是社会历史的产物,在阶级社会中具有一定阶级性,他站在批判资本主义的立场上对道德意识、道德价值和道德准则等进行了阐释(伍德等,2018)。道德哲学对"道德""道德价值理论""道德教育"加以澄清,认为道德不仅指特定行为的操作,还反映了人们的某种价值标准和价值水平。涂尔干在《道德教育》一书中明确提出应将道德作为一个事实去研究,并认为个体社会化、道德发展的实质是遵从社会秩序和规范。西方不同时期诸多学者的研究形成了许多道德教育理论流派和模式,有力地推动了德育理论和实践的发展(戚万学等,2005)。国内学者李伯黍等(1996)对相关理论进行综合分析,认为道德发展是人的德行从道德经验上的"是"向道德理念上的"应当"过渡的发展过程。中国共产党人把马克思主义道德观同中国实际相结合,形成了中国特色的社会主义道德价值观。李红(1994)认为,道德需要和道德动机是构成道德价值观的基础,是个体进行道德价值判断的基本尺度,并从道德价值观的4个结构层次解构其内涵。陈欣银(1987)将道德价值的内容与形式统一于道德价值观结构,认为两者是个体进行道德判断、推理、决策和行为的基础。刘济良(2003)认为,道德价值观是人们对事物是否具有道德价值进行判断时所依据的内在标准和尺度,它所强调的是价值判断的道德意义。参考以上诸多研究者的观点,笔者认为

---

① http://www.moe.gov.cn/fbh/live/2019/50340/mtbd/201902/t20190227_371426.html.

道德价值观是个体经由一系列的道德概念和道德观念而形成的价值体系,并在一定的道德情境中进行评判和选择,进而付诸实践所表现出的一种道德价值取向。道德价值观是个体在处理各种关系时所持有的价值尺度,集中反映了个体的道德理念,并为个体价值观的发展奠定基础。

通过对已有文献进行梳理发现,随着学界对道德价值观的关注逐渐增加,相关研究也随之增多,但现有研究还存在一定的不足。一是在研究视野方面,已有研究多基于传统文化、新媒体、社会转型等对道德价值观进行研究,而立足新时代对其进行探讨的研究相对较少。二是在研究对象方面,已有研究多聚焦于当代青少年群体,但中学生和大学生的道德价值观存在一定差异,专门将新时代大学生作为研究主体的文献还相对较少。三是在研究内容方面,已有研究多从道德价值目标、道德价值判断、道德价值选择等方面探讨道德价值观的现实表征、影响因素及教育对策等,而从整体上分析道德价值观发展特点及现状的研究比较少见。四是在研究方法方面,尽管针对道德价值观现状进行调查分析的研究呈增长趋势,但整体上仍是以理论思辨为主,用大样本量的调查数据进行分析的研究相对较少。综合上述分析,本研究是在问卷调查的基础上,结合相关理论进行探讨,明晰新时代大学生道德价值观发展的基本特点、主要问题及成因,提出加强和改进大学生道德价值观教育的对策,以期为新时代大学生树立正确的道德价值观提供指导,为高校更好地开展道德价值观教育提供参考。

一、研究思路与研究过程

1. 研究思路

本研究以新时代大学生道德价值观发展现状为研究主题,采用简单随机抽样的方法,选择东部、中部、西部3个地区的9个省(自治区)作为样本来源地区,对在校大学生实施问卷调查,获取第一手资料,进而结合问卷调查结果加以分析。本研究主要聚焦于以下3个方面:一是了解新时代大学生道德价值观发展现状,归纳其主要特点;二是探析新时代大学生道德价值观发展存在的主要问题及原因;三是提出加强和改进新时代大学生道德价值观教育的对策。

2. 问卷设计

调查问卷的编制包括主题分析、问题初选、专家咨询、预调查、修改定稿等步骤。本研究在大量参考和借鉴已有研究的基础上对问卷进行设计，并通过对道德价值观进行解构、分析，提出问卷设计的初步构想，在访谈了48名在校大学生及19位高校教师后，基于内容分析结果对问卷题目进行印证和增删，形成问卷初稿；继而聘请专家学者从问卷结构的合理性、题项的适切性、题意的完整性等方面进行论证，课题组对相关性不强、逻辑不清晰、表述不规范的题项进行修改；然后运用设计出的问卷初稿对58名在校大学生实施预调查，根据结果反映的共性问题以及征求到的意见和建议，多次对问卷进行修改，形成最终问卷。调查问卷共计30道封闭式问题和1道开放式问题，主要涵盖：性别、所在地区、学校类别等8道人口统计学特征问题，关于道德认知、道德判断、道德选择等10道道德价值观发展现状的问题，以及个人情况、学校教育、社会大环境等12道有关道德价值观发展的影响因素的问题。本研究采用SPSS 24.0统计软件对数据进行统计分析。本研究对调查问卷进行信效度分析，结果显示，问卷的克龙巴赫α系数为0.781，KMO(Kaiser-Meyer-Olkin)抽样适当性检验值为0.875，巴特利特球形检验的显著性值为0.000，即相关系数在0.001水平显著，这表明该调查问卷具有良好的信效度。

3. 调查对象

本研究于2017年5月至6月期间开展调查，随机抽取我国东部、中部、西部地区的辽宁、江苏、广东、湖北、湖南、江西、陕西、广西、贵州9个省（自治区），以在校大学生为调查对象实施问卷调查，共调查了119所高校，其中本科院校79所，高职高专40所。本次调查以纸质问卷的形式开展，共发放问卷10 084份，回收有效问卷8024份，有效回收率约为79.6%。本次调查的样本兼顾重点和一般本专科院校、公办和民办等不同类型高校，样本具有一定的代表性。

二、新时代大学生道德价值观发展的特点

不同时期大学生的道德价值观有着不同的变化和特点。我们只有认清新时

代大学生在道德认知、道德判断、道德选择等方面呈现出的特点,才能准确把握和深入分析新时代大学生道德价值观发展现状。

1. 现实化取向和个性化取向日渐凸显

大学生在中华优秀传统文化蕴含的诸如自强不息、敬业乐群、扶正扬善、扶危济困、见义勇为、孝老爱亲等传统美德的滋养中,道德认识水平得以不断提升。与此同时,大学生道德价值观在发展变化过程中也呈现出一些新的特点。本研究对"拥有巨额财富是成为人生赢家的重要标准的看法"的调查结果显示,持认可态度的大学生占35.1%,表示"不确定"的大学生占25.7%,表示"不赞同"的大学生占35.2%,表示"非常不赞同"的大学生占4.0%。鲁洁(1998)认为,由于物质财富的不断丰富和发展,在一定程度上使人成了为物质、为对象物、为自然本能等所支配的人,以至于只是用"物质的批判"取代"思想的批判",用"物质的超越"去取代"精神的超越"。这也在一定程度上佐证了面对纷繁复杂的社会现象和利益关系,大学生在价值判断和行为选择上更加现实。另外,大学生正处于价值观形成和发展的关键期,人生的"拔节孕穗期",其思想观念、内心诉求、价值观等仍处于不断的发展变化之中,加之教育日益注重对学生的个性化培养,青少年在道德价值观实践中个性化逐渐凸显,个性化表达已成为青少年展示自我和彰显个性的方式(叶松庆等,2014)。

2. 道德"偏离"与道德"吸纳"交叠相映

"偏离"和"吸纳"的理论出发点是注重青年与社会发展相互促进的基础作用,同时也不忽视两者在一定程度上的不和谐性乃至冲突(单光鼐等,1994)。新时代大学生道德价值观在发展变化的向度上并不平衡,是一个"偏离"与"吸纳"交叠相映的过程。一方面,道德"偏离"现象明显。本研究对"'位卑未敢忘忧国''先天下之忧而忧,后天下之乐而乐'的看法"的调查结果显示,持"无所谓"(占20.5%)、"不赞同"(占5.9%)态度的大学生占不小比例。从部分大学生对责任和贡献的态度可以窥见,其道德价值观尚存在偏差,未能真正形成积极正向的道德价值观,还需对其加强道德价值观教育。另一方面,道德"吸纳"力量彰显。本研究在"选择大学专业的主要考虑因素"调查中,占比最高的前三项分别为"兴趣爱好"(占33.9%)、"好就业"(占18.5%)和"社会需求"(占18.4%)。大学生对专业的选择也是其道德价值观的具体体现,大学生在个人发展上将社会需求纳入考量,将自我发展需求和社会发展需求结合起来,愿意贡献自己的智慧与力量,这在一定程度上体现了其对社会主义核心价值观的认同。

3. 个人利益需求与道德规范遵循兼顾两难

道德具有利他性,也有自利性。利益关系是理解道德价值观本质特征的逻辑起点。自利性与利他性是道德存在的基本内在特征,两者并不相互排斥,而是统一的(唐爱民,2012)。本研究对"最重要的人生价值目标"的多选题调查结果显示,占比排在前四项的分别为"家庭幸福"(占 62.1%)、"诚信友善"(占 60.2%)、"实现个人价值"(占 51.7%)、"爱国敬业"(占 49.2%)。这反映出新时代大学生对社会主义核心价值观的普遍认同。本研究对"有人通过打擦边球、钻政策制度的空子等方法来达到个人目的的态度"的调查结果显示,有 50.2% 的大学生表现出"为达到个人目的可能会选择这样做"的意愿。在市场经济条件下,面对竞争压力和利益驱动,许多大学生受功利主义思想干扰,在道德价值观的具体践行中陷入既希望实现自身利益和目标,又想严格遵守道德价值规范的两难境况。

三、新时代大学生道德价值观发展存在的主要问题

高校围绕立德树人根本任务,道德教育稳步推进。新时代大学生道德价值观主流积极向上,对社会主义核心价值观的理论认同、情感认同和实践认同不断增强。同时,我们也需要冷观与静思,正视大学生道德价值观发展存在的主要问题,为加强和改进高校道德价值观教育明确大方向、找准切入点。

1."德知"与"德行"不一致的矛盾凸显

习近平总书记寄语青少年:道不可坐论,德不能空谈。知者行之始,行者知之成,大学生应坚持知行合一。在道德认知方面,我国历来重视大学生思想道德建设,思想政治理论课和日常思想政治教育等显性教育和隐性教育都十分注重向大学生传递正确的道德规范和价值观念,大学生对于基本道德规范和行为准则具有一定认知,对社会主义核心价值观丰富内涵的理解和认识也在逐渐增强。

但本研究对"有人通过打擦边球、钻政策制度的空子等方法来达到个人目的的态度"的调查结果显示,选择"鄙视这种行为,我坚决不这样做"的大学生占42.0%,但仍有58.0%的大学生可能会为了达到目的而"走捷径"。这表明,新时代大学生还未能将正确的道德认知、自觉的道德养成同积极的道德实践相统一,在道德价值观上呈现出对社会主流道德价值观较为认同,但面对与自身利益关联性较强的情况时,又难以坚持公允立场的矛盾状况。高校道德价值观教育距离真正实现智与德、知与能"并排走"还有一定距离。

2. 集体利益与个体利益的取舍有偏颇

柯尔伯格的"道德发展"理论认为,道德是个体在与社会道德环境的交互作用中逐渐发展或建构起来的(檀传宝等,2013)。当前各类群体生存发展竞争压力的加剧,干扰了个人道德价值的"编码位序",客观上促使个体更注重个人目标的实现。本研究对"集体利益与个人利益取舍的态度"的调查结果表明,仅有6.0%的大学生选择"毫不利己,专门利人"。这说明仅有一小部分学生在集体利益面前不计较个人利益的得失。随着市场经济发展,个体积极追求物质和精神的满足,但物质发展和精神追求步调的不一致也带来了一些现实问题。如2017年全国硕士研究生招生考试管理类联考中就有30余名考生考试作弊(黄洁,2018)。个人主义道德推崇对己对物使用价值的追求,以利益为纽带的生活秩序促使人倾向于个人利益的竞争(刘丙元,2012)。尽管大学生主观上希望实现个人利益与集体利益的统一,但在具体践行中表现出道德名与实的偏颇,我们必须客观正视此现象。

3. 道德价值取向趋于与利益倒挂

道德价值取向内在调控着个体对利益关系的处理和趋利行为的选择。本研究对"未来选择工作时主要考虑因素"多选题的调查结果中,占比最高的前四项依次是"薪资福利"(占70.6%)、"兴趣爱好"(占60.3%)、"稳定程度"(占46.3%)、"升职空间"(占37.9%)。大学生对物质财富较为注重也在一定程度上反映出趋利的价值取向,对激烈的社会竞争和现实的利益关系的认识使其并不掩饰对物质的追求。近几年,"高考状元"大多报考商学院或经管学院,进而想尽快富起来并成为"社会成功人士",而少有"研究高深学问"的志向和志趣(刘尧等,2019)。在市场经济快速发展的今天,大学生关心薪资待遇和发展前景无可厚非,但同时也折射出部分大学生十分注重对个人利益的权衡与考量,价值取向趋于与利益倒挂。道德并不否认利益,但我们应当在承认道德自利的同时,阐明现实利益诉求的基本限度,有针对性地引导大学生树立正确的道德价值取向。

四、新时代大学生道德价值观发展存在问题的原因分析

1. 社会大环境纷繁复杂,误导大学生道德价值判断与抉择

恩格斯指出:一切以往的道德论归根到底都是当时的社会经济状况的产物(马克思等,1971)。本研究的调查结果显示,45.2%的大学生认为社会环境是影响道德价值观形成的主要因素。一方面,市场经济具有一定趋利性,它在某种程度上承认了利益的杠杆作用,个体价值观的发展也会受其影响。大学生在社会化过程中,面对道德价值观"实然"与"应然"之间的差异,以及由此产生的一系列矛盾和问题,更加无所适从。某些所谓的"成功学"更是极力鼓吹功利主义,叫嚣"人生为己",兜售"及时行乐",片面强调个人利益,负向催化大学生的道德判断与选择。在市场经济的蓬勃发展态势下,工具理性一定程度上挤压价值理性的空间,推崇功利和利益,追求效益最大化,干扰大学生形成正确的道德价值观。另一方面,当利益导向与价值导向相悖时,市场讲求优胜劣汰的强竞争性与道德价值观对个人的约束和规范的矛盾凸显,这必然影响大学生的利益诉求和价值追求,使其道德立场摇摆不定。另外,社会中存在的官员受贿、明星偷税、网络诈骗等负面事件,也强烈冲击着大学生的道德价值观。部分大学生在理想信念与成功成名的博弈中立场不够坚定,面对种种诱惑时容易放松警惕、失去理智,在道德价值判断和选择上感到困惑与迷茫,甚至无所适从。

2. 多元文化渗透冲击,削弱大学生对主流道德价值观的认同

多元文化实则为多种文化的共生并存,是文化发展的必然结果。多元文化带来价值观念、价值取向和价值规范等的多样性,也带来一定的冲突和分歧。本研究中"对年轻人过洋节、吃洋餐、追外国影视作品的看法"的调查结果显示,认为"尝试一下西方的生活方式无伤大雅,不必大惊小怪"的大学生占29.2%,认

为"西方文化有其可取的元素,可让青少年适当接触"的大学生占50.5%,认为"西方文化渗透对青少年价值观负面影响较大,此风不宜助长"的大学生仅占5.0%。发达国家推崇以西方文化为主导的论调实则为经济全球化在文化层面的体现,借多元文化的"外衣"进行西方价值观渗透,以强化西方价值观的传播,这无疑会对我国大学生的道德价值观发展产生消极影响,易致使部分大学生对主流道德价值观的精神实质和丰富内涵认识模糊,认同度降低,践行力减弱。此外,多元文化中道德相对主义和道德虚无主义的现实诘难,在一定程度上易致大学生陷入相对主义的囹圄。

高校和大学生该如何应对西方价值观的冲击?如何认清西方文化的负面影响?如何应对多元文化对道德价值观教育的挑战?如何提高大学生的警惕性、增强其抵抗力?这些都是亟待解决的问题。

3. 网络空间虚拟无序,干扰大学生道德价值理性与精神追求

第43次《中国互联网络发展状况统计报告》[①]显示,截至2018年12月,我国网民的人均周上网时长为27.6小时,且学生群体占比最大,为25.4%。本研究的调查结果显示,61.6%的大学生认为新媒体和传统媒体是对其价值观形成影响较大的因素。互联网在为我们提供开放、多元、高效的信息平台的同时,其特殊的文化土壤和传播环境也影响着大学生道德价值观的形成与发展。本研究在对"现代电子设备的使用"多选题调查中,大学生选择占比较高的依次是:"影视"(占69.2%)、"社交"(占64.1%)、"购物"(占60.7%)、"玩游戏"(占56.6%)、"浏览新闻"(占52.8%)、"辅助学习"(占49.7%)、"阅读"(占45.3%)。本研究对"玩游戏对学习生活产生的主要影响"的调查结果显示,30.1%的大学生认为玩游戏"浪费时间精力,导致成绩下降",17.8%的大学生认为会"沉溺于虚拟世界难以自拔,对现实生活毫无兴趣",4.8%的大学生认为会"疏远人际关系,淡漠友情亲情"。网络的虚拟性、开放性和低门槛致使形形色色的人借虚拟身份出场,道德的约束力相对被削弱,易出现道德失范和价值错位现象。全球每天生成超过2.5艾字节数据,各种信息鱼龙混杂,其中不乏一些别有用心的"键盘侠"罔顾事实,恶意炒作,传播谣言,一定程度上使网络环境出现泛娱乐化、庸俗化和戏

---

① http://www.cac.gov.cn/2019-02/28/c_1124175677.htm.

谑化倾向。当前有的网络主播为了吸引流量和获取利益,不惜上演假慈善、打架斗殴、炫富等闹剧,践踏道德底线,宣扬错误的价值观念,长此以往就会削弱大学生的道德意志和道德情感,模糊道德观念,干扰道德判断和道德选择。卢家楣等(2016)学者的调查结果表明,大学生每天上网时间与其道德情感及下属的对国家的认同感、责任感等水平呈负相关。大学生在纷繁复杂的网络世界极易认知失真、判断失智,甚至行为失范。

4. 高校德育活动多而不精,致使道德价值观教育成效不佳

党的十八大以来,一系列政策文件的出台及举措的实施在推动高校道德教育方面取得了一定成效。本研究在"学校开展社会主义核心价值观教育活动的频率"调查中,受访大学生所在高校一学期开展3次及以上的占比54.2%。

习近平总书记在全国教育大会上指出,要努力构建德智体美劳全面培养的教育体系。但在实践中,高校迫于考核压力,片面注重学生学业成绩,相比之下道德价值观教育稍显不足。高校的道德价值观教育活动多而不精,"不合学生胃口",耗时费力,大学生道德发展诉求与高校道德教育内容和形式不能满足其需求之间的矛盾日益凸显。高校德育活动在解答大学生思想困惑和实际问题,优化载体和形式,增强吸引力、时代感和实效性等方面还需加强。高校应在充分把握学生发展规律、了解学生个性特征、掌握学生实际诉求的基础上将其做实做牢。虽然高校加强和改进德育工作的针对性、创新性、实效性是一个长期的过程,但我们应当对其充满信心。

五、加强和改进新时代大学生道德价值观教育的对策

1. 构建"三全育人"格局,落实立德树人任务

高校应学习贯彻习近平总书记在全国教育大会上的重要讲话精神,坚持立德树人根本任务,秉承育人为本、德育为先的理念,构筑全员、全过程、全方位育人的新格局,引导大学生形成正确的道德价值观。

首先,高校应协同教师、家长、社会等多方力量,帮助大学生在交往与合作、利益与责任的分担中,不断加强其与社会的共契、相融与统整,使其成为有大爱、

大德、大情怀的人。其次,高校要将道德价值观教育贯穿于学生从入学到毕业的整个过程,推进"第一课堂""第二课堂"和"第三课堂"的有效融合,深入挖掘教学活动中的育人元素,构建集课堂讲授、实践教学、专题研究、多平台支撑的"一体两翼多平台"道德教育模式,帮助大学生解决道德价值观发展变化过程中的问题,切实引导大学生实现对正确道德价值观的理论认同、情感升华和行为外化。再次,高校教育应将道德价值观全方位覆盖,继续加强个人品德、家庭美德、社会公德、职业道德教育,并开设相应学科的道德教育课程,如加强医学专业学生的医德教育、师范生的师德教育等。另外,高校还应完善教学体系、课程体系、管理体系等,向大学生讲清楚"如何看""如何选""如何做""如何担",推动正确的道德价值观入脑、入心、入行。

2. 抓好课堂育人主渠道,构筑德育"同心圆"

高校要发挥好课堂主渠道作用,在教学中注重解决"德智分离,知行不一"的问题,坚持德先行、善创新、求实效。首先,高校要深刻学习领会党的十九大精神、习近平新时代中国特色社会主义思想以及全国教育大会精神等,遵循大学生身心发展规律、接受阈限和现实诉求,打造高含金量和高获得感的"金课",将知识讲授和精神阐释有机融合,传观念、促内化、导言行。其次,高校应深入挖掘各学科专业课程的道德价值观教育资源,发挥思想政治理论课及人文社科类课程的显性育人功能,以及其他课程的隐性育人功能,将道德知识学习和道德生活实践融入课程教学之中,加强"德化"关怀,实现德育与智育的双赢。最后,高校教师要牢记习近平总书记提出的政治要强、情怀要深、思维要新、视野要广、自律要严、人格要正的要求,坚持以德立身、以德立学、以德施教。全体教师都要充分挖掘所教课程的教育资源,在教学中将专业知识传授与道德价值观教育有机融合,为学生提供正确的价值引领。如华东师范大学建立"思想政治理论课-'中国系列'课-综合素养课-专业教育课"的课程体系,构筑德育"同心圆"。

3. 秉承中华优秀传统文化基因,融入立德树人实践

道德与文化具有天然的联系。中华优秀传统文化包含的中国精神、中国智慧和中国理念是形成"向上的力量"和"向善的力量"的源头活水。高校应发挥文化的认知导向功能,挖掘和阐释中华优秀传统文化蕴含的崇德向善、明德惟馨和明礼知耻等道德精髓,落实文化育人和实践育人。首先,高校可巧借传统文化主题系列活动、社团活动、校园文化活动等,加强中华优秀传统文化教育,引领大学生深刻理解中华优秀传统文化蕴含的道德理念和行为规范,引导大学生继承和弘扬中华优秀传统美德,培育积极正向的道德认知、道德情感和道德判断,为大学生解决思想困惑和实际困难提供基本标准,切实打好"人生底色"。其次,高校可在全国选取优秀传统文化教育基地,依托暑期"三下乡"社会实践活动和传统文化训练营等,开展国学研读、道德实践、礼乐教化等活动,引领大学生感悟传统文化、学习先贤智慧、传承民族精神。教育部组织实施的"中华经典诵读工程",教育部开展的"礼敬中华优秀传统文化"系列活动,湖南大学挖掘岳麓书院文化资源,组织学生走访游学等都是很好的教育实践。

4. 选树先锋典型立标杆,学习榜样汲取正能量

毛泽东同志非常注重用道德楷模的模范行为教育人民,先后选树张思德、白求恩、刘胡兰、雷锋、焦裕禄等一批道德模范以推动道德建设。道德模范的高尚品质可激励大学生升华道德认识,其感人事迹可鼓舞大学生提升道德情操,其人格魅力可感染大学生规范道德行为(李祖超,2008)。中共中央、国务院表彰的改革开放40周年"改革先锋""全国道德模范"和"国家最高科学技术奖"获得者等都是新时代大学生学习的好榜样。他们带头践行社会主义核心价值观,大力弘扬以爱国主义为核心的民族精神和以改革创新为核心的时代精神,爱岗敬业,无私奉献,作风优良,赢得人民群众广泛赞誉。高校不能仅关注成绩优异、成果丰富、频获嘉奖的"学霸",也应将思想道德素质作为重要考量指标,积极评选道德榜样。一是高校可打造"寻找身边最美道德力量"品牌活动,设置"大学生道德模范人物""大学生道德风尚奖""道德标兵"等奖项,选树在艰苦奋斗、公益奉献、诚实守信等方面表现优异的学生典型,以校园生活中平凡真实的"道德美"唤醒大学生的道德意识,使道德价值观教育回归大学生的生活世界。二是高校可运用融媒体平台,宣传"感动中国"年度人物、"中国十大杰出青年"和"中国大学生年度人物"等的先进事迹和高尚品德,引领大学生见贤思齐、崇德向善。三是高校应统筹校内外道德教育资源,组织道德模范进校园系列活动。

5. 构建"互联网+德育"新模式,扎实推进网络育人

高校应创新"互联网+德育"模式,夯实网络主流舆论阵地,充分发挥网络育人功能。首先,高校可借助"两微一端",以手机为移动的"德育站点",输送道德价值观理论知识,向大学生解释好"如何看待"和"怎么处理"的同时,旗帜鲜明地批判错误舆论和价值观念,"微"传大义,厚植社会主义核心价值观。其次,高校要积极响应《中国慕课行动宣言》,让道德价值观教育在"互联网+"时代活起来,依托慕课体系优势,挖掘道德价值观教育的课程资源,为大学生带来高质量、个性化、多样化的教育体验,提供优质"德育资源包"。最后,高校要加快建设道德价值观教育主题网站,联结大学生的道德生活世界,帮助大学生在大是大非问题上保持清醒的头脑、树立坚定的立场,第一时间构筑道德防线。另外,网站应集思想性、教育性、互动性、服务性于一体,高校可通过设置"预约板块",方便大学生实现与教师的沟通和对接,创新道德价值观教育形式。高校要充分利用网络的资源优势与积极效能,凝聚线上线下教育合力,提升道德价值观教育成效。

大学生道德价值观的发展不仅关乎自身的成长成才,更关乎高等教育人才培养质量和社会主义事业是否后继有人这一重大问题。习近平总书记在北京大学师生座谈会上强调:"才者,德之资也;德者,才之帅也。"人才培养的辩证法揭示出育人的根本在于立德,这也是办学必须要遵循的规律。高校应在习近平新时代中国特色社会主义思想指导下,坚持立德树人根本任务,深刻认识道德价值观教育的重要性和紧迫性。新时代呼唤新德育,我们应清醒认识大学生道德价值观发展的特点和主要问题,不断增强道德价值观教育的时代性、针对性和实效性,从"三全育人"、中华优秀传统文化涵养、榜样教育及"互联网+德育"等方面创新大学生道德价值观教育的路径与方法,努力把新时代大学生培养成德智体美劳全面发展的社会主义建设者和接班人,为推进中国特色社会主义伟大事业做出应有贡献。

主要参考文献

艾伦·W·伍德,张娜,林进平,2018.作为意识形态的道德——马克思关于道德的思想[J].国外理论动态(5):9-21.

陈欣银,1987.道德价值结构研究的几个问题[J].华东师范大学学报(教育科学版)(2):53-62.

单光鼐,陆建华,李春玲,等,1994.偏离与吸纳——中国青年发展总报告

(上)[J].青年研究(7):1-7.

顾海良,2018.新时代高校思想政治教育的理论指导和发展理念——学习习近平新时代中国特色社会主义思想[J].思想理论教育导刊(1):4-10.

黄洁,2018.北京最大规模研究生考试作弊案宣判[N].法制日报,2018-08-08(8).

李伯黍,李正云,1996.道德发展:心理学、哲学、伦理学和教育学的思考[J].华东师范大学学报(教育科学版)(4):62-68.

李红,1994.道德价值观的结构及其教育模式[J].教育研究(10):36-40.

李祖超,2008.运用道德模范加强大学生思想道德教育[J].学校党建与思想教育(上半月)(8):17-18.

刘丙元,2012.当代道德教育的价值危机与真实回归[M].北京:北京师范大学出版社.

刘济良,2003.青少年价值观教育研究[M].广州:广东教育出版社.

刘尧,傅宝英,2019.新时代大学何以开启高质量发展之道[J].高校教育管理,13(1):19-25.

卢家楣,徐雷,蔡丹,等,2016.当代大学生道德情感现状调查研究[J].教育研究,37(12):54-61.

鲁洁,1998.实然与应然两重性:教育学的一种人性假设[J].华东师范大学学报(教育科学版)(4):1-8.

马克思,恩格斯,1971.马克思恩格斯全集(第20卷)[M].中共中央马克思恩格斯列宁斯大林著作编译局,译.北京:人民出版社.

戚万学,唐汉卫,2005.现代道德教育专题研究[M].北京:教育科学出版社.

檀传宝,王小飞,2013.当代东西方德育发展要览[M].北京:人民教育出版社.

唐爱民,2012.道德教育的范畴论[M].北京:北京师范大学出版社.

叶松庆,王良欢,荣梅,2014.当代青少年道德观发展变化的现状、特点与趋向研究[J].中国青年研究(3):102-109.

"双主体"视域下大学生网络思想政治教育研究

邬海峰　高艳丽　乔芳琦

中国地质大学(武汉),湖北 武汉 430074

摘要：在大学生网络思想政治教育体系中,思想政治教育者与大学生共同充当教育过程中的"双主体",作为客体的网络环境在被主体间接重塑的同时,亦深刻影响主体履行思想政治教育职能的效果。就"双主体"中的教育者而言,存在网络思想政治教育队伍建设不足的问题;就"双主体"中的受教育者而言,存在大学生网络自律意识不足的问题;就作为客体的网络环境而言,存在网络监管不力、高校网络思想政治教育平台建设滞后的问题。大学生网络思想政治教育建设有赖于教育"双主体"与客体同时发挥作用。要巩固思想政治教育者的主体地位,打造一支高素质的网络思想政治教育队伍,同时要充分尊重大学生的主体性

【文章来源】本文原载于《学校党建与思想教育》2020年第21期,有修改。

【项目来源】本文系 2019 年湖北省学生工作精品项目重点资助项目"聚力同心,铸魂育人——构建'一心八向'易班网络思政新模式"(项目编号 2019XGJPG2005)、2019 年湖北省大学生发展与创新教育研究中心科研开放基金重点项目"全媒体时代基于网络舆情视角的大学生思想政治教育体系构建研究"(项目编号 DXS2019002)、2018 年湖北省教育厅人文社会科学研究专项重点项目"新媒体环境下大学生思想政治教育的路径研究"(项目编号 1718ZB02)、2018 年湖北省高校学生工作精品项目"大学新生入学教育融入网络的实践研究"(项目编号 2018XGJPG3001)的阶段性成果。

【作者简介】邬海峰,男,中国地质大学(武汉)本科生院副院长,副研究员;高艳丽,女,中国地质大学(武汉)监察处副处长,副研究员;乔芳琦,女,中央财经大学学术期刊社助理研究员。

并进一步激发其主体意识,此外还要重视作为客体的网络环境的建设,健全高校网络舆情处理机制,构建立体化网络思想政治教育平台。

关键词: 大学生;网络思想政治教育;主体;客体

互联网技术的蓬勃发展,为大学生思想政治教育开辟了崭新的领域。互联网时代,大学生网络思想政治教育"双主体"特征愈来愈明显。在此背景下,合理界定大学生网络思想政治教育主客体关系,在巩固思想政治教育者主体性的同时如何进一步激发大学生在网络思想政治教育中的主体意识,让网络更好地服务于大学生思想政治教育,是现阶段高校思想政治教育者必须思考的问题。

一、大学生网络思想政治教育主客体关系界定

传统的思想政治教育体系对于教育主客体关系的界定十分明确。教育者作为主体拥有一定的领导权和支配权,能够按照自己的思维模式准确把控思想政治教育的进展、方向,以单方面知识灌输为主要方式,对受教育者的心理、思想、行为等进行引导。受教育者作为客体处于从属地位,为主体所支配,很少有机会发挥自身的主观能动性。因此大学生在受教育的过程中往往处于消极被动状态,甚至产生抵触叛逆心理,直接导致思想政治教育的效果大打折扣。在网络思想政治教育体系中,教育主客体被重新划分,凡是能主动履行网络思想政治教育职能,自觉实施和开展网络思想政治教育的就是网络思想政治教育的主体;凡是被网络思想政治教育主导和影响的就是客体(骆郁廷,2016)。根据上述判断标准,思想政治教育者与大学生由于可主动行使思想政治教育职能,共同成为网络思想政治教育的"双主体";他们在利用网络媒介平台行使思想政治教育职能的过程中,间接重塑了网络环境,因此网络环境在教育过程中承担客体角色。

网络思想政治教育提供了多样的教育方法与丰富的教育内容,让大学生不再局限于被动地接受教育者传递的信息,而是根据自己的节奏与兴趣,为自己量身定制个性化学习方案,并借助迅捷的网络社交媒体平台及时向教育者反馈意见,与他们交流想法。教育者则应以网络技术始终贯穿思想政治教育的理念为指导,以实践体验为基础,以熏陶浸染为重点,以自我教育为辅助,打造"渗透式"大学生网络思想政治教育。

二、"双主体"视域下大学生网络思想政治教育存在的问题

(1)就"双主体"中的教育者而言,存在网络思想政治教育队伍建设不足的问题。网络环境多元、开放、共享的特点导致思想政治教育者原有的绝对支配地位不复存在,其主体性受到空前挑战,因此急需优化网络思想政治教育队伍结构,提升教育者的政治素养与信息素养,让思想政治教育者在网络环境下仍然掌握必要的主动权,巩固自身主体地位。然而,目前仍有一些高校对此缺乏足够重视,尚未具体规划建设合格网络思想政治教育队伍的有效措施。在这种情况下,部分思想政治教育者即使自身接受新事物的能力较强,能够较好地适应教育环境的改变,但由于没有受到专业培训,信息素养整体较弱,他们难以熟练运用网络社交平台与大学生平等互动交流,对网络舆情的监管也力不从心,无法很好地开展工作。

(2)就"双主体"中的受教育者而言,存在大学生网络自律意识不足的问题。与传统的思想政治教育相比,网络环境为大学生提供了宽广的自主选择与主动创造的空间,使得受教育者的参与度得到极大提高,原本的从属地位发生扭转。然而,作为网络思想政治教育的主体,部分大学生在网络环境中的自律意识仍亟待加强。他们表现出对网络过度依赖,在网络虚拟空间中麻痹自我、放纵自我,以致深陷其中难以自拔,渐渐地与现实社会脱节,丧失了正常的人际交往能力,产生诸如孤僻、迷惘等一系列心理问题,严重干扰其学习生活。此外,许多大学生自身思维方式尚未成熟,没有养成全面了解、深入思考、审慎判断的思维习惯,这导致他们在面对铺天盖地、鱼龙混杂的网络信息时,缺乏基本的甄别、研判能力,往往倾向于偏听偏信、以偏概全,以致很容易被负面消极的不良信息误导。这对引导大学生树立正确的世界观、人生观、价值观造成负面影响,是摆在网络思想政治教育工作面前的巨大挑战。

(3)就作为客体的网络环境而言,存在网络监管不力、高校网络思想政治教育平台建设滞后的问题。网络环境作为网络思想政治教育中的客体,在被"双主体"间接塑造的同时,亦深刻影响主体履行思想政治教育职能的效果。当前网络环境中存在着一定数量的妨害国家安全与社会稳定的负面、虚假信息,这些信息对大学生的健康成长造成消极影响,究其根源则在于网络监管不力。这对高校

网络舆情应对工作提出极高的要求,思想政治教育者必须扮演好信息"把关人"的角色并密切关注学生的思想动态,一旦发现问题便及时采取针对性措施。此外,当前许多高校都在积极构建网络思想政治教育平台,但平台建设整体仍处于一个相对滞后的状态。有些平台仅简单陈列了一些传达党的路线方针政策与国家发展战略的纲要性文件,而没有对文件内容进行具体、细致、生动、有趣的解读,有时甚至无法保障信息的即时性。今后在大学生网络思想政治教育平台建设的过程中,要着力避免内容单调、栏目版块简陋、呈现形式单一、互动参与缺位的问题,提升平台吸引力,紧扣使大学生高效自主学习的初衷。

三、"双主体"视域下大学生网络思想政治教育的建设路径

1. 打造高素质的网络思想政治教育队伍

第一,思想政治教育者要扮演好信息"把关人"的角色。首先要加强对大学生的理想信念教育,及时纠正其错误观念,并逐步培养其独立思考、理性判断的能力。其次要增强自身信息识别力,主动过滤不良信息,为大学生营造一个健康的网络环境。

第二,思想政治教育者要重视交流沟通的技巧。网络环境下,大学生通过多元的信息获取渠道接触到大量的思想政治教育资源,渐渐成为网络思想政治教育的主体,他们拥有较强的自我意识,渴望话语权与自由的表达空间。这就要求思想政治教育者转变传统的强势管理,用温和的姿态与学生进行平等的交流对话,对不同的学生要采用不同的沟通技巧,不断提升思想政治教育的针对性、有效性,打造一支网络思想政治教育的"专家型"团队。

第三,思想政治教育者要提升媒介素养。首先要转变教育观念,与时俱进,积极了解新媒体,运用新媒体开展思想政治教育工作。其次要注重对新媒体环境下思想政治教育规律的探索,结合新媒体传播规律寻找二者的交叉点并合理运用。再次要提升自身政治敏感度,坚定政治立场,弘扬主旋律,传播正能量。最后高校要加强对思想政治教育者媒介素养的专业培训,让他们接受系统的媒介素养理论学习,从而在实践中更好地运用这些知识。

2. 健全高校网络舆情处理机制

新媒体环境下,健全高校网络舆情处理机制,是思想政治教育者对大学生的价值判断进行主流引导,确保学生诉求得到回应,立足个体差异帮助学生解决疑难困惑,进一步增强网络思想政治教育的成效与感染力的必然要求。思想政治教育者首先要借助社交软件密切关注大学生的学习生活情况与思想动态,做好舆情采集工作,并在此基础上对网络舆情进行深入及时的分析和反馈。

在实际工作中,思想政治教育者应重点把握以下三点。第一,结合学生工作实际情况,对舆情进行定性、分类处理,确定具体的舆情定性和分类的标准,使高校网络舆情处理机制更加规范、更具针对性。第二,及时引导、信息报送、部门联动、平台联动、外宣公关等多措并举,增强网络舆情处理的效力。第三,定期进行舆情反查工作,敦促舆情中反映的种种问题得到切实解决,及时解释舆情结果,实现高校网络舆情处理机制的不断完善。

3. 构建立体化网络思想政治教育平台

校园主题网站是校内师生交流沟通的重要平台,思想政治教育者可以此为重点,探索构建可管、可控、可用的立体化网络思想政治教育平台的策略。第一,利用网络新媒体平台图文展示、视频播放、语音对讲等功能,将丰富的优质思想政治教育资源以大学生群体喜闻乐见的生动形式呈现出来,从而提高大学生主动参与的积极性。第二,设置特色栏目板块,如通过设置在线答疑栏目、心理咨询栏目等为大学生及时解决各种问题,促进师生交流沟通;设置形势政策版块、热点关注版块等积极引导大学生留心时事政策、社会热点,助力思想政治教育网络化。第三,打造视频点播平台,普及优质思想政治教育纪录片,唱响主旋律,弘扬正能量。第四,建设虚拟仿真平台,吸引大学生积极参与体验,寓教于乐地开展网络思想政治教育工作。

主要参考文献

骆郁廷,2016.论网络思想政治教育的主体与客体[J].马克思主义与现实(2):1-7.

导师主导的研究生科研道德教育探析

李祖超　魏海勇

中国地质大学(武汉),湖北 武汉 430074

摘要：导师在研究生的科研理想、科研价值观和科研行为等科研道德教育方面具有主导作用。导师积极宣传科研道德、对学生的科研成果严格把关、检查与督促学生的科研活动、提高研究生科研创新能力等是研究生科研道德教育的重要实施途径。因此,要从管理育人、奖励惩罚、教育激励、监督引导等方面建立健全的导师主导的研究生科研道德教育机制。

关键词：导师主导；研究生；科研道德；道德教育

当前,研究生科研道德状况并不乐观,部分研究生对科研的基本责任缺乏了解,对科研不端行为麻木不仁,甚至"助纣为虐"。笔者曾在北京、武汉、广州、济南、青岛、昆明等地的20余所高校针对研究生发放问卷1000份,对研究生科研道德状况进行调查,其中涉及导师在科研道德方面的影响和作用。结果表明,无论是在引导学生遵守科研道德规范方面,还是在应对学生的科研道德失范行为方面,导师都始终起着主导作用。

【文章来源】本文原载于《现代教育管理》2009年第3期,有修改。

【项目来源】中国地质大学(武汉)2008—2009年度研究生学术探索与创新基金资助项目"高校科研人员科研道德现状调查与思考"(项目编号CUGYJS0832)。

【作者简介】李祖超,男,博士,中国地质大学(武汉)教育研究院教授,博士生导师；魏海勇,男,中国地质大学(武汉)党委宣传部副部长。

一、导师负责制与研究生科研道德教育

当前,我国的研究生培养模式多采取导师负责制,导师是研究生教育的主要责任人,负责对所带的研究生进行培养和教育。导师负责制从制度上规定了导师在研究生教育中的主导作用,而科研道德教育作为研究生教育的重要组成部分,理所当然也要以导师为主导。本研究对"导师在科研道德方面的榜样作用对学生的影响"的调查结果显示,影响很大的占 34.1%,影响较大的占 45.1%,影响一般的占 10.4%,影响较小的占 7.0%,影响很小的占 3.4%,影响很大和较大的共占 79.2%(如无特殊说明,文中所涉数据皆为笔者自己调查所得数据,下同)。这表明导师的学术思想、治学态度、科研价值观能潜移默化地影响研究生。

导师在研究生科研道德教育中有着得天独厚的条件,因此,导师对研究生科研道德教育毫无疑问具有主导作用。

1. 对科研价值观具有引导作用

崇高的科研价值准则对科研动机有健康的导向作用,能引导人进行正确的科学实践。导师在教学和科研中表现出的科研价值观,更容易使学生在思想上受到深刻教育,在精神上受到极大鼓舞,在感情上引起强烈共鸣,进而在科研活动中对照检查自己,做到自警自策,形成正确的科研价值取向。

2. 对科研理想具有导向作用

科研理想能使人树立强烈的社会责任心,从而在具体道德情境中能做出正确选择。导师作为某个学科领域的专家,一般都具有强烈的社会责任感和献身精神。科研的最终目的是促进社会发展,造福人类。在指导学生过程中,导师应引导研究生树立崇高的科研理想,鼓励他们对科研成果孜孜不倦地追求,在遭受挫折时充满必胜的信心,在逼近目标时再接再厉。

3. 对科研行为具有示范作用

心理学研究表明,人的大部分行为是通过观察学习和借鉴、模仿他人的行为而产生的。研究生学习主要围绕专业进行,大部分时间随导师搞科研、做实验、

做调查、写论文,其间导师表现出的唯真求实、勤奋严谨的科研态度,锐意开创、不断探索的科研精神,都为研究生做出了示范,进而激励研究生努力使自己的行为与导师保持一致。

4. 对错误的科研思想和行为具有规诫作用

一般来说,研究生的科研道德认识尚未成熟,良好的道德习惯还未形成,容易受到社会不良思想的影响,在科研过程中产生错误想法甚至行为。斯金纳认为,人的行为是由外界环境决定的,外界的强化因素可以塑造行为。导师对研究生的示范和引导就是一种强化因素,他对研究生的肯定与否定、赞扬与批评,能逐渐内化为研究生的道德认知和行为习惯,从而养成科研道德规范,表现出良好的科研道德行为。

二、以导师为主导的研究生科研道德教育的主要途径

以导师为主导的研究生科研道德教育的实现途径较多,笔者主要列举出部分常用的具体途径做调查,采用程度判断题,分为"最低、较低、一般、较高、最高"五个层次,从六个方面进行了调查与分析。

1. 严守科研道德与诚信,努力做出示范榜样

"学高为师,身正是范"。导师应以身作则,注重加强自身的科研道德修养。调查结果显示,认为这方面重要程度较高和最高的共占 61.2%。因此,导师要在品格方面树立良好榜样,引导学生不仅要学好科学知识,更要学会与他人尤其是学术同行相处。要在教书育人过程中遵守教育伦理规范,以高尚的道德情操引导学生树立求真务实、勇于创新的科学精神;要在科学研究中遵守科研道德规范,引导学生以德治学,避免剽窃、篡改、伪造实验数据和一稿多投等科研不端行为。

2. 在教学和生活中积极宣传科研道德与诚信

导师应积极宣传科研道德,为营造良好的科研道德环境做出贡献。调查结果显示,认为这方面重要程度较高和最高的共占 48.1%。因此,应利用入学之

初的导师见面会等时机宣传科研道德,让正确的科研价值观念先入为主地进入研究生的头脑。研究过程中发生不端行为,经常是由于对学术规范、学术道德缺乏了解,是认识不足造成的(曾天山,2007),应针对这种现象,在科学实验、学术报告等科研活动中,通过讲解、案例分析、讨论等方式帮助研究生澄清认识,提高科研道德修养。部分导师可以利用广播、报刊等校园媒体发表学术观点,营造健康的科研道德舆论氛围,达到宣传与教育的目的。

3. 检查与督促学生的科研活动

导师要注重针对研究生在科研活动中出现的问题进行教育与培训。调查结果显示,认为这方面重要程度较高和最高的共占60.0%。因此,要鼓励研究生组织或参加科技竞赛、学术沙龙等活动,在科研规范、著作权法等方面给予指导。要经常参加研究生的学术研讨、科学实验等科研活动,并教导他们坦诚地表明哪些观点是引用或参考了其他学者的论文、著作或成果而来的,平时就养成良好习惯。作业、考试、实验、资料收集、社会调查、野外考察、科学研究、论文写作和学术交流等是研究生实践最多的环节,导师要告诫学生不要弄虚作假、投机取巧,更不要剽窃作弊。

4. 对学生的科研成果严格把关

导师应严格把关,确保研究生学习质量,避免单纯以完成学业为目的的"形式主义"学习。调查结果显示,认为这方面重要程度较高和最高的共占73.3%。因此,要注重过程,对研究生科研项目的文献综述及研究假设、步骤、提纲、报告提要等前期性成果进行原创性认定,将科研不端行为扼杀在萌芽状态。要对其科研成果在数据来源、实验数据、论点论据、引文注释、署名等方面进行严格检查,确认无误后才允许其发表,对学术论文、研究报告和学位论文,则应通过学术期刊网进行核查。

5. 塑造研究生的创新人格,提高其科研创新能力

导师要采取多种方式塑造研究生良好的科研人格,培养他们对各种科研现象的正确判别与选择能力。调查结果显示,认为这方面重要程度较高和最高的共占57.2%。研究生教育的实质是创造教育,而培养创造性人格是创造教育的

根本(班华,2001)。只有不断创新才能推动学术发展、构建学术规范,道德自律才会随之内化为行动的自觉(何建良,2006)。因此,导师要创造较为宽松的科研环境,帮助研究生掌握研究方法和提高研究能力,让他们积极参加科研实践,在科研项目中提高科研创新能力,增强科研价值判断和伦理选择的能力。

6. 经常与学生沟通交流,加强科研道德规范教育

导师应经常与研究生交流,及时掌握其思想动态和价值趋向。调查结果显示,认为这方面重要程度较高和最高的共占60.3%。因此,导师应经常通过师生间的文体活动密切师生关系,在娱乐中培养学生积极向上的生活态度,奠定科研道德教育的感情基础。结合研究生的阶段性思想特点,在入学教育、培养方案、奖学金评定、开题、论文写作与答辩、就业等重要环节引导学生,全程化指导,切忌只在出现科研不端行为时歧视甚至惩罚学生。经常组织师生间的学术交流,密切师生交往,发挥导师人格魅力在研究生科研道德教育中的重要作用。

三、建立导师主导的研究生科研道德教育机制

导师对学生科研道德与诚信方面的关心程度的调查结果显示,认为"很关心"的占26.8%,"较为关心"的占50.4%,而"无所谓、不太关心、不关心"的占22.8%。这表明,当前导师教书育人的作用发挥良好,科研道德教育已逐步成为大多数导师的自觉行为。但从整体上看,部分导师还存在着重科研能力培养而轻科研人格塑造的倾向,以导师为主导的研究生科研道德教育效果并不明显。因此,笔者认为应从以下几方面建立和完善导师主导的研究生科研道德教育机制。

1. 建立将科研道德教育融入专业教育的育人机制

导师应在专业课程讲授过程中加强科研道德教育,积极发挥专业教育传递科研主流价值观的作用。要在科研项目中加强对研究生进行科研道德规范训练,通过典型案例的分析传授学生处理伦理问题的经验。要鼓励研究生积极参与科研实践,将科研道德问题有机融入诸如实验实习、社会调查、论文写作、毕业设计等科研实践环节中去。

2. 建立科研道德教育与部门管理配合的制约机制

管理也是教育,这在教育学上早有定论(鲁洁等,2002)。导师要与管理部门积极配合,共同承担责任,形成教育合力。管理人员要加强日常管理工作,负责对全体研究生进行科研道德渗透,导师则对所带研究生进行个体教育。管理部门应在研究生入学之初就建立诚信档案,随着科研活动的逐步开展,导师要不断充实档案内容,加强管理和监督。管理部门要承担起部分违纪违规学生的行为矫正等工作,导师则侧重以实际行动帮助他们澄清思想认识上的误区。

3. 建立定量与定性结合的科研道德考核评价机制

要加重导师评价的比重,强调科学研究以"德"为先,除日常的品德评价外,将科研道德方面的评价纳入到研究生能否通过奖学金申请、入党申请、论文答辩等事项。要积极鼓励研究生参加学术交流,经常开展研究生群体间的相互评价活动,并与其他高校导师形成良好的合作关系。为使评议结果更为客观,应加大校外导师评议的比重。

4. 建立公正的科研道德奖励惩罚机制

导师要及时表扬和奖励在科研道德方面表现优秀的研究生,充分发挥榜样的作用,加强教育激励。对研究生的不良倾向应及时提出批评,防止情况恶化,对科研道德失范行为不能单纯惩戒,要以教育为主。对情节比较恶劣的或屡教不改的学生,则应依规照章做出相应惩处,如通报批评、记录于诚信档案、取消评先评优资格及荣誉、追回奖励等。值得注意的是,无论奖励与惩罚,都要及时且公正,重在教育。

5. 建立有效发挥科研道德榜样作用的激励机制

导师要旗帜鲜明地表明立场,好的要表扬、奖励,不好的要批评、惩罚。要不失时机地树立和宣传好榜样,可以著名学者、科学家等为楷模,充分发挥其示范作用,以便研究生根据其行为获得处理科研活动中伦理问题的经验,并使某些不良行为得到有效约束。更应在研究生中树立榜样,以对其他同学在道德判断和价值选择方面产生激励作用。

6. 建立自评与他评相配套的科研道德督导机制

一般来说,导师的学术威望较高,能潜移默化地影响研究生的科研观念和价值取向。良好的科研团队文化氛围对研究生健康成长具有导向、教育和保障作用,可以形成相互监督的机制,帮助研究生树立团队意识,在团队发展中提高个人科研道德素质,个人的价值能得到团队的认可,这是他评的高级形式。没有自我教育就没有真正的教育,促进自我教育才是真正的教育(王天一,1992),科研道德教育最重要的还是要发挥研究生的主体性,应积极引导学生进行自我教育和自我评价,形成正确的价值准则和良好的自律意识。

主要参考文献

班华,2001.创造性的培养与现代德育[J].教育研究(1):15-19.
何建良,2006.学术规范与研究生教育[J].中国高教研究(7):22-24.
鲁洁,王逢贤,2002.德育新论[M].南京:江苏教育出版社.
王天一,1992.苏霍姆林斯基教育理论体系[M].北京:人民教育出版社.
曾天山,2007.高校教育科研中的法律和伦理问题[J].高等教育研究(6):8-13.

我国女大学生领导力培养现状及启示

唐 勤 徐 倩

中国地质大学(武汉),湖北 武汉 430074

摘要: 20世纪80年代,以美国为代表的西方国家对大学生领导力的培养有效提升了美国青年社会环境适应能力和综合素质。近年来国内部分重点高校积极关注并学习西方大学生领导力培养的经验。本研究通过对武汉某高校进行个案实证研究,从女大学生领导力培养状况的视角,考察高校女大学生领导力培养工作中存在的问题,并提出相关建议。

关键词: 女大学生;领导力;培养

大学是青年世界观、人生观、价值观形成的重要时期,也是培养领导力的关键时期。早在20世纪初,大学生领导力的培养就已被世界各国大学教育者关注,它是发展个体或组织有效执行领导力角色和过程的综合能力训练,是一种培养领导力知识和技能的交叉学科。进入20世纪80年代后,以美国为代表的西方国家对在校大学生领导力教育研究与实践更完善,并将它纳入其公民教育的范畴,甚至美国高等教育认证委员会针对高校的学生领导力教育出台了标准和

【文章来源】本文原载于《学校党建与思想教育》2013年第27期,有修改。

【项目来源】本文系湖北省高校人文社科重点研究基地——大学生发展与创新教育研究中心重点课题"中美大学生领导力培养比较研究"(项目编号 DXS2012002)成果之一。

【作者简介】唐勤,女,博士,中国地质大学(武汉)纪委副书记,副教授;徐倩,女,中国地质大学(武汉)高等教育研究所2011级硕士研究生。

指南。领导力教育一度被视为推动美国高等教育创新的重要教学改革途径(翁文艳,2011)。

一、我国女大学生领导力培养调研

1. 研究对象及方法

为了解在校学生对女大学生领导力的认识,倾听培养客体切实的评价和需求,笔者对武汉某高校学生社团联合会(简称社团联)、校级和院级学生会三类学生组织中的 120 名成员进行问卷调查和个人访谈,回收有效问卷 104 份,有效率 86.67%。三类学生组织成员构成如表 1 所示。

表 1   三类学生组织成员构成情况统计表

社团类别	部门成员总数		部门骨干总数		主席总人数	
	男	女	男	女	男	女
社团联	71	65	20	20	3	2
校级学生会	213	113	38	19	4	2
院级学生会	463	421	131	98	21	18

注:所有数据皆来源于校团委学生会办公室,该校男女生比例为 7∶3。

2. 调研结果分析

第一,关于学生对女性领导力的认识。问卷结果显示,91%的学生认为领导力可以通过学习培训和模仿得到提升;大学生认为最重要的三种领导能力依次为组织力、感召力和执行力;97%的学生认为学校组织的领导力实践比自己寻找的校外实践更有利于女大学生领导力的培养,因为校内环境领导力锻炼风险低于校外,而且系统的培养有利于其循序渐进地锻炼能力。统计显示,女大学生在社团中的参与意愿不低于男性,这与问卷结果相互印证:女大学生与男性一样重视自身是否具备领导能力。

第二,高校女大学生领导力的培养现状。首先,问卷结果表明,95%的学生是通过担任社团职务或参与院校活动来培养领导能力,其中有 70%~80% 的学生通过阅读相关领导力的书籍或自行参与社会实践来开发领导潜力。大学生这种拓宽领导视野、积累经验的方式,说明他们渴望有培养领导能力的平台和机会。高校亟须建立系统的大学生领导力培养体系,其中包括理论知识、实战训练平台和女性专题等,以满足高校女大学生的需求。其次,在各级学生干部中,女生人数都少于男生,且越靠近顶层领导岗位女性越少。这说明女生在靠近具有高领导能力要求的岗位趋于劣势。再次,在调查中,99% 的女大学生愿意且有信心在组织活动中扮演领导角色进而发挥影响力。这表明如今女大学生领导力培养的矛盾是日益增长的培养需求与高校匮乏的领导力教育之间的矛盾。最后,调查显示 80% 的学生在各级学生骨干培训中从未接触过专门的女性领导力教育。92% 的学生认为该现状限制了教育体制和方式的发展,81% 的学生认为是传统观念束缚导致高校没有对女大学生在领导实践中的弱势地位引起重视。90% 以上的女大学生赞同学校增设女性领导力培养的专题,但坦言参与的积极性不会很高,说明女大学生自主意识的缺乏和高校领导力培养氛围不浓也会阻碍女性领导力教育。

二、我国女大学生领导力培养中存在的问题及原因

1. 缺乏特色性和针对性的女性领导力培养

一项关于性别差异的领导力研究表明,女性拥有更民主的管理风格,而较少独断或发号施令。这一点在对某院学生会女主席的访谈中有所提及。她认为女性骨干处理问题方式较男生温婉得体,协调各方面利益关系的能力较强。但如今高校学生骨干的选拔培养标准采用的是一揽子通用的计划,基本无法谈及着重培养由于性别因素而缺乏的领导素质。

2. 培养模式单一

研究显示,我国高校对大学生领导力培养缺乏系统性和规范性,国内很多高校目前并未把大学生领导力培养列入通识教育课程,更谈不上女性领导力教育。仅以本次调研高校为例,该校女学生领导力的培养基本是纳入学生会、社团联开

设的骨干培训班,并以少量有组织的训练(如野外生存训练等)为辅助。如今高校领导力培养途径的单一、训练岗位的匮乏直接影响女大学生领导能力的培养。

3. 传统观念使学生中女性高层领导者甚少

研究显示,传统观念中的某些阻碍因素形成了统称的"玻璃天花板"效应。传统观念认为:首先,男性比女性更适合做复杂管理工作的观念致使选拔和晋升中对女性的能力有不成文的更高标准;其次,较男生而言,女生特长是执行和协调,而非统筹和决策;最后,女性更易受家庭、情感、情绪的支配,缺乏高层领导者的特质。

4. 教育者和教育单位对女大学生潜力和创造力的关注不够

众多研究显示对学生进行领导技能的培养并指导他们社会实践,能使他们更好地树立社会责任意识,提升就业、创业等能力。约翰·奈斯比特甚至曾预言女性走上领导岗位是未来社会发展的十大趋势之一。女性积极参加 EMBA 等领导力培训,女企业家、创业者人数日益增多皆预示着她们正以与男性同等的地位改变世界。而女大学生作为未来女性领导的潜在群体,高校在充当培养和激发该潜力的"土壤"角色却不尽如人意。

三、我国女大学生领导力培养改进对策

我国对女大学生领导力的培养尽管在高等教育大众化浪潮的推动下取得了一定成效,但借鉴国内外先进有效的多元化领导力培养模式和途径势在必行。

1. 将领导力教育整合到通识教育课程当中

美国高校大学生领导力课程的开发主要隶属于学生事务部门,面向本硕博不同层次并大多设有女性专题,包括理论、实践和反思等主要环节,教学方法有案例式、体验式或研究工作坊等;国内高校,如清华大学开设了领导科学、创业领导力等领导力基础教育课程,并将中国国情与发展、国际政治与中国等作为必修的素质核心课,还在课堂中辅以情境训练(李金林等,2010),有效地满足了大学生领导力教育的需求。

2. 高校需积极拓展领导力教育实践平台

目前高校大学生领导力实践的平台资源有限,特色的女性实践岗位缺乏已经成为女大学生向女领导者蜕变的关键性阻碍。因此,高校应在优化已有的学生会及社团平台的基础上,建立与政府、企业和社会的合作,使大学生的领导力培养有"实战"效果,也丰富了领导力锻炼岗位。美国密歇根州立大学的服务学习与公民教育中心与417个区域或国际的非营利性组织、学校、医院、健康保健机构、公共事业机构、民间团体等建立合作关系,为各类学生提供多种形式的学习实践平台(沈蓓绯等,2009)。这对我国建设专业化大学生领导力培养系统有一定的借鉴意义。

3. 设计符合女生特点的领导力培养项目和课程,创造女大学生成为高层领导者的校园氛围,树立她们的领导自信

如美国罗格斯大学的全国女性领导教育项目,学校邀请州政府或本地政府官员、草根领导等著名人士来校开设讲座,甚至通过改编电视节目《危机》向学生讲授女性在政治中的地位。课程中涉及女性如何有力地进行决策和统筹大局,并设计具体的情境锻炼她们有效完成广泛而多样的组织任务的能力。此外,培养女性在大学时代学会理性处理家庭、情感、情绪等矛盾和冲突,将增强她们步入职场高管岗位的竞争力。

主要参考文献

李金林,王芳官,金海燕,2010.大学生领导力培养的现状调查[J].重庆理工大学学报(社会科学),24(11):133-138.

沈蓓绯,纪玲妹,2009.服务学习:美国大学实践教学与公民责任教育相结合的现实路径及启示——以密西(歇)根州立大学(MSU)为例[J].现代教育管理(8):93-96.

翁文艳,2011.大学生领导力开发现状与途径[J].当代青年研究(3):21-26.

信任研究的心理层面探析

喻芒清　张丹丹

中国地质大学(武汉)马克思主义学院,湖北 武汉 430074

摘要:我国正处在社会转型期,随着市场经济体制的逐步建立和完善,人与人之间的交往程度日益加深,信任问题日益成为我国社会和学术界普遍关注的热点问题,许多学者分别从社会学、经济学、伦理学等角度对建立人与人之间的信任进行了较多的学术探讨。本文旨在从心理学微观层面对信任问题做进一步的探究,并结合大学生常见心理问题,尝试运用心理控制源理论对信任问题进行关联性分析。

关键词:信任;心理控制源;探析

信任在社会经济生活中发挥着润滑剂的作用,它既是人类生存发展的重要条件,也是人们的一种基本交往方式;既是维系经济与社会生活的基本纽带,也是人类社会可持续发展的一种基本要素。它折射出人们对于人类本性的基本信念,也影响到人们交往中的预期和决策。在学界,研究者们从社会学、经济学、伦理学等不同维度对信任问题进行了广泛而深入的探讨,并取得了可喜的成果。为了更好地对信任问题进行较为细致、深入的研究,本文旨在从社会行为心理学角度,结合大学生心理问题实际,探究信任问题。

【文章来源】本文原载于《学校党建与思想教育》2008年第6期,有修改。

【作者简介】喻芒清,男,博士,中国地质大学(武汉)马克思主义学院教授;张丹丹,女,中国地质大学(武汉)学生就业指导处。

一、信任的概念

信任可从以下两个层面进行界定。

(1)从主体自身的层面来看,信任是个人人格特质的表现,这是由美国心理学家沃切尔最早提出的。他指出,信任会因个人个性的不同及特殊的社会相关因素而对其产生影响并进行塑造。在他看来,信任甚至可被看成是一种和信仰、期待或感觉一样深刻于人的个性之中,并且源自个体早期的社会心理形成。这种特质存在于人的潜意识当中,能在外部情势的诱引下产生,可通过个体有意识地压抑控制被逐渐隐藏起来。就个体的一种特质而言,信任具有相当强的可塑造性。

信任是社会环境的产物,具有很强的社会性,但凡民主和法制比较健全的社会,社会成员大多能严格遵照规则行事,信任度相对比较高,反之则较低。

(2)从信任主体双方动态关系层面来看,信任是一种由情感、激情或承诺引起的心理认定,这一概念多在心理学、社会学中予以体现。信任在这一层面可因血缘关系、共同兴趣、责任义务等因素而产生,并且非常强烈,不会因一方的小过错而轻易改变。

信任是一种通过对对方主体各项维度指标理性分析后得出的结果,信任的维度是用以评判对方可信与否及可信度大小的依据。信任的维度有很多,主要是可信性、仁爱、能力,同时,还有正直、可预测性、诚实、专业、可依靠性等因素。

信任是一种基于制度、规则、背景等第三方力量而建立的相信对方会按照预期行事的信念。在这里,被信任主体已实现转移,即信任的建立更多基于有着强约束力的社会制度、行动规则和与主体有隶属关系的机构等,这是一种最稳固、最理性的信任关系,因而信任力度也最强,在这一层面上,信任已被概念化为一种制度内或制度间的现象。

二、信任的重要性

信任是政府与社会秩序的主要原则基础,是民主的前提条件,卢曼把信任视为应对复杂系统中不确定性的一种手段,信任使应对复杂性的潜力得以发展,其功能是通过增强对不确定性的容忍从而减少不确定性,即减少风险。信任是一种存在于人际(个人同个人)间、社会关系(个人与组织或系统)中的复杂现象。这同时意味着信任的特征随参与者的不同而不同,信任可以被称为面对面的承诺或无形的承诺。当代社会主要特征是社会日益复杂化且充满风险,这使得被信任者和信任者之间的信任关系显得十分重要。在当今世界,我们所处的社会背景不再一成不变,成倍扩张的选择机会及依赖性等新情况需要被信任者对信任者的能力予以认同与信任。

受社会和自身成长等多因素的影响,部分大学生在人际交往中,存在不同程度的信任危机,导致同学关系不和谐、师生关系淡漠、亲情关系疏远。

信任是人与人之间沟通和交往的心理基础,社会生活中人与人之间的交往本质上是建立在信任基础之上的。市场经济是诚信经济,信任在社会经济生活中发挥着润滑剂的作用。一个没有信任基础的社会,人们会怀疑一切人和一切事物。领导者会被认为是自谋私利,没有人会相信他的领导能力和号召力。任何人都会被认为有可能侵害自己,人们更愿意单独或以家庭团队方式工作。由于人们不相信他们提供的产品和服务能够得到支付,所有的交易都要使用现金结算。银行贷款、企业之间契约的实现都要依靠极其完备的监督体系来进行,这将大大增加社会成本。在这样的世界里,最好的方法是依靠我们自己。实际上,这样的世界也只能存在于我们的想象当中,因为每个人都不得不依靠别人,所以我们不得不信任别人。建立社会信任对社会发展和社会的现代化具有十分重要的意义。

三、信任研究的不同学科路径

信任作为一种基本的交往关系和交往活动,是个体在社会生活中的一种基本态度和行为方式,具有心理、社会、行为等层面的内容。目前,对信任问题的研究主要集中在社会学、经济学、伦理学等几大学科领域。

1. 社会信任:社会学对信任的理解

从社会关系角度探讨信任问题,是当前学术界研究信任问题的一个主要方向。自20世纪70年代以来,社会学家卢曼、吉登斯等在现代社会学的视角下,注重考察社会关系、社会体制具体情境对信任的影响,从宏观层面上探讨了信任关系。卢曼认为信任是对风险的外部条件所做的一种纯粹的内心估价,是基于风险和行动之间的循环关系。安东尼·吉登斯则认为,人的生活需要一定的本体性安全感和信任感,而获得安全感是产生基本信任的起点,信任是人类行为的基础,关系是建立在信任基础上的纽带(Beck et al.,1994)。显然,社会学主要研究信任的关系性层面,以信任双方的关联为研究对象,探究信任活动和信任关系的社会影响因素,具有相当程度的宏观把握的优势。

2. 基于理性计算的信任:经济学对信任的研究

虽然信任问题直到20世纪80年代以后才成为西方经济社会学研究的一个焦点,但在西方经济社会学100多年的发展历程中,它始终是经济社会学家关注的一个问题。古典经济学是通过强调契约的非纯粹性,即契约中的非契约因素或关系,如通过习惯、规范、货币制度、伦理道德等来展开信任问题研究。将信任基于这些非契约的因素之上,阐明了由这些非契约因素所塑造的信任在经济生活中的作用。而新经济学对于信任问题研究的一个最大特点在于实质性地运用了"社会资本"这个最具经济社会学意蕴的概念,并从社会资本角度切入,进一步研究信任的经济功能,将信任作为一种特定的社会资本形式,从而实现了西方经济学信任研究在切入点与主题方面的转向。

3. 诚信——伦理学对信任的认识

当前,伦理学界对信任问题的研究,主要关注行为者的个人品质,认为行为者的诚实、不欺、守信等美德是赢得他人信任的关键因素,从而强调交往者的道德品性方面的可靠性,其核心话题是诚信。传统儒家伦理思想和西方的契约精神,蕴含着丰富的诚信思想资源。因而,研究者们努力从传统伦理思想中寻求提高普遍道德水平的良方,提出构建诚信社会的目标。伦理学的研究并不特别重视信任的关系性特征,而强调信任中的道德文化因素,认为道德水平的变化是社会信任水平变化的重要原因。

四、以全新的视角对信任问题进行心理层面的探究

1. 信任的心理学研究现状

从心理学层面来看,可将信任理解为个体人格特质的表现,是一种经过社会

学习而形成的相对稳定的人格特点,它常常被表达为诚实、信用、承诺、预期、信心和信念。一些学者把发生在人际关系中的信任通过个人的心理特质来表达。美国心理学家罗特认为信任是个体承认另外一个人的言辞、承诺、口头或书面的陈述为可靠的,是一种概括性的期望。美国心理学家赖茨曼则认为信任是个体所有的、一种构成其个人特质的一部分的信念,认为一般人都是善良及信任别人的。他们都把信任看作是个体内部的性格特质和信念,一个人的生活经历和对人性的看法会使他形成对他人的可信赖度的通常期望或信念。从行为的角度来看,信任被理解为对情境的反应,是由情境刺激决定的个体心理和行为,即信任被视为对情境的刺激反应行为。这暗示了个体是否对他人采取信任关系的行为依赖于对环境刺激做出的判断,而这种判断不一定会带来理性行为。如霍斯默就将信任视为个体面临的一个预期损失有可能大于预期收益的不可预料事件时,做出的非理性选择行为。此外,通过对囚徒困境中人际信任实验的研究可以发现,人际信任的有无以双方合作与否来反映,两个人之间的信任程度会随着实验条件的改变而改变。在这种情况下,信任被看作一个由外界刺激决定的因变量。

2. 从心理学微观层面深入探讨信任问题

就微观意义上看,信任包括相信、信赖、信托三层含义。这三者之间高低有别,先后有序,存在一个逻辑进化的过程。相信即客体通过对主体展开一定时间和程度的考察,心理上对主体某具体言行基本认可、肯定,即认为主体所做的承诺是真实可信的。相信包括相信事和相信人两个阶段。在第一阶段,相信仅仅是客体对主体的一种建立在个别、片段、零碎事实基础上的主观判断,是一种主观的肯定、趋近的心理倾向。由于它还没有经历过利益交往过程的考验,其强度还是有限的,具有易于变动的特点,它仅仅涉及主体的个别方面,尚没有形成对主体全面的人格的判断。但当这一过程继续进行下去,客体在与主体经常交往和接触大量事实的基础上,就往往会对主体整体的道德人格予以肯定,认为主体在做人的基本道德原则上是可信的。这时相信就从第一阶段进入第二阶段,完成从相信事到相信人的转变,但这时主客体之间尚没有发生任何意义上的利益关系。信赖,是客体在相信基础上对主体进一步发生的利益相关的肯定性心理趋向,是客体对主体以一定利益为基础的相信、依赖和期望的综合表现。这时的客体已经对主体做出了如下三个相互联系和递进的判断：对方不会危害自己的利益，对方可以保护自己的利益，对方可以发展自己的利益。显然，信赖的产生和建立，表明了客体在心理上对主体从道德品格到现实能力的全面肯定。信托则是在信赖的基础上，客体实际地把自己的某些权益托付给主体，让其代为保存、管理和发展，以追求利益的优化和最大化。显然，这时的主客体关系已经从纯主观判断领域进入到了客观利益领域，这是信赖的进一步深化和高级化（金黛如，2001），这时客体在心理层面上除了要对主体进行道德判断和能力判断之外，还要进行相关的保证机制判断。

3. 运用心理控制源理论对信任问题进行关联性分析

心理控制源最初是由社会学习理论家罗特等人提出并进行研究的。它是指人们对行为原因的一般性看法，是用来描述在知觉自身与其行为所受强化关系上个体差异的概念。内外控是衡量这种个体差异的维度，内控和外控是维度的两个极端。内控者倾向于把自己的行为看成是引发随后事件的主要因素，认为自己的成败祸福取决于自身因素，他们一般都具有一种乐观主义的自我定向，有一套自己的标准和价值观，并积极追求有价值的目的；而外控者则常把行为之后的事件看成是由机遇、运气或超出自己能力的外部力量决定的，从而不愿去做一些必要的努力和尝试，他们具有一种悲观主义的"他人定向"，没有主见，一味地听从他人的摆布。控制源的个体差异预示着不同的行为表现，已有研究表明，心理控制源与社会适应、心理平衡及身心症状等都存在较密切的关系，一般来说，内控者在社会适应及情绪安定上都优于外控者（郭庆科，1999）。

内控者的信任程度优于外控者，主要体现在可依靠性和依赖性上。内控者相信自己，认为自己的成败得失都取决于自己的行为，对外部力量的作用较为轻视，而外控者相信外界的力量，认为自己的遭遇在很多情况下是自己所不能决定的。一般来说，人们不仅自己具有某种观念，同时在对待他人和外界事物时，也倾向于把自己的观念加于他人身上，即心理学上所说的投射，这样内控者相信他人也是相信自己的，从而对他人有了更多的信任，也表现出更多的可依靠性。而外控者则过分重视外界因素，所以对自己的能力有所怀疑，进而不相信他人和自己，故而信任度较低。

对于大学生而言，出现人际交往信任危机的心理根源，主要源于以下四种心理状态。一是焦虑心理。焦虑是一个人的本能情绪，时常伴随着紧张，当大学生遇到问题、处于心理压力状态、受到刺激时就会出现焦虑的情绪。当传统的互帮互助的人际关系变为当今以竞争为主的人际关系，竞争激烈，冲突增多，部分敏感的大学生就会对别人缺乏信任感，继而产生焦虑心理。二是挫折心理。挫折心理产生于挫折困境，当自己的动机和需求得不到满足时，就会产生挫折心理，部分遭遇挫折的学生认为是命运对自己不公，不能正视自己身上的不足，继而否定自己，怀疑一切，使人际关系变得更加复杂，影响其社会交往。三是恋旧心理。部分刚步入大学校园的学生过分怀念高中时期，适应不了新的学习、生活环境，不信任新的老师、同学，不与其他同学来往，也不及时与老师沟通交流，甚至产生自闭心理。四是恐惧心理。来自社会和他人的各种欺诈和不诚信行为，会给部分涉世不深的大学生带来巨大的心理创伤，甚至患上社会恐惧症，对社会缺乏基本的信任，导致人际关系冷漠。

相互信任是良好人际关系的一个重要因素，是人际交往的基础，一个人如果缺乏起码的信任感，对一切事物都有所怀疑，做事难免就会谨慎过度，这样久而久之就很容易使自己陷入焦虑不安中，对自己的身心健康造成危害，甚至会导致严重的心理疾病，所以说具备信任感是良好心理的前提。

从上述研讨中可以看出，信任，归根结底是一个心理学范畴，它衡量的是人与人之间的一种心理依存度，是一种在人与人交往过程中产生的个人的心理现象。信任既是社会关系的产物，也是人与人之间交往的一种心理基础，是人们在社会中和谐互动的行为规范。

主要参考文献

郭庆科,1999.心理控制源与人格特征及心理健康的相关研究[J].社会心理科学(4):5.

金黛如,2001.信任与生意：障碍与桥梁[M].陆晓禾,译.上海：上海社会科学院出版社.

BECK U,GIDDENS A,LASH S,1994. Reflexive Modernization[M]. Redwood City:Stanford University Press.

关于高校生命教育的再思考

王 煜 喻芒清

中国地质大学(武汉),湖北 武汉 430074

大学生命教育赋予了高校德育以新的内涵,它通过以学生自身体验为主的方式,使学生在任何困境中都能够找寻到生命的意义和自我存在的价值,从而确定人生目标,并以积极的态度去面对生和死。在现实的大学教育中,将生命教育作为一个单独的概念提出,并创建一套详尽的生命教育体系,通过综合教育手段的实施,协助大学生寻找到个人存在的基础和理由,对大学生的个人健康成长极为有利。

一、生命教育的内涵

1. 生命教育是传统与现代伦理价值观的融合

面对传统道德思想,大学生大多认为尊重传统是保守的、落伍的,不喜欢受传统束缚。其实,就现实状况而言,传统道德价值固然有其时代限制性,但并不一定都是一无是处的。事实上,经得起时间考验而能形成传统的规范,往往有其深邃意义。因此,现代伦理价值观并不意味着对传统的抛弃,而应该是与传统价

【文章来源】本文原载于《学校党建与思想教育》2006年第10期,有修改。

【作者简介】王煜,女,中国地质大学(武汉)教育研究院副教授;喻芒清,男,博士,中国地质大学(武汉)马克思主义学院教授。

值观有针对性地融合。

比如,传统的道德教育更强调权威性,强调对道德规范的"服从",道德规范被视为是不容置疑的。但是,今天的伦理学家却愈来愈意识到,道德规范不是从天上掉下来的,任何道德规范都是在具体的历史时空与社会脉络中逐渐成形,并被人类群体所肯定的。当然,由于人性的共通性,人类社会在长久的经验累积中,自然会累积出一些基本而稳定的"底线伦理",如各大宗教文化都有的"不可杀人""不可说谎""不可行淫"等基本戒律。然而,道德规范的具体内涵仍与具体的时空处境密切相关。时空处境的改变要求人们以新的角度去思考符合当代环境的道德要求。

生命教育正是从大学生自身出发,既体现出传统伦理价值观念,如尊重自然、爱惜生命等,又以现代性的教育手段使生命教育的目标最终得以实现。因此,生命教育是传统与现代伦理价值观的融合,值得我们进行深入的探索。

2. 生命教育是以人为本教育理念的集中体现

当代中国有些高校长期以来缺少人文传统和学术自治机制,其在教育目标上长期存在着忽视甚至无视受教育者主体性的弊端,表现在高校德育领域就是"塑造论"的思维定式。而"塑造论"的实质就是把大学生当作机器或者是机器的配件。由此可见,传统的大学德育存在着抵制个性、抵制创新的倾向。显然,不改变"塑造论"的思维定式,高校德育目标必然偏离整个高等教育的目标,偏离大学精神。因此,高校德育的首要前提是把大学生当作人,而不是当作机器或机器的配件。

高校德育是建立在尊重学生个性的基础上的,否则大学生就会受制于现实的环境,学会迎合消极的、恶性的环境。长期以来,我们在德育工作中并不太重视这个最基本的道理:对生命的珍视是人的道德中最为朴素而高贵的品质。首先是教育功能化倾向,其次是教育功利化倾向。如普通中学之片面追求升学率,仿佛青少年所需要培育的就是考试能力、解题速度,以便于考取名牌高校,然后就能拥有光明灿烂的人生。这种倾向模糊了教育的基本目标,使得人虽拥有知识,却不知道活着的意义;虽拥有学历,却不知道求学的目的。在这种教育倾向下,生命价值越发被忽视。生命教育的目的正是希望通过种种手段帮助大学生自我反省与自我觉察,使之认识到内心深处最珍视的东西,从而获取真正的坚持的力量,而这恰恰是以人为本的教育理念的集中体现。生命教育将提供一个教育新视野,重新肯定生命的意义及价值,肯定伦理的价值,肯定多元价值的发展,让教育回归基本面——生命的成长及丰富,由此教育改革才能由外至内全面革新。

3. 生命教育是高校道德教育与心理健康教育的结合

在传统的道德教育成效不高的时候,一种新的道德教育模式呼之欲出。心理健康教育在高校中以前所未有的重视程度发展起来。但心理健康教育仅是道德教育的适度补充,而且双方也有冲突的地方。而心理健康教育注重的是解决出现的问题,这就将能够从本质上改善道德教育现状,作为道德教育突破点的生命教育的重要性凸显出来。

生命教育走的是将道德教育与心理健康教育结合起来的道路。道德教育的目的是能够让被教育者遵循道德规范、坚守道德底线,但如何获得坚守这种道德底线的力量呢?那便是确立深刻的人生目的。人生没有目的或目的不深刻的人,没有坚持的力量。以爱与付出为人生的目的,坚持便有了真正的力量,而且是取之不尽、用之不竭的一种力量。而爱的根源来自对生命的爱护与尊重。不难想象,一个漠视生命的人,心中能够有多少爱,他的品德又能有多高尚。因此,生命教育是依据生命的特征,遵循生命发展的原则,以学生为基础,通过选择优良的教育方式,唤醒生命意识,启迪精神世界,开发生命潜能,提升生命质量,关注生命的整体发展的活动。这样的教育是一种和谐丰满的人格教育,这种教育培养出来的人是有个性、有文化底蕴、珍惜生命、会艺术化生存的人。这种教育能够使人学会生存、学会生活、学会沟通、学会与人相处。因此,生命教育重视人心灵的培植,重视完整精神世界的建构,重视健全人格的培养,是一种有着深厚哲学根基、蕴含人生大智慧的教育,应该作为道德教育与心理健康教育的补充,成为高校道德教育的新途径。

二、高校生命教育的体系构建

我们认为,应从以下三个层面来构建一个完整的生命教育体系。

1. 宏观上构筑以寻找人生意义为核心的普及性教育

生命教育的目标就是要让学生充分认识到生命的价值及其对自身的重要意义,从而珍惜和敬畏生命,实现自我的生命价值。对当代大学生来说迫切需要澄清的一个认识是:绝大多数学生都认为生命是属于个人的。然而人是社会的人,人一出生就必然处在一张家庭、学校、社会之网中,他的一切自然要与整个家庭、学校、社会发生联系。有自杀倾向的学生认为只有结束了自己的生命,才会彻底解决一切问题和烦恼。其实这种想法是极其自私和不负责任的。因为社会是由个人和家庭有机构成的,个人和家庭是社会的细胞,只有社会的每个细胞——个人和家庭都健康发展,才能促进社会有机体的稳定发展,所以轻率地结束个人的生命,特别是结束一个即将为社会做出贡献的生命就绝不单单是个人的私事,它势必关系和影响着家庭、学校和社会。对于高校来说,这种理念需要通过普及性的生命教育课程来实现。高校教育整体的目标不该只是帮助学生找到一份工作,而是去教导他们体悟人生的意义、追求人生的理想,从而能勇敢地面对人生的各种挑战。

2. 中观上提倡以艺术教育为辅助的对于美丽人生的发掘和认可

很多大学生之所以找不到人生意义,主要是由于缺少一双发现美的眼睛,他们每日沉浸于书本之中,忘记与自然、美接触,久而久之就会产生困惑。随着高校教育改革的深入,艺术教育在高校教育中的作用越来越重要。艺术教育不应仅是音乐、绘画知识的简单学习,更应探讨如何使人获取一种高质量、高自由度的生存状态,是对人的生命的关怀、对人生的关切。艺术教育可以使人感悟生命的真正意义,开创生命的情感空间,追求人的精神自由和解放,从而达到人生艺术化的至美境界。从这种观点出发,艺术教育其实也是一种素质教育,它不仅包括人文知识的教育,更包括人文精神的教育,它所蕴含的人文精神就是真、善、美,就是如何做真正的人、完整的人、有意义的人。因此,艺术教育可以作为生命教育的有效辅助手段,帮助学生从不完整到完整,学习对美丽人生的发掘和认可,成为一个健康的人。

3. 微观上以团体辅导为主要手段促进积极的人生态度的形成

那么,如何在现实的教学课程中使生命教育的理念真正渗入大学生的心中呢？生命教育更重视的是大学生自身的感悟和体察,而传统的教学手段由于自身局限不能起到这样的作用。因此,在大学生命教育的课程中引入团体辅导的手段是值得提倡的。人是社会的人,人的心理发展乃至一切发展都与社会环境有关,人的许多心理问题皆源于人际关系。因此,通过团体人际交互作用的方式,可以模拟社会生活的情境,来促进个体的自我认识、自我调节、自我发展。在大学生群体中采用团体辅导的方式进行生命教育,可以提高效率、充分利用现有资源。也可以利用团体互动的力量促使大学生敞开心扉,充分发挥自身潜能,自己亲自探索和尝试,形成积极的面对人生的态度。

显然,21世纪的高校教育需要在整个教育理念上有所更新。高校教育除了传统的教育内容外,更该有深刻的生命智慧。

主要参考文献

邓涛,2002.教育视域里的生命教育[J].教书育人(16):2-3.

冯建军,2004.走向生命关怀的教育研究[J].高等教育研究(3):25-29.

徐碧辉,1996.美育:一种生命和情感教育[J].哲学研究(12):58-63.

郑崇珍,2002.生命教育的目标与策略[J].上海教育科研(10):7-8.

研究生压力认知对心理健康的影响

姜松梅　傅安洲

中国地质大学(武汉),湖北 武汉 430074

摘要:目前研究生的压力主要有学业压力、就业压力、经济压力、角色以及生活方式压力等。对压力不合理的认知是产生心理问题的根源,这主要是由于极端思维和情绪化推理,因此建立正确压力认知模式可以提高心理健康水平。

关键词:研究生压力;压力认知;心理健康

压力是个人在面对具有威胁性刺激情景中,一时无法消除威胁、脱离困境时的一种被压迫的感受(张春兴,1994)。压力对人的身心两方面都有很大的影响,长期生活在压力下,情绪紧张痛苦,易患消化性溃疡,免疫系统功能也会因此而退化。压力引起的心理反应,在性质上均属于负面的情绪反应,例如恐惧、焦虑、抑郁、冷漠等,它是形成心理适应困难甚至心理疾病的原因之一(张春兴,1994)。有关研究通过 90 项症状检核表(SCL-90)调查分析得出结论,研究生心理健康存在一定的问题(史清敏等,2002;李梅等,2002)。他们的强迫症、焦虑、恐惧、偏执和精神病性等因子显著性高于全国成人常模,这些也与研究生的压力有关。研究生中有 37.5% 存在心理问题,心理问题很大一部分来自压力(雷丽萍等,2004)。其实,压力的存在与轻重并无客观标准,而只是当事人的主观感受。所

【文章来源】本文原载于《扬州大学学报(高教研究版)》2006 年第 5 期,有修改。

【作者简介】姜松梅,女,中国地质大学(武汉)心理研究所 2004 级硕士研究生;傅安洲,男,中国地质大学(武汉)马克思主义学院教授,博士生导师。

以,从表面上看影响研究生心理健康的是压力,实质上是他们对压力的认知。因此,本文研究研究生的压力认知对心理健康的影响,旨在分析研究生的压力现状,探析其不合理的认知因素,为提高研究生的心理健康水平提出建议。

一、研究生的压力现状

研究生的压力与研究生这个特殊群体有关。在所有的学生群体中,研究生群体的个体差异是最大的,人员结构相对复杂是其最大的特点。除了同大中小学生群体一样会存在性别、家庭背景、学科专业、人格气质方面的差异外,研究生个体间的年龄、婚姻状况、第一学历、工作经历等方面的差异尤其显著。研究生既承担着学生所必有的压力,又有着成人角色的压力。具体而言有以下五种压力。

1. 学业压力

很多人都是经过一番苦读拼搏才考上研究生,消耗了大量的精力和体力,还没来得及缓口气又投入新的学习。他们在学习方法上遇到了挑战,由"识记性和理解性"的学习方式向"研究型"学习方式转型,并且学习强度远远大于本科生。而随着导师所带研究生人数的增加,有的热门专业一个导师带十来个研究生,加上导师自己繁重的科研和教学任务,根本无暇对学生一一指导。一部分跨专业的研究生还面临着新专业知识面狭窄的问题。另外,高校对研究生实行学术论文、学位论文、外语等硬性过关指标,有些学生因完不成论文发表数量而不能正常毕业,只好在学校"漂"着。

2. 就业压力

就业压力基本上是每一个研究生所能体会的最沉重的压力。就业压力主要缘于两大因素。其一,竞争激烈,竞争力不强。随着扩招,研究生这一群体的基数越来越大,而市场提供的岗位数量远远跟不上扩招的速度,研究生群体间的竞争愈演愈烈,还有很多学历低于他们的"黑马"也加入了就业市场的竞争。研究生普遍在年龄上不具有优势,大部分又缺少工作经验,他们有的只是高学历,而学习的专业理论有的与市场的发展相差甚远,有的专业的研究生在市场中很难找准位置。因竞争激烈、竞争力不强而屡屡求职失利的压力可想而知。其二，职业观念的差异。研究生属于知识层次较高的群体，加上读研成本逐年增大，他们期望社会按部就班地将他们全部定位于满足自己期待的岗位，无须自己再操心未来的就业问题。但是社会的快速发展使得人才观念迅速更新与转变，用人单位选择毕业生逐步走向理性化，选择学历逐步趋向立体化。不少企业表示，招聘人才更看中能力和经验，学历只作为一种参考，从而使广大研究生遭遇就业尴尬。

3. 经济压力

经济压力已经是当今研究生的一种不可忽视的压力（吴筱玫等，2005）。一是教育收费。公费名额稀少，大部分学生属自费生，一般的硕士研究生三年学费为3万左右。来自农村的学生往往家里经济状况不佳，无法为其提供充足的经济支持，他们的压力明显高于城市学生。二是补贴少，开销大。学校每月的补贴不高，不够生活开销，又无法找到满意的兼职，即使有兼职，但因其耗时多、报酬低又与学业相冲突，处理不好，就得不偿失。已婚研究生还有来自家庭的经济压力；正在恋爱中的学生，也急需经费。再加上论文版面费、毕业找工作等，使得广大研究生背上了沉重的经济包袱。

4. 角色压力

研究生群体的特殊性决定了其社会角色的复杂性，如果不能妥善处理好各种角色的关系将带来巨大的心理压力。他们身兼成人和学生角色，学生的角色已与本科时不一样，在导师眼里既是学生同时也是一起科研探讨的伙伴；作为成人，既是父母的子女，还扮演着恋人或夫（妻）的角色，如果有了孩子还是父（母）；有的还在工作或兼职，又得承担员工的角色。他们在众多角色中转换，哪一个协调不好都会引起冲突。而研究生年龄普遍都不会很小，传统观念是在这个年龄阶段人一般要完成恋爱、结婚、生子等人生大事。但研究生的特殊生活方式使得大家人际交往圈子较小，可能还会面临男女比例失调的问题，很难找到理想的伴侣，这对于未婚的研究生而言何尝不是压力？对于已婚的研究生则可能面临两地分居，而且还要推迟生育孩子的计划。有少数人已是父母，可是不能很好履行做父母的责任和义务。他们滞后于在这个年龄阶段应该扮演的角色，难免会陷入孤独疏离的心理困境。

5. 生活方式的压力

研究生生活方式较单调、枯燥、忙碌。他们多数人从早到晚奔走于教室、食堂、实验室、寝室,与外界少有接触,生活模式日复一日的重复易使人产生倦怠心理,而且遇到问题时,求助的途径十分有限,难以获得社会支持,使得一些人陷入孤立无援的状态。他们每天面对的是查不完的文献资料、各种各样的实验,却可能难以见到成效,焦虑情绪由此而生。

二、不合理的压力认知

不合理的认知是产生心理问题的根源。对压力的不合理认知即为对自己所承受压力的非理性解释,从而在对人、对己、对事理的信念上就显得特别消极与悲观,导致情绪困扰或心理异常,严重的甚至导致极端行为。调查显示,近十年来,研究生由压力引起心理问题而休学、退学人数占总休学、退学人数的30%左右。不合理认知表现为以下几点。

1. 极端思维

极端思维的人其信念是:"……必须(应该)……""在生活历程中,逃避责任与面对现实解决问题,两者比较,前者永远比后者容易""个人所希望的事情不能如愿以偿时,那将是可怕的伤害"。所以他们或将压力扩大化,认为压力无处不在、无时不在,长期处于应激状态且应对方式又极为简单,爱钻"死胡同";或否认压力,认为压力是"难言之隐",压力是个人无能的表现,所以当正常压力出现时,他们就开始自我否定、焦虑,甚至出走、自杀;或自我设置压力——这样的学生动机强、自我期望值高,他们认为一个人若想要有自我价值,就必须是无所不能,而且在行为表现上必须十全十美,而一旦个体的动机不能被满足时,就很痛苦,甚至在追求完美的过程中因遭遇阻碍打击就可能产生恐惧、沮丧等复杂情绪。

2. 情绪推理

情绪化推理,即因一点失误进而否认全部或无限放大暂时性困难。例如,某次课程考试不及格,就断定自己无法学好该课程,进而埋怨自己笨,最后得出自己无能的结论。因论文遭到导师的批评,就联想到无法完成论文答辩,因而不能毕业,毕不了业就没有工作、没有尊严、没有地位……什么都没有。还有的把恋人提出分手看作个人魅力的缺乏,经过一番"推理"得出没有人需要自己,活着无意义的观点。情绪推理是认知失真,当把压力无限放大,超过个体所能承载的负荷时,若没能得到适当的宣泄,就会引起躯体症状如头疼、失眠、厌食等和情绪症状如恐惧、焦虑、抑郁、冷漠等,有的甚至以出走、自杀来逃避。

三、建立正确压力认知模式,提高心理健康水平

1. 积极,不消极

有研究表明,消极悲观的心境会降低认知活动效率;而开朗乐观的人对挫折的耐受力较好(陶沙等,2004)。当某事构成压力时,用积极的心态去对待。不妨设想别人也同样有这种压力,让心理达到平衡,并坚信事情总有解决方法。然后合理宣泄,暂时转移注意力,做自己平常喜欢做的事情来平静放松心情,如听音乐、做运动等,然后再考虑怎么做,而不是去逃避。还要主动寻求社会支持,良好的社会支持系统可以有效减轻焦虑、抑郁等负性情绪。应主动与外界交流,把自己的困难倾诉给同学、朋友,他们并不一定能解决问题,但诉说本身就是在缓解压力。还可以寻求导师和学校心理咨询中心的帮助。导师在人生阅历上比较丰富,能更理性地分析问题,有时能提供实质性的支持。有些研究生不屑于去心理咨询中心,要么认为自己见识广、能力强,扛得住压力,自我免疫力足以克服自己的心理障碍;要么对心理咨询中心存在偏见。据有关文献资料表明:大约30%的研究生可能存在不同程度的心理健康问题,仅有10%的学生愿意找心理健康咨询人员和辅导员沟通心理问题(林荧荧,2005)。不能正视自己的心理健康,是一种消极应对方式。事实上,压力之下肯定会带来一些身心症状,通过咨询能更准确地认识自己、认识压力,从而缓解各种身心症状。

2. 客观不自欺

首先,在思想上要承认压力的存在。我们的生活本身就处于压力之中,回避无济于事,明智的做法是不否认压力也不人为地去设置压力,更不搞压力扩大

化。其次,在思想上接纳压力。压力并不总是坏事,心理学的研究表明,只有在一定的压力之下,人们才能充分、有效地调动体内的积极因素。叶杜二氏法则(用以解释心理压力、工作难度以及作业成绩三者间的关系)也表明:在简单易为的事件中,较大的心理压力将产生较高的成绩;在复杂困难的事件中,较小的心理压力将产生较高的成绩。因此从某种意义上说人需要适当的压力,有压力并不可怕,关键是找出个人所能承受的压力极限,当压力过大时使用适当的方式进行宣泄和疏导。

3. 独立不依赖

溺爱型和专制型家庭教养方式培养出来的学生由于从小受到过多的保护,以至长大成人到研究生阶段,当一切事情都要自己做决定并承担责任的时候,就要承受更大的心理压力。尤其现在研究生群体独生子女增多,他们受到家庭的过多呵护,加上一些家长乐于为子女做决定,所以使其滋生了严重的依赖心理,一旦碰到现实压力,他们既无挫折承受力也无应对压力的方法。部分研究生的读研动机源于家庭,或是看到周围的人都在读所以从众,不考虑自己是否有兴趣,也不想想会存在哪些困难,当他们真正踏入研究生生活,面对一系列压力时就手足无措。所以,独立的人格很重要,独立思考、理性分析问题是化解压力的关键,也是提高心理免疫力的重要途径。

4. 深入本质,不停留于表面

压力以多种形式表现出来:有人感觉自己穷酸,有很沉重的经济压力,很可能是过高消费欲望引起来的;有人感觉自己的学业不成功,可能是自己不切实际的高要求造成的。压力实质上是过高的期望值和不明确的奋斗目标造成的。从心理学原理来看,期望值越高心理承受力越差。如果入学前对学业和导师以及就业前途抱有过高期望,当现实无法达到期望时就会产生较大的心理落差;如果不能及时处理好这个矛盾,心理平衡就会受到破坏。另外在确定奋斗目标时要清晰、具体,那么当我们向目标奋进时,随时可知道自己向目标靠近了多少,体会日益抵达成功的成就感;否则,我们的心灵就会倦怠,产生负性情绪。

研究生学业、就业等方面的巨大压力严重地影响了其心理健康,不合理的认知是他们产生心理问题的根源。建立正确的压力认知模式,并以此作为切入点理性对待压力、用恰当的方式疏导,可以提高心理健康水平。而学校和社会对研究生的心理健康更要予以积极关注、提供支持,引导他们正确认知。

主要参考文献

雷丽萍,丁克库,陈改清,2004.理想与现实的碰撞——研究生人群心理压力探析[J].教育发展研究(6):22-24.

李梅,钟向阳,植毅耘,2002.研究生心理健康及其与人格的相关研究[J].华南农业大学学报(社会科学版)(2):80-84.

林荧荧,2005.研究生心理健康教育探析[J].福建师范大学学报(哲学社会科学版)(4):142-145.

史清敏,王增起,王永丽,2002.研究生心理健康状况调查与分析[J].现代教育科学(3):27-29.

陶沙,刘霞,2004.认知倾向在大学生压力与负性情绪关系中的中介作用[J].中国心理卫生杂志(2):107-110.

吴筱玫,程利娜,2005.研究生心理特点的调查研究[J].社会心理科学研究(5):202-206.

张春兴,1994.现代心理学[M].上海:上海人民出版社.

高校创新创业教育的反思与模式构建

王焰新

中国地质大学(武汉),湖北 武汉 430074

摘要:创新创业教育已经成为促进国家崛起、民族复兴和社会不断进步的动力,也是我国高等教育改革与发展的趋势之一。本文分析了创新创业教育的核心内涵,梳理了创新创业教育存在的问题,并就如何推进创新创业教育进行了探讨。重点阐述了推进创新创业教育的四种模式,即:科研项目孵化模式、政产学研金介用合作模式、专业实践模式和综合模式。

关键词:创新创业教育;核心内涵;问题;模式

我国高校大力推进创新创业教育工作,积极鼓励学生自主创业,是服务于创新型国家建设和实现人力资源强国目标的重要举措,是深化高等教育改革、培养学生创新精神和实践能力的重要途径,也是落实以创业带动就业、促进毕业生充分就业的重要措施。当前,我国创新创业教育尚处于起步阶段,存在诸多问题。如何在认识创新创业教育核心内涵及现状的基础上,积极探索创新创业教育新模式,是新形势下稳步推进教育教学改革亟待解决的重要课题。

一、深入理解创新创业教育的核心内涵

当前,我国已进入全面建成小康社会的关键时期和深化改革开放、加快经济

【文章来源】本文原载于《中国大学教学》2015 年第 4 期,有修改。
【作者简介】王焰新,男,中国科学院院士,中国地质大学(武汉)校长,教授。

发展方式转变的攻坚时期,形势凸显提高国民综合素质、培养创新创业人才的重要性和紧迫性。在2014年8月召开的中央财经领导小组第七次会议上,习近平总书记强调:"创新驱动实质上是人才驱动。为了加快形成一支规模宏大、富有创新精神、敢于承担风险的创新型人才队伍,要重点在用好、吸引、培养上下功夫。"高校创新创业教育工作与稳增长、调结构、促改革、惠民生提出的新要求相比,还有很大差距,特别是在人才培养工作中的短板效应愈发明显。因此,加强大学生创新创业教育,提高其创新精神、创业意识和创业能力,鼓励其开展创新创业实践,是学校服务于国家转变经济发展方式,建设创新型国家和人力资源强国的现实要求。

近年来,大学生创新创业教育已成为高等教育领域的热门词汇,全国各地很多高校在健全创新创业教育组织体系、完善创新创业教育基础设施、开展创新创业教育教学与课外活动、加大创新创业资金支持等方面做出了诸多努力与探索,取得了一定的成绩。但整体来看,我们对大学生创新创业教育的关注度还不高,对创新创业教育的内涵和本质领会得还不深、不透。要么把技术含量低、对传统市场"经营—消费"关系进行机械式复制的生存型创业视为创新创业教育的成果;要么把创新简单理解为"科技创新",忽略了思想创新与意识创新,认为创业是管理学学科或工科应该做的事,与其他学科无关,而创新创业教育就是简单地开几门创业课,开展几场创新创业活动或者比赛,与专业教学无关,使创新创业教育游离于专业教育、知识教育之外。

那么,创新创业教育的核心内涵是什么?我认为,创新创业教育不是就业的"救命草"、不是挣钱的"孵化器",也不是学生价值的"鉴别仪",其本质是一种面向全体学生的、为其终身可持续发展奠定坚实基础的素质教育,不能简单地计算学生参加了多少创新创业活动,开展了多少科学研究,从事了多少创新或创业项目,获取了多少创业资金,或以这些指标作为衡量学生发展的参照系。其核心内涵应该是在以构建培养拔尖创新创业人才为指向的现代高等教育模式下,引导学校师生不断更新和升华教育观念,深化教育教学改革,将人才培养、科学研究、社会服务紧密结合,实现从注重知识传授向更加重视能力和素质培养的转变,强化对学生创新创业精神、创新创业意识和创新创业能力的培养,切实提高人才培养质量。

美国著名社会学家杰里米·里夫金在其著作中,为我们描绘了一个"势不可挡的零边际成本社会",他预言人类即将进入物联网、合作共享的新经济时代。

他对"千禧"一代赞不绝口:"千禧"一代没有"婴儿潮"一代的物质匮乏情结,更习惯在网上购物,更有兴趣参加慕课学习,更乐于使用共享汽车、自行车和分享衣物,更关心环保和生态环境,更期待与遥远的志同道合者协同创新,而不愿炫耀财富,更不迷信权威和广告。这是多么可爱、可造就的新一代啊!里夫金实际上也给高等教育界提出了一个重大的时代问题:面对这样可爱、可造就的新一代,我们该如何培养他们、助推他们的成长成才?

总之,我们顺应时代潮流所倡导的创新创业教育,应该有别于传统的知识传授教育,更加强调激发学生的学习兴趣和培养学生的创新精神、实践能力和创业意识。深刻把握创新创业教育的核心内涵,是高校转变教育理念、深化教育教学改革的重要抓手,对促进高校把握现代教育改革的新趋势、提升人才培养质量具有重要意义。

二、我国创新创业教育存在的问题

相比美国、日本等发达国家近百年的创新创业教育历史,我国创新创业教育起步较晚。目前,创新创业课程已成为美、日高校的必修、辅修或培训重点科目。美国有近400所大学至少开设一门创新创业学课程,包括哈佛大学、斯坦福大学、宾夕法尼亚大学等一流研究型大学。日本高校创新创业课程是必修课,已经形成了完备的创新创业课程体系。

一般认为,教育部于2002年确定清华大学、中国人民大学、北京航空航天大学等9所高校作为我国创业教育试点院校这一行动,标志着正式拉开了我国政府支持创业教育的序幕。2010年,《教育部关于大力推进高等学校创新创业教育和大学生自主创业工作的意见》(教办〔2010〕3号)被认为是第一个推进创新创业教育的全局性文件。2012年教育部印发了《普通本科学校创业教育教学基本要求(试行)》等促进大学生创业的政策文件。2014年6月,《人力资源社会保障部等九部门关于实施大学生创业引领计划的通知》(人社部发〔2014〕38号),要求进一步普及创业教育、加强创业培训、提供工商登记和银行开户便利、提供多渠道资金支持、提供创业经营场所支持、加强创业公共服务。总之,政府高度重视,形成了良好的创业教育氛围。创业教育的发展经历了一个由表及里、逐渐深化的过程,开设的课程初成系列,教学方法日渐完善。创业教育的发展过程体现了自下而上的特征,经历了由实践摸索到理论总结,最后由教育行政管理部门引导推动的过程。

整体而言,我国创新创业教育本身仍然处于"创业期"。当前,创新创业教育存在的主要问题包括以下几点。一是认识不到位,解放思想不够。部分高校教育管理者片面认为创新创业教育不是高等教育的主流,缺乏有效投入;或者用功利性的思维认识创业教育,而没有把创业教育与素质教育和人才培养相结合。二是理解不到位,工作开展不够。专业教师主体认为创业教育是本职工作以外的工作,缺少内在动力;或者将简单的创业技能或技巧培训等同于创业教育,而没有把专业教育与创造能力和创新能力的培养相结合。三是落实不到位,模式构建不系统。教育部等相关部委以及地方政府发布了多项鼓励和促进创新创业教育的红头文件,但是限于现有体制机制和思想观念,难以具体实施,创新创业教育思想尚未真正融入学校整体教育教学体系,没有形成融合教学综合改革和人才培养于一体的创新创业教育模式。另外,政府、高校及社会还未围绕创新创业教育形成合力。四是硬件不到位,创业支持不够。与发达国家的知名高校相比,不论是创业教育师资队伍、创业资金还是创业场地,我国用于创新创业教育的资源还比较匮乏。

三、创新创业教育模式构建

创新型人才培养的长期性、系统性、重要性,决定了推动创新创业教育需要政府、企业、社会和高校四个创新创业教育主体协同行动,形成合力。

根据创新创业教育对象的差异,可以把创新创业教育模式划分为聚焦式和发散式两种(表1)。聚焦式强调对具有强烈创新创业意愿的学生开展专门化的创新创业训练和创新创业教育,教育内容呈现高度的系统化和专业化特征;或者针对具有一定产业化潜力的创业项目,提供创业辅导和创业支持,强调创新创业教育的深度。发散式强调创新创业教育是一种普及式教育,全体学生都需要创新创业教育,他们都可以从创新创业教育中获益,强调创新创业教育的广度。

结合我校创新创业教育的实践,把创新创业教育模式具体又划分为科研项目孵化模式、政产学研金介用合作模式、专业实践模式和综合模式。其中,第一种和第二种模式属于聚焦式创新创业教育模式,第三种和第四种属于发散式创新创业教育模式。不论哪种模式,都要解决好创新创业教育的"3W"问题:做什么(what)——目标问题,即明确创新创业教育的具体工作内容;怎么做(how)——路径问题,即明确创新创业教育的工作方式方法;谁来做(who)——主体问题,即明确和建立创新创业教育的"责任清单"。

表1 创新创业教育模式分类表

模式分类	细分模式	依托的重要条件
聚焦式	科研项目孵化模式	科研项目 导师能力 企业平台
聚焦式	政产学研金介用合作模式	政府行为支持 金融机构支持 中介机构支持
发散式	专业实践模式	实验室平台 企业平台 模拟平台 竞赛平台
发散式	综合模式	自上而下的顶层设计 自下而上的共同作用

1. 科研项目孵化模式

该模式主要有两种形式。一是"导师的科研项目+导师指导+学生自主学习+创新训练+创业训练"。通过吸引学生参与导师的科研项目,在增强学生基础理论知识的同时,培养学生的创新精神,在科技成果转化过程中帮助学生寻找创业机会。二是"企业的科研项目+导师指导+学生自主学习+科研项目产业化"。由企业特别是校友企业提出技术需求或项目,在校内外创业导师的共同指导下,学生完成项目研发或后续在企业的产业化。比较而言,前者更为侧重创新训练,在研究生或本科生的科研项目实践中比较常见;后者更为侧重创业训练,比如华中科技大学 Dian 团队（基于导师制的本科人才孵化站）的企业科研项目孵化制。

2. 政产学研金介用合作模式

政府、企业、高校、科研机构、金融机构、科技中介和孵化机构等七个创新创业教育细分的利益相关主体扮演着不同的角色，共同推进创新创业教育。高校是创新创业教育的核心主体，教师传授学生基本的技能、知识，提供创新创业训练的机会和平台；政府主要提供政策和资金支持；银行和创投机构等金融机构主要为具有竞争力和市场开发价值的创业项目进行投融资；科技中介和孵化机构则为创业项目提供工商税收、财务法律以及基本创业辅导和服务；企业为高校搭建学生实习实践平台；科研机构则是高校科研合作的重要力量。

总之，要努力构建以高校、企业、科研机构为主体层，金融机构、科技中介和孵化机构为支撑层，政府为组织层的创新创业教育战略联盟基本架构，为大学生创新创业提供知识流、信息流、资金流等软件和硬件的支撑，形成推进创新创业教育的合力。

3. 专业实践模式

这种模式主要有四种实现形式。一是"引进来"。依托学校的重点实验室（工程中心）与企业建立合作关系，搭建创新训练类实践平台，从企业中聘请专家作为创业顾问，为学生在校期间围绕专业开展创业实践提供支持。学校重点实验室是学校和企业开展产学研合作的重要基地，拥有专业优势、设备优势、人才优势、项目优势以及和企业的对接优势，在完成日常教学和科研任务的同时，可以在加强日常管理的基础上，进一步开放为大学生创新创业实践基地。二是"送出去"。与学校周边的企业或和学校建立学生实践合作关系的企业共同建立创业实习类实践平台，通过"干中学"的方式培养学生的创新创业能力，同时也可以增强学生的创业体验。三是"增体验"。通过搭建创业体验类实践平台，采取创办专业模拟公司、搭建专业模拟市场的方式，增强学生的创业体验，将不同学科的学生打造成一个创业团队，充分利用各自专业特长。四是"打比赛"。通过搭建创业竞赛类实践平台，依托各种形式的创业竞赛提高学生创业意识，包括国家级大学生创新创业训练计划、"创青春"中国青年创新创业大赛、行业性质的创业竞赛、校内自行组织的小型竞赛等。

4. 综合模式

综合模式强调创新创业教育的系统性,建立涵盖课程培训、师资队伍、创业实践、基地平台、服务体系等在内的创新创业教育体系,目的是增强创业意识、普及创业知识、提升创业能力。课程培训主要围绕三个方面开展:一是创业基础理论课程,包括创业管理、创业心理学、新创企业管理等;二是 KAB(know about business)课程;三是 SYB(start your business)课程。师资队伍建设的重点是打造专兼结合的校内和校外两支师资队伍,充分发挥校外创业导师的实战经验。创业实践通常的做法包括举行创业沙龙、创业讲座、创业论坛、创业实训等。基地平台主要是为学生创新创业提供仪器设备以及创业工作室等。服务体系分为线上和线下两种:线上主要通过开发和建立创业服务网站和平台,在线提供创业咨询,建立创业相关数据库,并提供虚拟创业空间等;线下的创业辅导服务包括提供指导手册、政策解读,帮助学生了解工商、税务、财务、法律等方面的基本流程和知识等。

创新创业教育是国家崛起、民族复兴和社会不断进步的动力,也是我国高等教育改革与发展的新趋势。创新创业教育本质是一种面向全体学生的、为其终身可持续发展奠定坚实基础的素质教育,其核心内涵是在构建培养拔尖创新创业人才为指向的现代高等教育模式下,切实提高人才培养质量。由于创新创业教育在我国还处于起步阶段,要真正实现从学生入学到毕业、从专业教育到素质教育、从理论学习到实践训练、从"第一课堂"到"第二课堂",全方位、立体化地融入创新创业教育理念,我们还有很长的路要走。

稳步推进创新创业教育,观念转变是前提,制度创新是关键。首先,政府要转变职能,充当创新创业教育的指导者、推动者及协调者,做好服务工作,及时出台有关创新创业教育的法律、法规,合理规划布局,做好顶层设计,为大学生开展创新创业保驾护航。其次,企业要努力构建起政产学研金介用协同创新机制,为促进创新创业教育搭建平台。再次,社会要自觉摒弃传统就业及用人观念中不好的部分,积极营造创新创业的氛围。最后,高校要担起创新创业教育的重要角色,自觉将创新创业教育理念融入教育教学全过程,深化课程体系、教学内容及教学方法改革,完善创业实践,加强师资队伍建设,构建创业型教师队伍。努力将创新创业教育融入教育教学与人才培养的全过程,探索创新创业教育新模式。

主要参考文献

侯慧君,林光彬,2011.中国大学生创业教育蓝皮书[M].北京:经济科学出版社.

杰里米·里夫金,2014.零边际成本社会[M].赛迪研究院专家组,译.北京:中信出版社.

论高校研究生自主创新平台的建设

喻芒清

中国地质大学(武汉)马克思主义学院,湖北 武汉 430074

摘要: "提高自主创新能力,建设创新型国家"是我国社会发展的中长期战略目标。高等学校作为国家的人才培养基地,其首要任务就是为国家培养更多更好的创新人才。研究生教育是我国高等教育中最高层次的学历教育,是培养高层次创新人才的主渠道。为培养研究生的自主创新能力,高校应努力为研究生的学习和研究搭建学术攻关平台、实验实践平台、校企合作平台和校园文化平台。

关键词: 高等学校;研究生;创新教育;途径

我国政府已明确将"提高自主创新能力,建设创新型国家"作为国家和社会发展的中长期战略目标,而要实现这一战略目标,关键在于提高国家的自主创新能力,特别是国家的原始创新能力。很显然,要建设创新型国家,其核心和关键在于创新人才的培养。研究生教育是我国高等教育中最高层次的学历教育,承担着培养创新人才的重任,高等学校应积极转变办学观念,改革办学模式,创新培养方式,不断探索创新人才培养的新途径和新方法。

从根本上说,研究生教育的目标是培养研究型、创新型的人才。因此,研究生的学习方式也应该是研究性、自主性的学习方式,学校应该给广大研究生从事

【文章来源】本文原载于《中国高教研究》2006年第10期,有修改。

【作者简介】喻芒清,男,博士,中国地质大学(武汉)马克思主义学院教授。

这种研究性、创新性的学习研究活动提供应有的阵地和舞台。基于这一特点,高等学校努力改进办学条件,充分利用学校现有的教学、科研资源为研究生搭建自主创新平台,全方位开辟研究生学习成才的途径,是研究生教育管理工作的首要任务。

所谓研究生自主创新平台,是指学校在现有的办学条件下,通过建立相应的制度,整合学校办学资源,给研究生自主性学习和研究活动提供的一切硬件、软件条件的有机组合,包括学校的场地、设施、设备、资金、师资、优势学科、科研项目、科研条件、组织机构及制度等要素的组合。研究生是高智商群体,其中蕴含着巨大的创造力,但由于研究生在各自导师的指导下在相对狭窄的学科领域从事学习和研究,能发挥创造力的自主性空间相对有限,特别是接受跨专业、跨学科的知识和信息的空间较小,需要有更大的发挥创造才能的舞台和阵地。学校通过将校内一切硬件、软件资源进行有机组合,建立一批有利于研究生从事自主创新性学习和研究活动的平台,能最大限度地调动研究生学习和研究的自主性、积极性和创造性,学校也能最大限度地提高现有资源的利用效率,为研究生成才创造有利条件。就当前高校研究生教育的实际而言,学校应努力为研究生的学习和研究搭建好以下几个平台。

一、学术攻关平台

高等学校的教师除教学任务外,大部分都承担着科学研究的任务,其所指导的研究生也很自然地随着导师一道在本学科领域从事科学研究工作。然而,越来越多的教师已经意识到,在科学技术迅猛发展的今天,学术研究要有新的突破,仅仅按照本学科的理论逻辑和思维定式去研究,很难有新的突破,必须走学科交叉、组建学术团队联合攻关的新路。研究生是一支重要的学术研究力量,富有非凡的创造力,是导师从事学术研究的得力助手。然而,我国大部分高校研究生的培养模式仍然没有摆脱"师傅带徒弟"式的传统模式,没有将不同学科和专业领域的研究生组织起来,没有形成交叉学科优势和团队优势,在一定程度上,制约了研究生创造力的发挥。因此,在全校范围内,甚至在跨学校的层面上,根据某一研究课题和项目的需要,将相关学科和专业领域的研究生组织起来,建立特定的学术攻关团队,能最大限度地发挥研究生的创造力,既有利于高质量地完成科学研究任务,又培养了研究生的创造力和团队合作精神。如中国地质大学(武汉)殷坤龙教授就组建了一支由地质工程、岩土工程、资源产业经济等跨学科专业研究生组成的学术团队,在"三峡库区滑坡涌浪分析与危害性评价"课题研究中发挥了很好的作用。

为搭建好研究生学术攻关平台,学校应做好以下三方面的工作。

第一,要在全校范围内建立重大研究课题信息发布平台。教师和研究生或生产单位有任何学术研究和生产技术难题,可通过一定的场合或渠道向全校教师和研究生公开发布,动员相关学科领域的研究生报名参与研究,也可以根据课题研究的需要直接从某一学科领域招聘研究力量。有了这种信息发布平台,研究生参与学术研究的自主性增强,团队成员专业知识结构也更加趋于合理。因此,建立信息发布平台是搭建好学术攻关平台的基础。

第二,在制度层面上,要进一步完善研究生自主创新学习的评价机制。研究生在导师的指导下,直接参与导师在本学科领域的学术研究活动虽然很有必要,但也应允许研究生根据自己的兴趣和特长选择研究课题。导师要打破传统观念,允许自己指导的研究生选择一些跨学科的研究项目,以利于研究生创造力的培养。学校要加大跨学科培养力度,鼓励学生根据自己的兴趣跨专业开展研究,建立有利于研究生创造力培养的动态评价机制。

第三,在组织形式上,除以某一研究任务为目标组建起来的临时性学术攻关团队外,学校还应组建一批相对固定的跨专业、跨学科、跨年级的研究生学术研究组织,如建立"研究生教学建模基地""机器人技术攻关团队""计算机软件开发研究小组"等,这是学术攻关平台建设的重要内容之一。通过这些学术团队开展经常性的学术研究活动,既能活跃研究生学术研究氛围,又能使全校研究生的学术研究力量形成梯队,使团队的研究成果及知识技能和优良传统得以传承,提升团队学术研究的水平,还可以随时组织研究力量解决某些应用性学科领域的实际问题。

二、实验实践平台

创新性学习研究活动从来都离不开科学实验,没有哪一所高校不重视实验室建设。近年来,随着国家对教育投入力度的加大,一批国家级或省部级重点实验室纷纷落户各高校,其中不乏高、精、尖的实验仪器与设备。但据调查,这些仪器设备的利用率很低,有的长期闲置,造成办学资源的浪费。其原因在于没有一套有效的实验室管理机制,教师和研究生很难用上这些实验研究设备。为此,对全校教师和研究生开放实验室,为研究生搭建自主性实验实践平台是学校的必然选择。实验实践平台的建设,学校应做好以下工作。

第一,要面向全校教师和研究生完全开放实验室。为此,实验室管理人员要彻底转变一个观念,那就是爱惜和保护大型贵重仪器设备并不等于不让学生去做实验,而在于教给学生正确使用仪器,使学校的实验仪器设备能在科学研究和人才培养上发挥作用。事实上,仪器不使用不但起不到保护作用,而且还会生锈、老化、失灵;许多仪器闲置时间过长又会被新的仪器所替代,或自然报废,造成资源浪费。因此,实验室的建设要充分体现以人为本,一定要面向研究生完全开放,给广大研究生提供一个自主创新的平台。这是搭建研究生实验实践平台的先决条件。

第二,建立一套科学的实验室管理制度。实验室既要开放也要科学管理,既要发挥作用也要维护好仪器设备,这是实验室平台建设的基础。在彻底消除那些妨碍研究生进实验室的制度性障碍的同时,要建立专人管理、专人维护、专人指导使用的科学管理制度,为广大研究生进实验室创造条件。

第三,提供研究生必要的实验经费。做实验必定有耗材,学校应设立研究生科学实验资助专项基金。对于那些有明确研究项目和实验内容的研究生从事科学实验,学校应提供必要的经费。经费可通过正常途径申请,可以是项目经费,也可以是专项经费。没有实验经费做保障,研究生实验实践平台的建设必然不能落到实处。

三、校企合作平台

人的创造力的源泉归根结底来自生产实践,生产实践中的技术难题往往能刺激人们的求知欲,激发人们的创造力。然而,我国大学的校园相对封闭,与生产实际结合不紧,学生较重书本知识的学习,而感性认识不足,影响学生创造力的培养。因此,加强校企合作,搭建研究生自主创新的社会平台,给研究生提供更多的接触生产实际的机会,有利于培养研究生的创新能力,也有利于企业技术改进、科技人员的知识更新和人才的引进,实现高校和企业的双赢。校企合作平台的建设,应做好以下工作。

第一,建立校企之间联合培养人才的机制。充分利用企业的资金、技术、设备和科技人员的力量,帮助高校培养创新人才,是发达国家创新人才培养的一条成功经验。我国高校与企业之间尚未建立一套完整的联合培养人才的机制,一些高校正在进行这方面的尝试和探索,但可以肯定,这是我国高等教育发展的一个方向。学校与企业建立这种合作机制后,为研究生创造性的学习与研究活动提供了更大的舞台,拓展了更大的空间。

第二,在企业建立研究生学术研究成果转化实验基地。长期以来我国高校及科研机构积压了一批研究成果无法及时转化为生产力,其中不乏研究生的科技创新成果,根本原因在于找不到试制和生产的厂家,这些成果长期积压而得不到转化。实际上这就是国家智力资源的一种巨大浪费,也在一定程度上影响了高校研究生科技创新积极性的发挥,妨碍了研究生学术研究和科技创新活动的深入开展,是创新人才培养的一大瓶颈。在企业建立研究生学术研究成果转化实验基地,有利于疏通研究生的创新渠道,拓展创新空间,也有利于企业快速获得新的技术,增加新的利润增长点。如中国地质大学(武汉)于2003年就在衡阳探矿机械厂建立了大学生科技创新成果转化试验基地,使学校在人才培养方面、企业在新产品的研发方面都获得了良好的效益。

第三,建立校企之间学术交流互动机制。高校与企业都是国家自主创新的主体,其中,高校有人才智力资源,企业有资金和市场优势。高校与企业在人才培养和技术攻关上的全面合作,是提升国家自主创新能力特别是国家原始创新能力的有效机制,发达国家发展的基本经验无不证明了这一点。高等学校应该与更多的企业建立这种互动机制,提供各专业领域研究生接触生产实际的机会,启发广大研究生的创造灵感,同时使校企合作平台有了保障。

四、校园文化平台

创新不仅仅是一种实践活动,也是一种文化形态,而且文化本身就是一种创造性活动。校园的主体是大学生和研究生,朝气蓬勃、积极进取、拼搏创新的校园文化,对学生的影响是巨大的,但这种文化需要学校师生共同营造。倡导创新文化,营造创新氛围,搭建研究生自主创新的校园文化平台,是培养研究生自主创新能力的重要途径之一。

第一,广泛开展学术讲座和学术交流,营造校园创新氛围。一方面,学校要广泛地邀请国内外知名学者来校园做各种学术讲座或报告,并形成品牌系列,如名人讲坛、人文讲堂、科学与艺术讲座等。这些名人学者的报告对于开发研究生的创造智慧和创新潜能,具有非常重要的作用。另一方面,也要组织全校研究生广泛开展学术交流,如博士生论坛、学术论文报告会、学科竞赛、科技竞赛等,学生通过这样一些学术活动,既感知又营造了校园的创新文化,必然会激发出巨大的创造欲望和创新能量。

第二,建立校园创新成果展示平台,倡导校园创新文化。展示是一种交流,也是一种示范,展示学生创新成果的根本目的在于倡导校园创新文化。学校要充分利用校园网、报纸、广播、电视、宣传橱窗等舆论阵地,展示研究生的创新成果,如设立研究生创成果展览室,建立研究生创新成果库,在校园网或刊物上开辟学术创新报道专栏,举办各种创新成果展示会等,使校园的每一个角落都充满学术创新的文化气息。

第三,完善创新激励机制,建立创新文化体系。学术研究是一项艰巨的脑力劳动,尽管研究生是学生群体,但对于那些在科学研究中有重大发明创造的研究生要给予重奖。要建立这种创新激励机制,进行研究生创新成果评选、鉴定、奖励,使校园创新文化体系有制度作为保障。

总之,研究生自主创新平台的建设,事关高等学校自主创新体系的建设,是学校的一项系统工程,需要学校建立相应的机构和制度,只有这样才能使平台建设工作落到实处。特别是在目前高校研究生的教育和管理体制下,通过导师或研究生自发组织的方式来搭建自主创新平台是不现实的,学校必须通过研究生教育管理部门和学术科技管理部门,从学校发展战略的高度全面规划研究生自主创新平台的建设工作,为高校研究生创新人才的培养开辟新的渠道,打开新的局面。

主要参考文献

王磊,1999.实施创新教育培养创新人才——访中央教育科学研究所所长阎立钦教授[J].教育研究(7):3-7.

向萍,2006.关于研究生创新教育的几点思考[J].学位与研究生教育(1):18-21.

张开鹏,2006.关于研究生创新教育若干问题的思考[J].湖北社会科学(7):161-163.

宗秋荣,1999.创造教育的若干理论与实践问题——访中国发明协会中小学创造教育研究会常务副会长张武升博士[J].教育研究(8):16-19.

高校马克思主义生态文明理论教育思考

黄 娟

中国地质大学(武汉)马克思主义学院,湖北 武汉 430074

摘要: 建设生态文明必须加强生态文明宣传教育。高校马克思主义生态文明理论教育,是培养我国生态文明建设者、帮助大学生实现绿色就业、提高马克思主义教学质量的迫切需要。我们要以马克思、恩格斯生态文明理论为基础,以当代中国马克思主义生态文明理论为核心,以西方马克思主义生态文明理论为补充,通过专题讨论、渗透、实践、研究、比较等教学方式,使我国高校马克思主义生态文明理论教育落到实处。

关键词: 马克思主义;生态文明;理论教育

党的十八大报告提出:建设生态文明必须加强生态文明宣传教育。高校是开展生态文明教育的重要阵地,生态文明理论是马克思主义的重要内容。高校开展马克思主义生态文明理论教育是大势所趋。目前,研究高校生态文明教育和马克思主义理论教育的成果很多,但探讨高校马克思主义生态文明理论教育

【文章来源】本文原载于《思想政治教育研究》2014 年第 6 期,有修改。

【项目来源】国家社会科学基金项目"幸福观视角下我国生态文明建设道路的反思与前瞻研究"(项目编号 13BKS048),湖北省教育厅高等学校省级教学研究项目"思想政治理论课生态文明教育资源开发利用理论与实践研究"(项目编号 2011133),中央高校基本科研业务费专项资金科研项目"公众生态道德对中国生态文明建设的影响机制研究"(项目编号 CUGW130219)。

【作者简介】黄娟,女,博士,中国地质大学(武汉)马克思主义学院教授,博士生导师。

的成果很少。本文就为何教、教什么和怎么教等基本问题,对高校马克思主义生态文明理论教育进行初步探讨。

一、高校马克思主义生态文明理论教育的重要意义

1. 培养我国生态文明建设者

建设生态文明是全面建成小康社会的重要奋斗目标,是中国特色社会主义事业重要组成部分。建设生态文明必须加强生态文明教育,生态文明教育是建设生态文明的重要任务。青年学生是建设生态文明的重要力量,目前包括本科生、专科生和研究生在内的在校大学生约有2000万人,将他们培养成生态文明事业的建设者和接班人,是高等教育必须承担的重要使命和历史任务。马克思主义理论教育的根本目的是指导和推动社会主义建设,为社会主义建设事业顺利发展提供根本保障。由于马克思主义理论相关课程课时多、跨度长、对象广,又多是必修课,因此马克思主义理论教育不仅影响面广,而且影响时间长,这是任何一门专业课或公共选修课无法比拟的。在目前普遍缺乏生态文明公共必修课的背景下,高度重视马克思主义生态文明理论教育,无疑是高校广泛开展生态文明理论教育,培育生态文明建设者和接班人的最佳现实途径。

2. 帮助大学生实现绿色就业

国家重视高等教育的目的是培养社会主义建设者和接班人,学生接受高等教育的目的是更好就业与发展。高校只有培养社会所需人才才能提高就业率,学生只有掌握社会所需知识才能实现较好就业。绿色发展是"十二五"规划的重要任务,发展绿色经济是其根本途径,推动绿色就业是其未来趋势。绿色就业是指在农业、制造业、服务业等领域中,从事降低人类面临的环境危害的职业,尤其是有助于保护生态系统和生物多样性,减少能源消耗,降低经济碳强度等工作(封颖等,2010)。开展马克思主义生态文明理论教育,将有助于大学生树立科学的自然观、生产观、消费观、生活观,养成健康的生活方式和生存方式,使之成为善待自然、自己、他人、社会的和谐人,成为生态文明建设所需的生态人,从而帮助他们实现绿色就业与发展,有效缓解我国日趋严峻的就业形势。

3. 提高马克思主义教学质量

不断提高教学质量是高等教育的生命线,实效性是教学质量的重要体现。马克思主义理论教育只有放眼世界变化、立足中国现实,回答人们关注的重大现实问题,才能取得良好效果。21世纪是生态文明的世纪,马克思主义教育必须把生态文明理论放在突出位置,紧紧围绕社会主义生态文明事业进行。目前,马克思主义理论教育尚未适应生态文明建设需要,一定程度上影响了其教学效果。"马克思主义基本原理概论"(简称"原理"),除哲学部分有生态文明相关内容外,政治经济学和科学社会主义部分基本不涉及生态文明问题。"毛泽东思想和中国特色社会主义理论体系概论"(简称"概论")中,经济建设、政治建设、文化建设、社会建设都设有专门章节,却没有对"五位一体"总体布局的生态文明建设相关内容安排专门章节。因此,在思想政治理论课程中开发利用生态文明教育资源(黄娟等,2010),增强马克思主义生态文明理论教育,是有效提高马克思主义理论教育质量的客观要求。

二、高校马克思主义生态文明理论教育的基本内容

1. 马克思、恩格斯生态文明理论教育是重要基础

马克思主义不仅是关于人类解放的学说,而且是人的解放和自然解放的双重解放学说。马克思、恩格斯所处时代生态环境问题不太突出,但他们提出了不少至今仍有重要价值的生态文明思想,这些思想成为马克思主义理论体系的重要组成部分。我们必须加大马克思、恩格斯生态文明理论教育力度。人与自然的关系是马克思、恩格斯生态文明思想的核心。他们认为:人是自然界的产物,人依靠自然界生活;生产劳动是人与自然统一的中介,是人与自然的物质交换过程;人类必须爱护自然,按照自然规律办事,与自然和谐共存。他们注意到,资本主义生产过程带来了一系列生态环境问题,认为资本主义制度是造成人与自然对立的总根源,即资本家追求利润最大化,使生产呈现出无限扩大趋势,人类利用自然的规模不断扩大,造成资本主义国家的生态环境问题。解决生态环境问题、实现人与自然和谐发展,必须从根本上变革资本主义制度,用社会主义制度

取代资本主义制度,社会主义生产方式取代资本主义生产方式。只有共产主义社会,才能解决人与自然、人与人之间的矛盾,实现人与人、人与自然的双重和解。

2. 当代中国马克思主义生态文明理论教育是核心任务

马克思主义生态文明理论教育必须以马克思主义中国化最新成果为中心内容,紧紧围绕中国特色社会主义生态文明建设事业进行。建设生态文明是应对我国资源环境约束加剧、顺应国际生态文明建设趋势的必然要求,是关系人民福祉、关乎民族未来的长远大计。因此,党的十七大报告首次提出生态文明建设理念,将其确立为全面建设小康社会的重要目标;党的十八大报告进一步提高生态文明建设站位,将生态文明建设纳入"五位一体"新布局。建设生态文明,实质上就是要建设以资源环境承载力为基础、以自然规律为准则、以可持续发展为目标的资源节约型、环境友好型社会。从当前和今后我国的发展趋势看,加强能源资源节约和生态环境保护,是我国建设生态文明必须着力抓好的战略任务。为此,我们必须牢固树立生态文明理念,将生态文明建设融入经济建设、政治建设、文化建设、社会建设各方面和全过程,着力推进绿色发展、循环发展、低碳发展,形成节约资源和保护环境的空间格局、产业结构、生产方式、生活方式,大力发展循环经济,加强生态文明制度建设,加强生态文明宣传教育。

3. 西方马克思主义生态文明理论教育是有益补充

面对严峻的生态环境危机,西方马克思主义尤其是生态马克思主义者,从经典马克思主义理论中挖掘、发现并发展生态文明理论。开展西方马克思主义生态文明理论教育,有助于在比较和鉴别中科学把握马克思主义生态文明理论。西方马克思主义认为,资本主义制度是一个充满危机的制度,生态危机和经济危机是当代资本主义制度的两大危机,两大危机之间相互影响、相互作用,两者能否成为解决彼此危机的前提和条件,取决于人类在转折点上能否做出正确选择。当代资本主义制度之所以产生生态危机与经济危机,两大危机之所以呈现恶性循环态势,缘于资本追求利润的天性和本性,资本将自然当作资源的"水龙头"和废弃物的"污水池",而自然界的节奏和周期不同于资本运作的节奏和周期。生态社会主义具备生态可持续发展的可能性,从追求"分配正义"转向"生产正义",

避免了经济增长导致的生态环境恶化,按照需要而不是利润组织生产,因而,它是人类社会解决两大危机的希望和出路。

三、高校马克思主义生态文明理论教育的主要方法

1. 专题教学

专题教学是生态文明教育和马克思主义理论教育的主要方法,马克思主义生态文明理论教育也应采用专题教育方法。面向不同专业、不同层次的学生,生态文明理论专题教育的深度、广度和要求应有所不同。对相关专业的学生,可以开设马克思主义生态文明专题研究课程。对于全校学生,可在相关课程中开设马克思主义生态文明理论专题研究环节。例如,在本科生"原理"课开设马克思、恩格斯生态文明理论专题研究环节,在本科生"概论"与硕士研究生"中国特色社会主义理论与实践"课程中开设中国特色社会主义生态文明理论专题研究环节,在博士研究生"中国马克思主义与当代"课程中开设西方马克思主义生态文明理论专题研究环节等。专题教育可以将零散的生态文明知识串成一个有机整体,帮助学生构建比较系统的生态文明知识体系,培养他们建设生态文明的责任感和义务感,引导他们积极参与我国生态文明建设。

2. 渗透式教育

渗透式教育是国内外开展环境教育或生态文明教育的主要方式,也是我国现阶段进行马克思主义生态文明理论教育的重要方法。渗透式教育是指将生态文明内容渗透到现有的各门课程中,通过各门学科的课程实施,化整为零地实现生态文明教育目的。例如,在本科生"原理"教材中的物质世界和实践、对立统一规律、科学技术社会作用、自然规律与社会规律、经济全球化后果、共产主义社会基本特征等相关章节中,都可以渗透生态文明理论教育内容。又如,在本科生"概论"教材中,不仅可以在科学发展观、全面建成小康社会、社会主义和谐社会,尤其是建设中国特色社会主义经济等相关章节渗透生态文明理论教育内容,还可以将生态经济、生态政治、生态文化、生态和谐、生态现代化、生态科技、生态教育、生态外交等相关内容渗透到有关章节中。在硕士研究生和博士研究生教材

相关章节中,也可以渗透生态文明理论教育内容。

3. 实践教学

这是大学生思想政治教育的重要环节。实践教学具有与课堂教学相统一、正面引导与现实批判相统一、教师主导与学生主体相统一的鲜明特征(徐建龙等,2012)。我国高校非常重视马克思主义理论教育的社会实践环节,马克思主义生态文明理论教育也应包括社会实践环节,将生态文明社会实践作为课堂教学的延伸,实现生态文明理论与生态文明实践的有机结合。开展生态文明社会实践,要与专业学习、服务社会、择业就业等相结合,组织学生参加生态文明相关的社会调查、生产劳动、志愿服务、科技发明和勤工助学等活动,以及参观生态文明先进组织、成立生态文明相关社团、建设生态文明校园等活动。丰富多彩的生态文明实践活动,有助于学生深刻感受生态文明理论魅力,增强生态文明理论与实践的学习兴趣和动力,从而使大学生有效接受生态文明教育。

4. 研究式教学

开展研究式教学,需要教师根据不同专业,将学生分成若干研究小组,让他们结合自身专业选择与生态文明相关的研究课题,如经济学专业学生选择生态文明与经济建设课题、法学专业学生选择生态文明与政治建设课题、社会学专业学生选择生态文明与社会建设课题、理学工学专业学生选择生态文明与科技创新课题等。在此基础上,要求学生自学马克思主义经典著作,以及党和国家有关重要文献,并联系我国生态文明建设实际,共同讨论、拟定提纲、分工合作、形成论文、制成课件、选派代表、汇报交流,最后教师归纳总结,并将研究成果计为部分课程成绩。研究式教学既能让学生积极参与到教学过程中,在研讨过程中主动获取生态文明知识、应用生态文明知识,变被动学习为主动学习;也能帮助学生了解和掌握生态文明建设动态,明确自己的专业发展方向,为将来实现绿色就业做好充分准备。

5. 比较教育方法

比较教育方法是深刻理解马克思主义理论实质和理论精髓的重要方法,包括纵向、横向和综合三类比较方法。这是开展马克思主义生态文明理论教育的重要方法。纵向比较可以对马克思主义生态文明理论与实践在不同时期的发展状况进行对比,如将毛泽东同志、邓小平同志、江泽民同志、胡锦涛同志在我国社会主义不同发展时期的生态文明理论与实践进行纵向比较,从中发现我国生态文明建设理论与实践的演变规律。横向比较既可以比较苏联、中国、越南、古巴、朝鲜等不同社会主义国家生态文明理论与实践,也可以比较马克思主义生态文明理论与实践同西方发达国家的多种绿色思潮与运动。综合比较将马克思主义生态文明理论在不同时代、不同国度,尤其是在中国革命、建设和改革不同时期的各种影响综合起来,同其他理论与实践进行比较。多种比较方法使马克思主义生态文明理论教育更具生命力和说服力。

主要参考文献

封颖,季恒宽,2010.绿色新政与绿色就业[J].科学对社会的影响(2):10-13.

黄娟,贺青春,黄丹,2010.高校思想政治教育课程开发利用生态文明教育资源的思考[J].高等教育研究,31(12):77-81.

徐建龙,张彧,2012.论高校思想政治理论课实践教学的基本特征[J].思想政治教育研究,28(4):53-56.

论高校辅导员的悟性修养

喻芒清　童将峰

中国地质大学(武汉)马克思主义学院,湖北 武汉 430074

摘要: 悟性作为人的一种直观地、生动地感知周围世界的现象、事物和进行逻辑思维分析从而获取新知识的思维活动,本质上是人的一种认知能力,体现的是人的一种内在素质和行为境界。实践证明,高校辅导员的工作是一项特别需要悟性的工作。因此,加强高校辅导员的悟性修养,对于尽快提高他们的自身素质和工作能力具有十分重要的意义。高校辅导员的工作悟性来源于学生工作的实践,提高其悟性修养的途径主要有四条。

关键词: 高校辅导员;悟性;悟性修养

辅导员是高等学校教师队伍中的一个非常特殊的群体。他们既不是普通的任课教师,也不是严格意义上的学校管理干部,但他们是学校各项教育管理工作落实到学生的具体执行者,是联结学校和学生的纽带。工作中,他们同时扮演着教育者、管理者和服务者等多重角色。他们既要全面贯彻党的教育方针、完成学校教育教学及日常管理任务,又要面对广大学生,思考如何将学校各项工作准确地贯彻到学生中去,进而实现学校的工作计划和育人目标;他们既要深刻领会上级领导的教育理念和工作意图,又要深入了解学生的学习生活状况、倾听学生的

【文章来源】本文原载于《国家教育行政学院学报》2009年第10期,有修改。

【作者简介】喻芒清,男,博士,中国地质大学(武汉)马克思主义学院教授;童将峰,男,中国地质大学(武汉)公共管理学院2012级硕士研究生。

心声、理会学生的需求,并根据学生的实际情况有针对性地、自主地开展工作;他们既要耐心细致地做好学生的思想工作、教育好学生、管理好学生、维护好学校的稳定,又要创造性地指导学生开展课余文化活动、引导学生全面健康发展。因此,辅导员要胜任本职工作,就必须在工作实践中努力培养自己洞察秋毫的观察能力、善解人意的心理领会能力、平易近人的谈话沟通能力以及随时应对和处置各种复杂局面的行为能力。要做到这些,都需要辅导员有相当高的悟性。因此,提高高校辅导员的悟性修养,对于提高其工作能力和水平、提升学校教育管理水平与人才培养质量具有十分重要的意义。

一、悟性的内涵及其本质

"悟性"一词,来源于德国古典哲学术语。所谓"悟",就是觉悟、领悟的意思。"悟"的核心是主体以积极的心态关照对象,并努力运用有关的知识、经验去全身心地拥抱对象和把握对象的意义。苏霍姆林斯基认为:悟性是人生动地、直观地感知周围世界的形象、画面、现象和事物,并进行逻辑思维分析从而获取新知识的思维活动。

1. 悟性的内涵

从一般意义上理解,悟性是人的一种认知能力,兼有感性和理性两种特点。因此,《现代汉语词典》将"悟性"解释为"人对事物的分析和理解的能力"。心理学将"悟性"解释为人类以体验、领悟的方式把握事物及其内在意义的一种心理认知能力。

悟性受人的性格、气质、个性等的影响,存在着个体差异。从认知心理学的角度看,悟性总是建立在对事物丰富感性认知的基础之上。当人们遇到新情况时,就在头脑中寻找与之相类似的情境的经验并将之作为借鉴进行类推。这种经验既包括具体的形象形态,也包括抽象的观念形态,多次运用便能转化为反射和潜意识,进而形成人的一种准确、快速把握事物的能力。悟性虽然是人们凭体验和领悟所获得的对事物的认识和感受,带有鲜明的直觉性和经验性,但悟性本身包含着人们对事物内涵的深刻把握和理解。人们领悟的过程本身就是一个思考的过程,具有相当的理性成分。

悟性的具体含义有三个方面：第一，悟性是人的一种心理认知能力。"悟"的根本属性是主体对于事物本质及事物联系进行迅速、准确而深刻把握的能力，这种能力包括理解接受能力、观察分析能力和综合创新能力。要迅速而准确地把握事物，人的认识活动必须建立在丰富的实践基础之上。不同的人因为性格、气质、个性特征及生活阅历不同而在认知能力上存在一定的差异，因而悟性亦存在高低之分。人们对事物认知和把握的速度有快有慢，其准确度、深刻度方面都存在显著差异。第二，悟性是人的一种内在素质。悟性作为人的一种认知能力，反映的是主体对待事物的态度和秉性，体现的是主体的一种内在素质。第三，悟性是人的一种行为境界。人有悟性的可贵之处在于，总是以积极的心态主动地观照事物，而不是被动地应付和接纳事物，这就是人对待事物的一种境界。因此，悟性本质上体现的是人在应对事物过程中表现出来的一种行为境界。只有积极主动地观察和分析事物、依据长时间的思考和经验积累、敏锐地抓住事物的本质和发展趋势，才能达到"料事如神"的境界。

2. 悟性的本质

第一，悟性是人的一种特定的思维方式。有"悟性"的表现是"机智"和"聪明"。人之所以"机智"和"聪明"，是因为他在分析和把握事物时遵循一种严谨的、符合逻辑的、综合的思维模式。这种思维模式能够促使主体迅速对事物形成准确判断，从而把握住事物的本质和发展趋势。因此，悟性的本质是人的一种特定的思维方式。

第二，悟性是人的一种特定的行为方式。人之所以有悟性，不仅仅是因为他对事物认识到了什么，而是指他对事物形成准确判断以后做出了什么有效的应对行动。没"悟性"的表现就是"木讷"和"迟钝"，反映的是行为上的被动。悟性不能只停留在思考上、判断上，更重要的是反映在应对方式、应对行为上。因此，悟性是一种特定的行为方式。

第三，悟性是人的一种潜在能力。悟性是人们特有的一种分析和认知事物的能力，不具有张扬性，体现在对待和处理事物的细节之中；是主体的一种觉悟性、理解力；是主体应对事物的一种潜意识的心理和行为反应，反映的是人的一种经验、理性和潜能。

从悟性的内涵和本质可以看出，悟性并不是什么深奥、神秘和玄妙的东西，而是人们在理性思考基础上对事物所做出的迅速而准确、理性的应对行为。

二、悟性的来源及意义

人的悟性究竟是怎么产生的呢？是先天固有的还是后天习得的？人的悟性的价值究竟在哪里？研究人的悟性有什么意义呢？要回答这一系列问题,先来分析一下悟性的来源。

1. 悟性的来源

从悟性的内涵及本质不难看出,悟性主要有四个基本来源。

第一,悟性从实践中来——感悟。实践是人的一切认识的来源。人类实践活动中遇到的问题容易引发人的思考。这种思考所获得的直观的感性认识和经验即感悟,就是悟性的来源。虽然人的悟性不完全是感性的、经验的,但其初级形态就是感悟。

第二,悟性从他人的指点中来——顿悟。实践证明,人的悟性是有高低之分的,这与一个人的工作和生活阅历有关。研究表明,单个个体的"苦思冥想"不利于对事物做出全面和完整的把握,甚至会因思维的局限性而走入认知的"死胡同",导致"执迷不悟"。此时,来自他人的指点可能使人"茅塞顿开"。因此,来自他人的指点,即间接的经验和感悟,是悟性的来源之一。

第三,悟性从挫折中来——醒悟。生活中的挫折给人们的记忆往往是刻骨铭心的,它能使人深入地思考一些问题,更清醒、更理性地总结失败的原因和教训,从而为下一步的成功奠定基础。因此,挫折也是悟性的重要来源之一。

第四,悟性从对事业的执着追求中来——彻悟。悟性的最高境界就是彻悟。人的彻悟源于对所从事的事业的坚定信仰和执着追求。只有积极投身所从事的事业中并勤奋工作,才能理解所从事事业的伟大意义,才能深刻分析和揭示事物的规律、准确预测事物的发展趋势和方向,进而最大限度地发挥个体的作用。

2. 悟性的意义

人的实践活动常常离不开理论的指导,但理论的指导并不等于机械地照着理论去做。恰恰相反,在实际工作中,多数情况下是需要对事物做出迅速和准确的判断,采取灵活、恰当的措施才能做好工作。如果过于理性或严格按照理论循规蹈矩地去做,往往容易延误时机、收不到应有的工作成效。这就是研究人的悟性的意义之所在。

悟性对每个人来说都很重要。悟性往往影响一个人事业的成败,悟性较高的人往往在工作上也有较大的成就。面对复杂的外部世界,人们既要认识世间万物,同时又要不断地进行创造。这就要求我们每一个人必须要有较好的悟性。科学家要有悟性,政治家要有悟性,商人要有悟性,学生要有悟性……辅导员更需要有悟性。

三、高校辅导员的悟性修养

辅导员的工作悟性是指辅导员在准确把握其工作的对象、性质、内容、特点及基本规律的基础上有针对性地做好本职工作的能力。

(1)高校辅导员提高悟性修养的必要性

辅导员工作是一项特别需要悟性的工作。这是由辅导员工作的对象、性质、内容和特点所决定的。

第一,辅导员的工作对象是一群个性鲜明和情感丰富的青年学生。现代大学生思想活跃、情感丰富、个性鲜明、个体差异大。要准确把握这些学生的思想情感和需求,做好他们的引导教育工作有着相当的难度。面对这样一个群体,辅导员没有一定的悟性是很难做好本职工作的。

第二,辅导员的工作以解决大学生学习生活中的心理、思想和实际问题为主要内容。学生的心理需要开导、各种思想需要引导、学习需要辅导、遇到实际问题需要利导。而这所有的一切,都需要辅导员有良好的悟性。

第三,辅导员要同时扮演好教育者、管理者和服务者的角色。辅导员在工作中所具有的多重角色、多重身份,需要辅导员有良好的应变能力和角色转换能力。他们既要领会上级领导的意图,又要倾听大学生的心声、理解他们的情感、满足他们的需求,将解决思想问题和解决实际问题有机结合起来。而良好的悟性是辅导员扮演好这三种角色的前提。

第四,辅导员的工作任务主要由辅导员独立完成。优秀的辅导员往往不是那种只会按照学校和领导的意图去做工作的人,而是通过领会领导意图和学校的精神、根据所在学院的实际创造性地做好工作的人。在实际工作中,辅导员只有勤奋工作、深刻领悟、努力探索辅导员工作的规律、不断提升工作悟性和工作能力,才能做好本职工作。

(2)高校辅导员悟性修养的表现形式

辅导员悟性修养的形式主要体现在以下方面。

第一,悟己深刻。辅导员要做好本职工作,首先要对自己有一个清醒的认识,要能客观地评价自己、了解自己的长处和短处,这样才能在工作中扬其所长、避其所短,最大限度地发挥自己的潜能。

第二,悟人透彻。做好辅导员工作的前提是了解学生。只有耐心地倾听学生的心声、理会学生的情感、了解学生的需要、透彻地把握学生的思想动态,才能有针对性地做好学生工作。

第三,悟事周全。做好辅导员工作,既要从大处着眼,更要从小处着手。在工作中要重视每一个细节。对组织的各种活动或设计的各种教育方案的可行性都要进行周密的考虑,对每一活动的教育效果要有全面的评估,对活动过程中可能发生的各种问题要做必要的应对准备,这样才能确保教育活动的效果。

第四,悟势准确。辅导员在工作中要准确地把握事态发展的趋势、把握学生的思想动态、了解学生的发展潜能、掌握学生成长和发展的规律,这样才能不断增强自己工作的前瞻性和预见性。

四、高校辅导员提高悟性修养的基本途径

从以上论述不难看出,辅导员的工作悟性主要来源于学生工作的实践。因此,提高高校辅导员悟性修养的基本途径主要有以下几个方面。

第一,增强对辅导员工作的认同感、使命感。辅导员作为大学生健康成长的指导者和引路人,担负着将大学生培养成社会主义合格建设者和可靠接班人的重任,是促进大学生健康成长和全面发展的践行者。教育好青年一代、培养好青年一代,是社会和人民赋予全体辅导员的庄严使命。辅导员只有忠诚党的教育事业、热爱大学生思想政治教育工作、热爱青年学生并将辅导员工作当作一项崇高的事业去做,才能将工作做得深入、做得细致,才能增强探索辅导员工作规律的自觉性,才能在实践中提升自己的工作悟性。

第二,全身心投入学生工作的实践中。悟性可以而且必须在实践中提升。心理学研究表明,当人们集中精力关注和研究某一事物并用心感受事物时,比较容易产生悟性。从前面的分析可以看出,悟性的最高境界是"彻悟",而"彻悟"恰恰来源于对事业的执着追求。辅导员只有全身心地投入学生工作的实践中,才能不断增强工作的创造力,才能不断激发自己的工作灵感、提升自身的工作悟性。

第三,善于学习和深入思考。大多数辅导员比较年轻,但他们却负责一个年级或一个专业几百个学生的教育管理工作。要做好学生工作,单纯从他们有限的工作经历中感知和领悟是远远不够的,需要学习他人和前人的经验。因此,有必要在他人的指点下,结合工作中的实际问题和工作思考来逐步增强自身工作的悟性。这是高校辅导员提高悟性修养的重要途径之一。

第四,在成功与挫折中领悟。工作中的一切成功和挫折,对辅导员来说都是宝贵的工作经验和阅历,是进行悟性修养必不可少的过程。只有正确地面对工作中的成功、挫折,善于总结一切经验和教训,悟性修养才能达到较高的境界。

主要参考文献

陈晴,周洪宇,2005.大学生个体悟性现状分析及培养[J].学校党建与思想教育(11):56-57.

侯才,2003.论悟性——对中国传统哲学思维方式和特质的一种审视[J].哲学研究(1):27-31.

颜华东,2002.也谈逻辑与悟性[J].甘肃理论学刊(5):21-23.

周全田,2005.禅宗文化的悟性[J].安徽大学学报(5):105-109.

新形势下高校青年教师思想政治工作的困境与对策

张地珂　喻芒清　刘国华

中国地质大学(武汉)，湖北 武汉 430074

摘要： 青年教师作为高校教师队伍的重要组成部分和中坚力量，对推动高等教育事业发展发挥着不可替代的作用。在新的国际环境、社会环境和媒体环境中，高校青年教师经历了主体价值观念嬗变、评价标准嬗变和话语体系嬗变，导致青年教师思想政治工作面临观念性、制度性、方法性等困境。针对新问题提出建构教师思想政治工作体系，重视特色文化涵育，深化课程思政改革，创新全媒体育人路径等破题策略，实现青年教师思想政治工作从入脑到入心，从显性到隐性，从外化到内化，从"专人"到"人人"，从背离到融合的转变。

关键词： 青年教师；思想政治工作；全媒体；文化涵育；课程教育

青年教师是高校教师队伍的重要组成部分，是推动高等教育事业科学发展、办好人民满意高等教育的重要力量。青年教师与学生年龄接近，沟通互动较多，对学生思想行为影响很大。做好新形势下青年教师思想政治工作是一项战略工程、固本工程和铸魂工程，具有十分重要的战略意义和深远的历史意义。因此，

【文章来源】本文原载于《学校党建与思想教育》2017年第23期，有修改。

【项目来源】本文系中国地质大学(武汉)马克思主义理论研究与学科建设计划项目(项目编号 MX1707)、中国地质大学(武汉)高等教育管理研究课题成果(项目编号 2017GJB02)的阶段性成果。

【作者简介】张地珂，女，博士，中国地质大学(武汉)党委宣传部思想政治工作科科长；喻芒清，男，博士，中国地质大学(武汉)马克思主义学院教授；刘国华，男，中国地质大学(武汉)党委组织部组织员。

很有必要对新形势下高校青年教师思想政治工作的现实状况加以研判,优化新形势下青年教师思想政治工作方法。

一、高校青年教师思想政治工作面临的变化与困境

新形势下,复杂的国内外环境和激烈的职业竞争对高校青年教师的价值观念和行为方式产生重要的影响,高负荷的工作和高强度的压力,导致青年教师容易出现职业倦怠与自我否定的情绪,产生心理失衡与职业迷茫的困惑。高校青年教师的这些变化导致高校青年教师思想政治工作面临三大变化与困境。

(1)高校青年教师思想政治工作面临全新的国际环境,外部环境的失衡和内部因素的缺陷导致青年教师价值观念的嬗变。青年教师自身的价值观趋向多维态势导致高校青年教师思想政治工作面临严重的观念性困境。随着世界多极化、经济全球化深入发展,文化全球化与经济全球化相伴而生。西方发达资本主义国家的所谓西方文明在中西文明交流、文化交融中占据有利地位,它们通过大力输出以影视文化、新闻图书等文化作品为载体的价值观和人生观,对我国青年一代进行文化渗透。在传统社会思想观念的熏陶和感染下成长的青年教师,受到新形势下多元价值取向和意识形态的冲击,其人格养成实现了从传统到现代的碰撞、从被动到主动的转型、从一元到多元的嬗变,理性认知体系也受到新的挑战(范猛等,2015)。青年教师在社会主义核心价值观的践行中扮演着传播者与受传者的双重角色,但是其理想信念的动摇和理性分析的缺失造成高校青年教师思想政治工作面临困境,这不仅影响青年教师个人发展,而且直接或间接地影响大学生的价值取向,影响大学生的健康成长。

(2)高校青年教师思想政治工作面临全新的社会环境,刚性考核指标与高校立德树人本质任务的背离导致青年教师评价标准嬗变。青年教师自身的成长困境导致青年教师思想政治工作面临尴尬的制度性困境。随着国内改革进入"深水区",各种社会矛盾和问题凸显。在复杂的社会环境和激烈的职业竞争中,高校青年教师大都面临着繁重的教学、科研和买房还贷、结婚育子、赡养老人的多重压力。这些压力使青年教师无形中把职业当成谋生的手段,忽视其作为教师教书育人的使命。党和国家高度重视高校教师思想政治工作,出台一系列政策文件保证高校思想政治工作的开展,各高校也围绕思想政治教育、意识形态领域

建设、师德师风建设等出台文件,并通过搭建平台、给予支持保障等方面促进思想政治工作的顺利开展。但是,由于大多高校重科研、重教学的倾向明显,对教师职业道德、行为规范、思想政治素质的考核缺乏刚性指标和量化标准,这在某种程度上导致高校青年教师思想政治意识淡薄,教师思想政治教育面临严峻挑战。

(3)高校青年教师思想政治工作面临全新的媒体环境,全媒体视域下立体化传播方式的改变导致青年教师思想政治工作的话语体系嬗变。青年教师自身行为方式的转变导致高校青年教师思想政治工作面临陈旧的方法性困境。随着互联网技术和移动通信技术的发展,人们的信息获取方式和使用习惯向移动智能终端转移。新媒体的异军突起和媒体融合的加剧,导致了全媒体立体化传播方式的改变和广泛应用,改变了人们固有的思维模式和生活状态,逐渐成为人们特别是青年一代获取信息和进行社交沟通的重要渠道。借助全媒体,有助于丰富思想政治教育资源,拓展思想政治工作空间,增进信息传播互动。同时,全媒体视域下立体化传播方法的改变导致青年教师思想政治工作话语体系的嬗变。信息传播的迅速便捷、信息内容的碎片化、观点的多元化无形中增加了高校思想政治教育引导的难度,思想政治工作手段方法相对陈旧,缺乏新意,实效性不强,亟须青年教师改进思想政治教育内容和方法,加强舆论引导,因势而为,顺时而动。

二、新形势下做好高校青年教师思想政治工作的对策

1. 从入脑到入心,加强思想引领,强化理想信念教育

理想信念如高校青年教师精神之"钙"。教育行政(主管)部门和高校应该高度重视青年教师理想信念问题,将青年教师思想政治工作列入重要工作日程,进行专题研究,及时发现、掌握青年教师思想的新动向、新问题,并找出问题症结和解决办法。一是建立完善青年教师理想信念教育制度,通过理论学习、专题培训、讲座、党组织学习等方式,引导青年教师坚定理想信念。二是完善理想信念教育的内容体系,要以马克思列宁主义、毛泽东思想、邓小平理论、"三个代表"重要思想、科学发展观、习近平新时代中国特色社会主义思想为指导,以社会主义核心价值观、习近平系列重要讲话精神、理想和职业道德为教育内容,在"贯穿、

结合、融入"和"宣传、教育、引导"上下功夫,坚定青年教师投身中国特色社会主义建设事业和教育事业的决心。三是拓宽理想信念教育路径,高校要充分利用学科和人才优势,发挥基层党组织作用,采用各种行之有效的学习方式,借助新媒体手段,弘扬主旋律,传播正能量。四是选树培育青年教师师德师风典型人物,利用全媒体途径大力宣传,把先进人物、典型事件讲真切,切实发挥榜样的示范作用,激励广大青年教师用心感知、用爱践行,见贤思齐,牢固树立坚定的理想信念和立德树人的决心,内化于心外化于行,引导青年教师争做有情怀的教育者和引路人。

2. 从显性到隐性,创新丰富载体,建构教师思政工作体系

思想政治工作体系是高校青年教师思想政治工作的重要组成部分。高校应实现显性教育和隐性教育的有机融合。一是要在思政工作机制上下功夫。高校应建立三级联动机制,建立多部门沟通协调机制,建立联合预警机制和合作保障机制,把握教师思想特点和发展需求,坚持理论教育和实践活动相结合,坚持普遍要求和分类指导相结合,形成教书育人、科研育人、实践育人、管理育人、服务育人、文化育人、组织育人长效机制。二是要在师德师风教育上下功夫。高校要完善重师德、重育人、重贡献的考核评价机制(邸燕茹,2013),促进优秀青年教师脱颖而出。坚持师德师风建设活动,联动宣传部、人事处、组织部、教务处、学工处、校团委等各部门,每年确定鲜明主题,开展师德模范、教学名师、最受学生欢迎老师、优秀辅导员、十佳班主任等主题评选活动和特色文化活动,引导广大教师以德立身、以德立学、以德施教。三是要在创新载体上下功夫。要创造有利条件,搭建发展平台,为学术水平和教学科研业绩特别突出的青年教师创造破格晋升机会,并通过教职工代表大会等渠道,支持和引导青年教师参与学校管理,涉及青年教师切身利益的决策要充分听取青年教师意见。四是要在管理体制、执行制度、考核制度、反馈制度和评价制度上下功夫。在选聘教师、岗前培训、绩效考核、队伍建设、教师心理健康教育等环节进行相关改革和突破,把思想政治工作的目标要求融入教学考核、工作考核、干部考核、评奖评优等环节,并建立健全的教师职业道德考核评价制度,实行师德一票否决制,引导青年教师自觉将立德树人放在工作首位,争做学生的精神引路人。

3. 从外化到内化，重视文化涵育，实现以文化人、以文育人

大学文化建设是扎根中国大地建设世界一流大学的有机组成部分。校园文化不仅对大学生的思想观念、价值取向和行为方式有着潜移默化的影响，对于高校青年教师也起着不可低估的浸润作用。优秀的校园文化，可以塑造青年教师的思想品格、提升青年教师的人文素养，起到春风化雨、润物无声的效果。一是加强校园物质文化建设，建设好楼堂馆所、山水路桥洞等校园显性文化载体，建设平安、文明、和谐的校园，实现校园环境使用功能、审美功能和教育功能的统一，使每一面墙壁都会"说话"，每一个角落都有育人功能。二是加强校园精神文化建设，提炼大学的精神气质，弘扬古今中外的优秀经典，传承创新和弘扬校训、校歌、校风，打造优秀的文化作品，让青年教师感受学校的优秀历史和文化底蕴，激发爱校情怀，增强其对学校的认同感和自信心，从而更好地潜心做学问和教书育人。三是加强校园特色文化建设，把厚重的学校历史文化资源转化为别具一格的思想政治教育资源，以特色文化建设引领青年教师思想政治工作，通过特色文化的激励作用和感召作用，激发思想政治工作活力，让青年教师思想政治工作更有感染力和亲和力。

4. 从"专人"到"人人"，实现思政课程到课程思政的转变

将高校思想政治教育落实到课程教学中，不仅是针对思想政治理论课教师，而且是针对全校教师的首要任务。因此，高校青年教师的思想政治工作是覆盖不同属性的各类课程教师的，包括思想政治理论课教师、专业教育课程教师和综合素养课程教师，以及行政管理工作人员。在做好青年教师思想政治工作中，厘定各自功能定位，分类开展重点建设，显得尤为重要。一是强化课程思政的学术研究、试点改革和效果评价。高校应以推进"双一流"建设为契机，从内容建设、教学方法、师资团队乃至全媒体运用等途径推进教育教学改革，通过课程思政改革试点到全面推广课程思政建设，探索全课程大思政教育体系，真正实现全员育人、全方位育人、全过程育人。二是调整教育教学评价体系。高校应将课程教学评价从单一的专业维度，向人文情怀、德育量化、社会责任感等多维度延伸，大力弘扬课程思政的成效，引导青年教师从无意识地参与向有意识地实践转变。三是分类指导，贯通融合，实现传统思政课有所突破、专业教育课程展示人文情怀、

综合素养课程植信念于无声、行政岗位青年教师在日常管理工作中高站位严要求,从而实现全校教师同频共振、同向同行、共建共享,形成协同效应,形成全方位德育"大熔炉"的教育合力作用。

5. 从背离到融合,善用网络媒体,创新全媒体育人路径

全媒体立体化传播方式的改变对高校青年教师思想政治工作既是一个机遇,又是一个挑战。探索新形势下"互联网+"教师思想政治工作模式,有效整合各类资源,有助于壮大主流思想舆论,使思想政治工作获得情景交融的效果,从而在网络上唱响时代主旋律,增强社会主义意识形态话语权。一是要加强意识形态领域阵地建设和网络信息渗透,引导青年教师正确使用网络工具,强化他们的法律意识和责任意识,并通过课程设置等主动占领网络思想政治工作阵地,积极搭建网络教育服务平台,建立及时互动沟通机制,提升运用网络开展青年教师思想政治工作的能力。二是加强传统媒体和新媒体融合,创新"互联网+思政"内容生产模式,发挥全媒体立体化传播的优势,建设好"两微一端"等新媒体平台,打造一批"微思政"精品,增强网络思想政治教育的亲和力。三是通过网络掌握高校青年教师思想理论动向和网络舆情,关注青年教师的民主意识和诉求表达,并及时发现倾向性、苗头性问题,有效应对涉及青年教师的舆论事件,调动和发挥好高校青年教师自我学习、自我提高、自我教育的主动性和积极性,为高校发展提供有力的思想保证、舆论支持、精神动力和文化条件。

主要参考文献

邱燕茹,2013.高校推进青年教师思想政治工作的策略思考[J].思想理论教育导刊(4):129-131.

范猛,许玉乾,2015.高校青年教师思想政治工作的时代嬗变及优化路径[J].国家教育行政学院学报(3):44-49.

高校辅导员胜任力模型的构建与检验

刘世勇　陈　莎

中国地质大学(武汉),湖北 武汉 430074

摘要:研究高校辅导员胜任力的构成,对促进高校辅导员的职业化、专业化和专家化发展及高校学生工作的科学化、规范化和制度化建设具有非常重要的意义。本研究基于访谈法、问卷调查法和统计法,构建并检验了高校辅导员胜任力模型。得出高校胜任力模型由认知特征、服务特征、影响特征、专业知识、个性特征、专业技能、成就特征、培养学生共8个因素构成的结论。验证性因素分析结果显示模型拟合良好。问卷的项目区分度、信度和效度达到了统计学要求的较高水平。

关键词:高校辅导员;胜任力模型;构建;检验

一、引言

胜任力是个体的潜在特征,是动机、特质、技能、自我形象或社会角色等,或者他(她)所运用的知识体(McClelland et al.,1980)。随着胜任力成为人力资源

【文章来源】本文原载于《湖北社会科学》2011年第3期,有修改。

【项目来源】本文系湖北高校学生工作研究会项目"辅导员胜任力研究与评价体系构建"(项目编号0910D25)的阶段性成果。

【作者简介】刘世勇,男,博士,中国地质大学(武汉)外国语学院党委书记,教授;陈莎,女,中国地质大学(武汉)应用心理学研究所2009级硕士研究生。

管理领域研究的热点,其研究成果已逐渐应用到招聘、选拔、培训、绩效管理和薪酬管理等各项人力资源管理与开发的实践当中,从而形成了对组织发展具有重要意义的强大的人力资源系统,全面提升了组织的竞争力。

辅导员是高校教师队伍和管理队伍的重要组成部分,是开展大学生思想政治教育的骨干力量,是高校学生日常思想政治教育和管理工作的组织者、实施者和指导者。由于辅导员在学校管理队伍中的特殊地位,其作用也显得越来越重要,因此高校辅导员胜任力研究也引起了学者的关注,取得了一定的研究成果。顾倩(2004)认为,高校辅导员的胜任特征由12个维度构成,包括言语表达能力、原则性、应变能力、心理辅导能力、职业忠诚感、理解尊重学生程度、观察能力、个人魅力、参与能力、思想道德修养水平、沟通能力和创新能力;甘祝君(2006)认为,高校辅导员胜任特征结构包括个人素质、事业责任心、语言表达能力、心理辅导能力、组织管理能力、理解和尊重学生意识6个维度;陈建文等(2009)认为,高校辅导员胜任特征由职业态度与品质、专业知识、自我调节、问题解决能力、人际沟通与协调、外倾性6个因素构成;等等。综合分析来看,前人的研究既有包含专业知识或专业素质的广义胜任特征的模型,也有狭义胜任特征的模型,既有由概念相对单一的能力指标直接构成的胜任特征模型,也有包含多种能力指标的综合模型。普遍认同的胜任特征有语言表达能力、沟通能力、职业忠诚感、尊重学生程度、应变能力、观察能力和个人道德修养等。多数研究者选取的样本数量少或类别单一,未对构建的辅导员胜任特征模型从应用的角度进行实际验证,未对胜任特征指标作定性的权重划分。

深入研究高校辅导员的胜任特征,对促进高校辅导员的职业化、专业化和专家化发展及高校学生工作的科学化、规范化和制度化具有非常重要的意义。基于此,本研究在借鉴前人研究的基础上,对高校辅导员胜任力模型进行了进一步的实证研究。

二、研究设计

1. 研究过程、对象与内容

第一步,编制访谈提纲,选取10名不同性别、年龄、学历和工作年限的在职辅导员进行访谈,对访谈内容进行分析,提炼辅导员胜任特征要素。

第二步,选取"2008全国高校辅导员年度人物"作为研究对象,了解他们的先进事迹,分析其岗位胜任特征。

第三步,根据自编的高校辅导员胜任力核验表,选取湖北省内4类(包括教育部直属高校、省属公办本科高校、民办本科高校、高职高专院校)37所高校200位在职辅导员进行问卷调查,以获得重要的高校辅导员胜任特征要素。其中有效问卷186份,回收率为93.0%。

第四步,根据获得的胜任特征要素编制"高校辅导员胜任力模型调查问卷",问卷经过修订后,再选取上述4类4省48所(包括前面37所中的9所)高校的480名在职辅导员正式施测,回收有效问卷427份(样本特征见表1),有效回收率为89.0%;同时选取3所高校的500名大学生进行正式施测,回收有效问卷422份,有效回收率为84.4%。把样本分为两组,选取第Ⅰ组样本(其中辅导员287名,大学生332名)的数据进行探索性因素分析,获得辅导员胜任力模型。

表1 被调查辅导员的样本特征($N=427$)

特征		探索性因素分析 ($N=287$)	验证性因素分析 ($N=140$)
性别	男	39.0%	52.9%
	女	61.0%	47.1%
年龄	25岁以下	28.9%	1.4%
	25～30岁	51.2%	20.0%
	31～35岁	12.2%	64.3%
	35岁以上	7.7%	14.3%
学位	学士	58.5%	21.4%
	硕士	39.0%	64.3%
	博士	2.5%	14.3%
工作年限	半年以下	24.7%	20.7%
	半年～1年	27.2%	37.1%
	1(不含)～5年	32.8%	27.1%
	5(不含)～10年	8.7%	13.6%
	10年以上	6.6%	1.5%

第五步,运用第Ⅱ组样本(其中辅导员140名,大学生90名)数据进行验证性因素分析,分析问卷的结构,对高校辅导员胜任力模型作进一步验证。

第六步,对问卷的项目区分度、信度和效度进行分析,检验问卷的有效性。

2. 数据处理方法

使用 SPSS 17.0 软件与 LISREL 8.7 软件对数据进行处理。采用描述统计、t 检验和方差分析等方法计算有关变量的总数、平均值、标准差;采用探索性因素分析和验证性因素分析,构建并检验高校辅导员胜任力模型;采用项目分析和因素分析等方法进行问卷的项目区分度、信度和效度分析。

三、结果与分析

1. 高校辅导员胜任力模型的构建

(1)因素分析可行性检验。本研究采用 KMO 检验和巴特利特球形检验方法来对原始变量作相关分析,判断其是否适合作因子分析。KMO 是取样适当性量数,KMO 值愈大,表示变量间的共同因素愈多,愈适合进行因素分析,根据学者 Kaiser 的观点,如果 KMO 值小于 0.5,较不宜进行因素分析。利用第Ⅰ组样本的数据作 KMO 和巴特利特球形检验测试,其中 KMO 值为 0.930,表示适合进行因素分析;巴特利特球形检验达到显著性水平,代表母群体的相关矩阵有共同因素存在,也表示适合进行因素分析。

(2)因素分析的结果。使用 SPSS 17.0 统计软件对问卷进行因素分析,采用主成分分析法,通过方差最大正交旋转,抽取特征值大于 1 的公共因子(胜任特征因子,共 8 个),旋转后的 8 个公共因子的累计方差贡献率为 54.887%(表2)。

(3)胜任特征因子命名与模型构建。根据问卷中各个胜任特征因子所包含的 41 项胜任特征要素的特点,对各个胜任特征因子进行命名,得出高校辅导员胜任力模型的构成,如表 3 所示。

表 2　旋转前与旋转后公共因子的特征值和方差贡献率

公共因子序号	旋转前特征值	旋转前方差贡献率（%）	旋转前累计方差贡献率（%）	旋转后特征值	旋转后方差贡献率（%）	旋转后累计方差贡献率（%）
1	11.973	29.203	29.203	3.979	9.704	9.704
2	2.298	5.606	34.809	3.844	9.375	19.079
3	1.980	4.830	39.639	3.503	8.544	27.623
4	1.528	3.728	43.367	2.713	6.618	34.241
5	1.381	3.369	46.736	2.329	5.681	39.922
6	1.245	3.036	49.772	2.072	5.054	44.976
7	1.067	2.602	52.374	2.056	5.014	49.990
8	1.030	2.513	54.887	2.007	4.896	54.386

表 3　高校辅导员胜任力模型的构成

因子序号	因子命名	胜任特征要素
1	认知特征	概念性思维、计划性、分析性思维、应变能力、预见性、创新能力、针对性
2	服务特征	公平公正、尊重学生、理解学生、维护学生、关爱学生、引导学生
3	影响特征	职业兴趣、职业忠诚、效率意识、主动性、注重质量、灵活性、抗压能力
4	专业知识	教育学知识、心理学知识、管理学知识、法律知识、思想政治教育知识
5	个性特征	外倾性、创建信任感、果敢、亲和性、爱好广泛
6	专业技能	书面表达能力、组织管理能力、沟通技能、领导能力
7	成就特征	奉献精神、原则性、上进心、自信心
8	培养学生	发掘潜能、为学生负责、提供协助

（4）因子权重分析。由于每个胜任特征因子都包含了相应的原始变量，我们以这些原始变量（胜任特征要素）的均值作为该胜任特征因子的得分，将所有胜任特征因子的得分作为总分，可以计算出每个胜任特征因子的权重（表 4），为胜任力模型应用研究提供权重依据。

表 4　高校辅导员胜任力各因子的权重

排序	胜任特征因子	胜任特征平均得分	权重(%)
1	服务特征	5.927	14.5
2	专业技能	5.158	12.6
3	影响特征	5.059	12.4
4	认知特征	5.045	12.3
5	培养学生	4.978	12.2
6	成就特征	4.950	12.1
7	个性特征	4.936	12.0
8	专业知识	4.869	11.9

2. 高校辅导员胜任力模型的检验

本研究采用交叉验证的方法进行验证性因素分析,即在采用探索性因素分析找出变量可能的因素结构后,在另一个样本中采用验证性因素分析去验证,这样可以保证问卷所测特质的确定性、稳定性和可靠性。对第Ⅱ组样本的数据使用 LISREL 8.7 软件进行处理,对已获得的高校辅导员胜任力模型进行验证,依据各个项目得分的协方差矩阵完成参数估计,结果如表 5 所示。

表 5　验证性因素分析模型拟合指标

χ^2	df	χ^2/df	RMSEA	NFI	CFI	IFI	NNFI
1 561.30	751	2.079	0.068	0.93	0.96	0.96	0.96

拟合优度的卡方检验 $\chi^2=1\,561.30(P=0.0)$,df=751,卡方自由度比 $\chi^2/df=2.079$,小于 5,说明模型适配合理;近似误差平方根(RMSEA)为 0.068,小于 0.10,其值介于 0.05～0.08 之间,表示模型拟合较好;标准拟合指数(NFI)、比较拟合指数(CFI)、递增拟合指数(IFI)、非标准化拟合指数(NNFI)的数值均在 0.90 以上,说明模型可以接受。

3. 问卷的项目区分度、效度与信度分析

(1)项目区分度分析。项目区分度采用各个项目得分与所属因子分数的相关系数表示。问卷项目区分度分布范围见表 6。

表6 项目区分度

因子	与所属因子总分相关范围	与其他因子总分相关范围
认知特征	0.668~0.749	0.241~0.504
服务特征	0.540~0.743	0.229~0.437
影响特征	0.634~0.739	0.211~0.522
专业知识	0.661~0.725	0.095~0.406
个性特征	0.652~0.784	0.222~0.542
专业技能	0.698~0.723	0.141~0.500
成就特征	0.637~0.755	0.173~0.475
培养学生	0.746~0.781	0.129~0.449

以上数据表明，每个项目与其所属因子总分之间的相关度较高，而且高于与其他因子总分的相关度。这说明"高校辅导员胜任力模型调查问卷"中问卷项目的区分度较高。

（2）问卷效度分析。效度指的是测量的正确性，即一个测量或测验是否测量出了所要测量的特质。本研究主要检验了问卷的结构效度。结构效度主要通过计算各分量表间的相关系数、各分量表与整个测验总分之间的相关系数，以它们作为指标来考察，结果见表7。

表7 各因子之间及与总问卷的相关系数

因子	总问卷	认知特征	服务特征	影响特征	专业知识	个性特征	专业技能	成就特征
认知特征	0.831							
服务特征	0.784	0.554						
影响特征	0.827	0.655	0.568					
专业知识	0.632	0.438	0.410	0.366				
个性特征	0.776	0.550	0.574	0.639	0.387			
专业技能	0.680	0.545	0.610	0.445	0.479	0.428		
成就特征	0.726	0.574	0.468	0.583	0.403	0.556	0.384	
培养学生	0.615	0.457	0.556	0.438	0.291	0.432	0.347	0.366

由表7可知,各因子与总分存在中高度相关,相关系数在0.615～0.831之间,各因子之间具有中等程度相关,相关系数在0.291～0.655之间。各因子和总分之间的相关系数均明显高于各因子之间的相关系数,表明问卷结构效度良好。

(3)问卷信度分析。测验的信度是指一个测验经过多次测试所得结果的一致性程度。分量表和总测验的内部一致性信度采用克龙巴赫α系数(简称α系数)作为指标。如表8所示,"高校辅导员胜任力模型调查问卷"各因子的α系数均高于0.60,问卷整体的α系数达到0.90以上,说明此问卷具有较好的内部一致性信度,测试的结果完全可以接受。

表8 各因子与问卷的 α 系数

因子	认知特征	服务特征	影响特征	专业知识	个性特征	专业技能	成就特征	培养学生	总问卷
α系数	0.822	0.794	0.817	0.733	0.761	0.666	0.662	0.665	0.934
分半信度	0.825	0.777	0.842	0.751	0.701	0.636	0.623	0.672	0.948

问卷的项目区分度、信度和效度检验,表明自编问卷达到了统计学要求的较高水平。

四、结论

高校辅导员胜任力模型是多层次、多维度的结构,包括8个因子,41项胜任特征要素。验证性因素分析结果显示:各项拟合指标均达到较高水平,由此得出高校辅导员胜任力模型拟合良好,问卷的性能和结构接近理想标准和要求。"高校辅导员胜任力模型调查问卷"项目区分度较高,问卷8个因子的α系数与分半信度均在0.600以上,总量表的α系数与分半信度均达到0.900以上,代表此问卷的信度颇佳。问卷各因子分和总分之间的相关系数均大于各因子之间的相关系数,代表问卷结构效度良好。

根据本研究获得的高校辅导员胜任特征模型,可以编制"高校辅导员胜任力测评问卷",用于高校新辅导员的招聘选拔,也可以对在职辅导员胜任力进行评价,以便有针对性地对辅导员进行培训学习,提高其职业能力,促进高校辅导员队伍的职业化、专业化和专家化建设。

主要参考文献

陈建文,汪祝华,2009.高校辅导员胜任特征结构模型的实证研究[J].高等教育研究,30(1):84-89.

顾倩,2004.大学辅导员胜任力问卷的编制及初步应用[D].太原:山西大学.

甘祝君,2006.高校辅导员胜任特征的研究[D].武汉:华中科技大学出版社.

D C MCCLELLAND,R E BOYATZIS,1980. Opportunities for Counselors from the Competency Assessment Movement [J]. The Personnel and Guidance Journal,58(5):368-372.

应用于研究生培养中的知识管理问题研究初探

杨从印 喻芒清 王 嘉

中国地质大学(武汉),湖北 武汉 430074

摘要:知识管理是现代管理理念中的热点问题,其实用性已经在实际工作中得到了验证。在高校这一以知识性成果为产出的平台上,建立以知识管理为核心的管理理念势在必行。将它应用于研究生培养中,可以对目前存在的个体知识结构单一、导师负担过重等问题起到缓解作用,并随着知识管理方式的成熟,可以彻底解决这些问题。

关键词:知识管理;研究生培养

一、引言

1.知识管理概念的范畴

近年来,越来越多的研究生培养单位将目光投向了知识管理(knowledge management)这一新型的管理理念。知识管理最早是应用于企业管理的一种理

【文章来源】本文原载于《湖北社会科学》2007年第3期,有修改。

【项目来源】本文系2006年度中国地质大学(武汉)优秀青年教师资助计划项目"知识管理在研究生培养中的应用研究"(项目编号CUGQNW0611)的研究成果。

【作者简介】杨从印,男,博士,中国地质大学(武汉)财务与资产管理部部长,研究员;喻芒清,男,博士,中国地质大学(武汉)马克思主义学院教授;王嘉,女,中国地质大学(武汉)2005级研究生。

念,属于组织行为学的研究范畴。美国《财富》杂志于 1998 年发表了题为"迎接知识经济"的文章,提出了知识管理的概念,该文指出,知识管理通过知识共享、运用集体的智慧提高应变能力和创新能力。由于知识管理成为研究对象的时间还不长,学术界对其的定义也有很多(葛星等,2005)。

知识管理专家 Yogesh Mathotra 认为,知识管理是在日益加剧的不连续的环境变化情况下服务于组织适应、生存和能力等关键问题的一项活动,其本质是以信息技术处理数据和信息的能力以及人们创新能力有机配合的过程。

Karl Erik Sveiby 认为,知识管理是利用知识的无形资产创造价值的艺术。

Marianne Broadbent 提出,知识管理是挖掘并组织个人以及相关知识,以提高整体效益的一种目标管理流程。

在企业部门对它有了深入的认识并逐步正确应用它时,人们也认识到了知识管理同样也适用于事业单位,特别是高等院校的管理。在这个层面上,知识管理的概念是指高校的教学研究组织在整体上对知识的获取、存储、学习、共享及创新的管理过程。

2. 知识管理应用于研究生培养的相关概念

首先应该明确知识的概念。知识是基于信息之上的有关事实之间的因果或相关性的联系,是人们在实践活动中所获得的认知和经验的总和。信息只是对事物的简单描述,属于显性知识的一种。而技能和认知难以用语言文字表达传递,不易量化和编码,很难被学习者直接获得和掌握,通常被称为隐性知识(朱汝光,2003)。同时,隐性知识还被更具体地划分为两类:技术类的隐性知识和认知类的隐性知识。技术类的隐性知识是指某些具体的技能;而认知类的隐性知识则通常反映了人们对事物的分析认识和对未来的预测的能力,是人们内在的思考能力。

知识管理就是在归纳整合显性知识的基础上,来发掘和传播隐性知识,利用知识共享的方式来使个体获取更多巩固隐性知识的方法。在研究生教育中,应用知识管理,能够在研究生和导师之间建立一个全新的资源融合与知识共享的平台,营造一个学习型组织,缓解目前存在的资源不足问题。

二、研究生教育管理中存在的问题

由于研究生培养不同于本科生的培养,因此研究生的培养不能完全照搬本科阶段的基础性教学培养方式。同时,研究生自身的自主性和创造性只有在导师的正确引导下才能更好地发挥。正确引导并使研究生自觉地创造应有的价值,是研究生培养的主要目的。数据表明,近几年,重点大学的本科招生增长较为平稳,而研究生扩招速度明显加快;博士生的年均增长率为19.5%,硕士生更是达到23.1%。在对教师教学负担的调查中发现,重点大学的教师平均教学负担增加较多。与2000年相比,2005年本专科生的师生比增长了28.6%,硕士生的师生比直线上涨了102%,平均一个导师要带近10个研究生。在教学实践环节,本科生教学实践时间增加39%,而研究生教学实践时间则同比下降了38%。伴随着研究生的扩招,种种问题开始出现。

1. 培养方式与本科趋同

在研究生教学中,应该重视动手能力和科技创新能力的培养,这与本科的基础性知识教学是不同的两种教育理念。研究生的教学,教师应该结合自己科学研究的最新成果给研究生授课,启发研究生的创新思维,培养他们科学研究的能力。即使是基础课教学,也应该注重对基础知识的挖掘和引申,不能再像给本科生上课一样,仅仅是一些基础理论和公式的推导,而应该尝试引导学生建立数学和物理模型,增强实践动手能力和科学研究的能力。要尽量避免大班授课,要分成几个研究小组,开启研究性、讨论性、创新性教学方式,确保研究生培养不偏离既定培养目标。

2. 导师制没有很好的延续

李政道曾说过:研究生的培养,从根本上应采取"一对一"的模式。在研究生扩招之前,硕士生与导师之间的关系基本上相当于现今的博士生与导师之间的关系,总体上可以保证"一对一"的教育方式,导师所指导的研究生在数量上有着严格的控制。因而,在教育管理上就更加具体和细致。导师和研究生之间有着较深的了解。近年来,导师们指导研究生的数量直线上升,从三四个到十几个,甚至几十个的都有。特别是文科类的研究生,如果导师研究课题比较少,师生之间联系较少,很容易让研究生感到无事可做。因此,导师与研究生之间更要加强联系,积极探讨本专业领域的学术问题,充分发挥导师在研究生学术研究能力培养方面的指导作用。

3. 科研成果的指标化倾向

大多数学校的研究生管理部门都要求研究生在校期间发表学术论文,并将其与研究生能否毕业挂钩。这样,大部分研究生都必须发表论文才能顺利毕业,为此,研究生不得已挖空心思去写"学术论文",难免出现一些粗制滥造的所谓"学术成果",并引发学术不端行为。因此,学术论文一旦作为研究生的一项考核指标,就成为了研究生毕业的筹码和工具,学术论文也就失去了应有的创新性和自发性,这对学术界的发展进步也造成一定的影响。

4. 毕业设计(论文)质量的下滑

由于以上问题的存在,毕业设计(论文)质量的下降似乎是必然的。目前有些研究生毕业设计(论文)过于形式化,无实质内容、无创新点可言。只要有"成果",哪怕只是形式上的"成果",就能够通过考核。与以往相比,一篇论文的实际写作周期很短。其中还有一个原因,就是互联网资源的丰富造就了一批"注水"毕业设计(论文)。开题过程和答辩过程也有形式化的表现。在一场开题报告会中往往有多个研究生作报告,导师由于精力有限,对题目和内容的把握不可能做到精益求精,只要不是太离题,基本上都会让研究生研究下去。论文开题的草率直接导致了论文质量的下降,但学校又不可能让过多的研究生滞后毕业,因此,在答辩过程中也难免会有"放水"的可能。这些问题的存在对于研究生培养与管理来说是严峻的考验,也是必须尽力去解决的问题。资源不够丰富是目前的现状,不可能短期内改变。在有限的资源中获取更多的创新思维和应用能力,是高校研究生培养管理者需要正视的问题。知识管理作为一种新型的管理理念,讲求知识的快速交流,它在企业中的成功运用可以给我们一定的启示。帮助研究生和导师进行有效沟通,并通过一定的技术手段,将正确的知识传授给正确的人,从而提高教学体系的工作效率,不仅是知识管理在教学管理中的应用,也是打破研究生培养瓶颈的一个契机。

三、应用知识管理的必要性

为什么要应用知识管理于研究生培养过程中呢?这是由知识管理的积极意义所决定的。知识管理已经在企业管理中起到了积极的作用。结合高校实际,如果将知识管理平台广泛应用,可以达到以下效果。

1. 更好地贯彻"以人为本"的教育理念

现代教育不仅仅是知识的单向传播,还包括接受方在接受和理解知识之后,对知识的应用。研究生培养是这一教育模式最典型的范例。建立知识管理架构,其目的是便于研究生更好地学习知识、应用知识。如果没有这样一个平台,研究生教育在大规模扩招的今天则有可能流于形式,形成人员获取文凭的"流水线",起不到该阶段学习应有的作用(樊治平,2003)。

2. 培养研究生团队协作能力,适应社会工作环境

导师与研究生一对一的培养模式已经不可能重现了,现在的研究生规模不同往日,一个导师带几个甚至几十个研究生,不可能做到对每个人的情况都充分了解,并有针对性地加以指导。导师通过一个个具体的项目来培养研究生的科研能力是一个基本的途径。但从目前的情况来看,科研项目多学科交叉的特点更加明显,不同学科的科研人员相互合作更加有必要。因此学术团队和科研团队在今天研究生的培养中起到越来越重要的作用。学术团队或科研团队内每一个个体的知识结构不尽相同,可在学术团队或科研团队内建立一个小型的学习型组织,应用知识管理的模式,让大家将自己对科研项目的认识和创新想法提出来,与团队成员进行讨论,从而提高团队工作效率,并在其中锻炼自己的思维能力和科研能力。

3. 提高组织的整体素质与学术气氛

这里的"组织"可以指一个科研团队,也可以指整个研究生培养机构(研究生院、处、部)。整合资源后,组织的学习氛围更加浓厚。人文资源与自然科学的融合能力,更是学者应该具备的学术素质。同时,知识管理平台也可以培养研究生主动学习的能力,让他们在选择性吸收的基础上拓宽自己的知识域,从而更好地开发自己的思维和提高综合素质。这样,科研成果的产生也就是水到渠成的事情,论文的实质内容将会有更好的扩充,可以缓解目前学术界的浮躁气氛。从宏观上讲,对研究生培养机构创造一个良好的育人环境也有一定的好处。

四、知识管理应用于研究生培养的策略

将知识管理运用到高校研究生培养中的主要目的就是借鉴知识管理的思想与理念,对研究生的培养管理过程进行创新,从而保证研究生的培养质量。作为一种新兴的管理思想与理念,知识管理的运作体系尚未形成统一的框架,我们应根据高校这一组织的特点和研究生培养的自身规律来探索知识管理在研究生培养中的运用策略(夏敬华等,2003)。结合国外及有关企业对知识管理的成功实践,我们认为,在研究生培养中应用知识管理应注意以下几点。

1. 研究生教育管理组织及管理者观念创新问题

研究生教育是一项特殊而重要的系统工程,在研究生的培养中实施知识管理,需要研究生教育管理者的共同努力,不断地进行探索与改进。首先是管理者观念的更新,具有创新观念才能更准确地指导创新机制的建设。目前高校必须从办学理念、培养方针、教学思想、学科建设理念、激励机制等方面多途径多渠道拓宽思路。其次是教育管理组织的创新,主要进行管理机构改革,建立高效的管理机构,以适应现代高等教育发展的需要。强调组织创新就应将组织内所有的人都纳入组织创新活动中来,这是创新系统性的需要,也是降低创新阻力的需要。只有全员参与,特别是研究生教育管理者积极地参与,才能有效地开创这项工作。

2. 高校内部良好环境的营造问题

由于知识创造、应用、交流的过程是一种无形的活动,因此良好的文化氛围对于知识管理在研究生培养中的应用是必不可少的。首先,要建立一个对知识管理在研究生培养中的推广与应用承担责任的专门部门,这有利于整合优势,培养各级研究生教育与管理机构及导师、研究生整体的创造能力和应变能力,以使

高等学校学科多样性和互补性的潜在优势转变为高等学校真正的优势。其次，要建立良好的制度环境。研究生培养中急需一整套有利于知识交流、知识创新的激励机制（如建立研究生参与高水平学术会议的激励办法等）。知识管理的成功主要取决于人，而不是技术，创新必定是由人来完成的，知识创新也经常发生在人们相互交流的过程中。信息技术设备无论功能有多强，也不过是人的一种工具，只有人才能在知识创新过程中扮演核心角色。因此，要建立起一套行之有效的激励机制，鼓励研究生与研究生、研究生与导师之间相互交流，只有这样才能促进知识在研究生培养中的顺畅"流动"，形成一种相互学习的氛围。

3. 高质量知识共享平台的建立及应用问题

首先，要建立发达的网络系统，鼓励研究生、导师充分利用网络与外界交流、更新知识。而建立的网络资源，也可以为研究生群体及学校提供一个畅通的知识共享和交流的途径。在建立这个知识管理平台的过程中，我们要注意的是不能过分强调技术，而忽略了知识管理本身。

其次，要选择适合于共享平台的知识，并做好知识共享平台的维护与更新。有些学术成果，因其社会意义的特殊性及学者本人的意愿，是需要保密的，而除此之外的大部分知识是可以公开并必须公开的。因此，建立知识共享平台的首要任务就是区分知识的保密级别。所谓知识共享，就是对已有知识进行传播与转移的过程。另外，在建立具体的数据库时，各学科的学者应该共同参与，将本学科最精华和最基础的知识均加以筛选，上传到共享平台中。因此，我们应该以知识为中心，以人为本，以信息工具为辅，在建立高质量的知识共享平台的同时，发挥人的活力。

广泛及有效地应用知识共享平台是我们建立知识共享平台的目的。研究生自身的素质及研究生群体培养质量的提高是我们进行知识管理的最终目的。因此，在这一过程中，研究生自身科研水平与能力能否不断提高及他们能否做出创新性成果是至关重要的。例如，理工科的研究生通过知识共享平台了解社会经济等方面的第一手资料之后，能否将其研究成果与经济发展的需要联系起来，写出理论性、应用性更强的学术论文，做出更易转化为高科技产品的研究成果是我们追求的最终目的之一。

4. 各学科知识的宏观整合问题

研究生培养机构是这一步骤的执行者,在各学科的学者将知识筛选上传后,还需要进行统一的整合。整合的目的是将各类知识加以汇总,并分为基础知识研究、实践过程研究、创新性研究等大类,以使知识平台的使用者能各取所需,提高学习效率。另外,还应收集和补充各学科具有代表性的学术论文和学术会议成果,以及各学科专业在培养过程中的一些学务信息,如课程设置、授课的时间地点、各类学术讲座和学术报告等。这也是教育信息公开的一个重要方面。

5. 研究生培养机构的知识反馈工作

按照传播学的理念,一个完整的传播过程,必然包括大众对信息的反馈。而知识的传播也是传播的一种。不同的是,导师的指导属于人际传播,而通过平台来传播知识,是大众传播的范畴。这个传播过程的最后一步,就是由平台提供者来做好整个传播过程的监督和总结工作。因此,应该在固定的时间段,对这一段时间内的知识引用及创新状况做出正确的总结,并根据情况来加以改善,维护知识平台的先进性。这需要研究生培养机构做好知识反馈工作。

以上一些思考与对策,为研究生培养机构进行知识管理提供了一定的参考。除此之外,各高校也应根据不同的校情及院校特点,根据不同的学科和研究生个人的特点,来构建最适合本院校的知识管理模式,实现研究生学习效率与培养机构工作效率的最大化。

主要参考文献

樊治平,2003.知识管理研究[M].沈阳:东北大学出版社.

葛星,王惠芬,2005.知识管理在研究生培养中的应用[J].学位与研究生教育(10):21-24.

夏敬华,金昕,2003.知识管理[M].北京:机械工业出版社.

朱汝光,2003.运用知识管理理论造就学习型组织[J].北京市计划劳动管理干部学院学报(3):53-56.

专业教师实践"课程思政"的逻辑及其要领
——以理工科课程为例

余江涛　王文起　徐晏清

中国地质大学(武汉),湖北 武汉 430074

摘要：课程思政是当前高校思想政治工作的新理念、新模式,是各方高度关注的理论和实践问题。而在繁多论述中尚缺乏对课程思政的科学内涵、生成机理、逻辑结构的深刻揭示,这显然不利于专业教师落实课程思政,特别是没有看到理工科课程与人文社会科学(简称人文社科)课程的显著差异,把两者大而化之、等量齐观,这显然不利于理工科教师开展工作。笔者认为,高校课程思政短板和难点在于理工科课程,而理工科课程思政作用的生成机理和逻辑结构又是理工科教师落实课程思政的关键。笔者对此进行了揭示和诠释,最后指出了理工科教师实践课程思政的具体要领。

关键词：专业教师；课程思政；理工科；逻辑；要领

课程是教育学中的重要术语,指基于教学计划的教学进程和安排,对高校而言,课程是保障专业教学的关键载体和支撑。长期以来,党和国家高度重视课程

【文章来源】本文原载于《学校党建与思想教育》2018年第1期,有修改。
【项目来源】本文系中国地质大学(武汉)高等教育管理研究课题"我校教师行为规范守则研究"(编号2014GJA03)的研究成果。
【作者简介】余江涛,男,博士,中国地质大学(武汉)材料与化学学院党委副书记；王文起,男,博士,中国地质大学(武汉)后勤保障部部长,副研究员；徐晏清,女,湖南大学图书馆馆员。

的育人作用,特别是进入21世纪以来,发挥课程的育人作用被反复地强化。中共中央、国务院印发的《关于加强和改进新形势下高校思想政治工作的意见》指出"充分发掘和运用各学科蕴含的思想政治教育资源,健全高校课堂教学管理办法"。习近平总书记在全国高校思想政治工作会议上,指出"要坚持把立德树人作为中心环节,把思想政治工作贯穿教育教学全过程,实现全程育人、全方位育人……要用好课堂教学这个主渠道,思想政治理论课要坚持在改进中加强,提升思想政治教育亲和力和针对性,满足学生成长发展需求和期待,其他各门课都要守好一段渠、种好责任田,使各类课程与思想政治理论课同向同行,形成协同效应"。这是对课程思政的科学概括和集中阐发。可以说,课程思政就是立足课程作为学科专业发展的基础地位,从育人维度来观照课程价值,实现思政寓课程,课程融思政,发挥各类课程的思想政治教育资源作用,共同致力于提高学生的思想水平、政治觉悟、道德品质、文化素养的高校思想政治工作新理念新模式。

一、课程思政重在抓好理工科课程的思想政治教育

重点抓好理工科课程,并不意味着人文社科课程不重要、不需要抓,而是从当前工作的短板、从理工科课程的特点和现状来讲的。人文社科课程和理工科课程都是大学生必须要学的课程,总体上都会促进学生的全面发展进步,都需要发挥课程思想政治教育作用,但是相对于人文社科课程来讲,理工科课程思想政治教育作用的发挥存在一定的难度,并且有其自身的特殊性。主要体现在以下几个方面。

(1)理工科课程本身是基于自然认知的普遍性,无人文社科课程的立场导向。我们的人文社科课程坚持以马克思主义为指导,贯彻了马克思主义的立场、观点和方法。可以说人文社科课程本身就是学习运用马克思主义的鲜活范本,渗透了马克思主义基本要求,反映了党和国家的意志和要求,其思想政治导向是十分显著和明确的,也就是课程本身就是按照党的思政主张、立场、思维观点来布局和实施的。而理工科课程本身以自然知识为基本对象,反映事物的自然规律和运行机理,具有客观性,并超越意识形态,具有通约性和普遍性。所谓"科学无国界",可以说,自然不变,其道理不变。

(2)理工科课程教学重"术"的掌握和运用,人文社科课程教学重点在"道"的

阐发和弘扬。理工科课程有着明确的操作实践要求,要求掌握相应的知识要点,掌握技术手段,掌握运用方法、作业流程等,学生接受的教育重点在技术和知识层面,而知识服务于技术,最后实现对技术和知识的综合运用,强调"工具理性";人文社科课程重点在论"道",强化对"道"的辨识、认同,最后认同强调"价值理性"。这二者教学的重点和学生接受的重点的差异,使得理工科学生缺乏"道"的自觉,特别是价值上的引领和启示,而这正是需要从课程思政的角度加强的。

(3)理工科课程与人文社科课程的分野,使得理工科、人文社科师生精神气质、思维取向有很大不同。理工科教师考虑育"才"重"器"的多,考虑育"人"育"德"的少,形成了"专"上到位、"红"上不足的舆论形象;理工科学生掌握技术的多,有社会情怀的少,所谓"理工男(女)"形象突出,需要提升国家情怀、政治担当。而人文社科学生考虑方向大局的多,对国家和社会充满感情,所谓"书生气"重,当然存在实际本领掌握不够的问题,这也是要加强的。

同时,理工科院校数、理工科师生人数较之于人文社科比重更大,这在社会信息化、工业加速推进的社会发展中使得理工科重要性持续增加。发挥理工科课程思政的作用,形成独具特色的育人方式,切实"守好一段渠、种好责任田",实现协同育人,刻不容缓。

二、理工科教师实践课程思政的逻辑结构

1. 科技活动的人文后果是课程思政的生成基础

科技是改造社会、变革社会的强大武器,是推动社会发展进步的关键力量。但是科技的运用不仅仅要考虑目标,更要考虑后果。因为任何科技的运用既会推动社会发展,但同时也可能会引发新的社会问题,这个问题需要引起社会的关注。正如马尔库塞所批判的那样,科学的英雄时代将人抽象地、数字化地处理了,从始态的有机整体被分解为碎片,从有着内在生命丰富性的存在变成了符号的数字化存在,人已变成了没有精神需要,没有内心体验的单向度的人。这些问题需要从人文的视野来进行观照。在科技中融入人文的情怀、人性的光辉、人本的立场,可以更好地实现科技进步发展的目的,实现"科技让人的生活更美好"。而对科技引发的人文问题的思考,用人文的视野来观照科技的发展,就是理工科

教师以课程思政为开展教育的立足点,而且也应该成为其落脚点。这使得这类课的思政光辉独到而精彩。比如,在信息科技发达的今天,从人文的角度关怀关注人的安全感、尊严感、人和人之间的亲近感,就很有意义;再比如,生产越发达,生物制品越快捷,但是不是全面有益于人生命健康呢?这就很值得关注和思考。我们各种工程问题、机械问题都有这个问题的存在。而这正是理工科课程思政问题的本体论基础。正如科林武德所说:自然科学家研究自然现象时,没有必要研究自然是怎么想的,但是历史学家研究历史事件时,则必须研究人们是怎么想的。唯有历史事件背后的思想才是历史的生命和灵魂。这就是史学之所以被称为史学而有别于自然科学的所在。一切科学研究都是从"人文"的本源出发,并非游离于社会之外。

2. 科学思维启发是课程思政的着力关键

科学是严密的知识体系。科学研究的主要任务是寻找自然界各种事物发展变化的基本规律,在探索自然奥秘的过程中发现新事实、新原理、新规律。尽管在科学研究过程中要受到主体的限制和影响,但科学家们在思维过程中会尽量排除主观性的干扰,而力图认识客观规律的本来面目。正如恩格斯所说:应该发现现实的联系,从而清除这种臆造的人为的联系。理工科课程蕴含大量的科学思维和方法,理工科课程的学习很重要一点就是思维方法的学习、训练、掌握和运用。一些思维方法不仅仅在课程上从学科、专业的角度是适用的,转移运用到其他方面仍然是管用的,这是符合现代思维科学发展取向的。不仅如此,一些自然科学的理论可以逐步运用到人文社会科学中,比如工程思维,用工程的办法解决社会问题,我们可以把复杂的社会问题转变为工程问题。还有我们将一些具体思维方法也运用到日常生活中,比如地学思维的"以今知古"。还比如量子力学的第一性原理,即只用少量基本数据做量子计算,得出分子结构和物质的性质,从问题最基本的组成部分入手,一层层拨开事物表象,探索是否有可能的、更好的解决方案,探求本质,这种思维方式很新颖,成为商业领域广泛运用的高效思维方式。可以说科学思维不局限于单一的专业领域,若应用于人文社会问题,可以帮助师生改善思维方法,包括为人处世的方法。而这不仅仅是理工科老师可以吸取挖掘的地方,也更是其强项、优势,是可以大力推广的。这正是课程思政重要的、独特的价值所在,它不仅提供思维产品,更提供难得的可以运用、转移的科学思维。

3. 专业伦理渗透是课程思政的价值依托

课程思政,很显然与课程紧密相关,与课程的知识结构、专业技能紧密相关。理工科课程揭示的是"自然之理",这种理论的掌握运用者却有"处世之道"的问题,即专业伦理。因为自然科学最终要学以致用,但运用到什么地方,如何运用,掌握在什么人手中,这就是十分显著的伦理问题,即常说的"利用科学究竟是来开启天堂之门还是凿通地狱之路"关键在于掌握科学技术的人是否具有正确的专业伦理。比如,自克隆技术在生物学、医学领域取得重大突破后,由此产生伦理问题就受到高度关注。不仅如此,专业一般都有着行业的范畴,或者行业都有专业的支撑,行业风气首先需要对专业虔诚和敬畏来做保证,这呈现出来的就是专业伦理。比如工程领域,如何保障在工作安全的情况下,材料是环保的并且节约资源,不偷工减料。再比如,在医学领域,是否能做到生命至上,做到生命面前人人平等,不为等级、身份而左右。这些科学伦理,或者说专业伦理正是理工科教师开展课程思政实践的重要着力点,它们具有极大的亲近感、具有强大的说服力和感染力,有助于专业教师将专业学科课堂主渠道功能发挥最大化,具有其他教育方式不可替代的优势。

4. 为民服务是课程思政的落脚点

马克思认为,科学技术是现实生产力,是改造世界的物质力量。我们的文艺工作强调"二为""双百",社会科学强调"资政育人",这些就是学科或者课程学习的最终社会目的,也是人文社会科学的课程思政教育目的。科学由人创造、发现,最终为人类服务。利用科技改变自然,从而探索出顺应人类更好的发展方向,推动人类社会的发展前进,惠及人民群众,为人类本身发展造福。这在理工科课程上面体现得十分完整和生动,也是理工科课程课程思政践行知行合一、学以致用的目的所在。爱因斯坦有言:我们的问题不能由科学来解决,而只能由人自己来解决。这反映科技归根结底是人类解决社会矛盾,满足自身需求的工具。科学使我们可以更好地引导和教育学生,要引导他们树立正确的科学观念,看到科学对人类发展的巨大推动作用,从而崇尚科学、积极创新,培养一种科学精神和创新精神,培养良好的学风,扎扎实实掌握科学知识和技能。同时,让广大大生认识到通过自身掌握的科学知识和技能为人类造福,服务社会的历史责任感和使命感,从而树立正确的人生价值观,把个人价值和社会价值结合起来,利用科学技术,诚实劳动,为社会做贡献。

三、理工科教师实践课程思政应注意的要领

1. 坚守专业定位,注重学科视野

理工科教师注意理工科课程的思想政治教育作用,并不等于将理工科课程思政化,也不是在理工科课程或者课堂结束后,转而进行思政上的引申,而是全域、全息化地融入思想政治教育的理念、目的、手段、技巧,应该是"润思政"而细无声,水乳交融,自然融合。也就是坚持学科专业的性质不变、本位不改,还需要挖掘其学理、价值、伦理等,并将其作用于学生,让他们学会以专业为基础,思考和专业相连的问题,从而达成思想政治教育,也就是经过科学学习和训练全面提高学生修养。

2. 注重多元融合,注重学科文化育人

理工科课程有学科文化特点,有学习知识、运用知识的技术规范和实践场所。教师要善于结合学科文化特点,因势利导,借题发挥,在理工科课程学习过程中巧妙融入思想政治教育元素。比如有些科学研究的地点还比较荒凉,在这过程中就可以做到以境触人,以情感人,有效挖掘课程综合内涵。

3. 崇尚科学精神,发掘运用专业历史和人物教育作用

每一门学科都是知识的累积,也是无数科学家研究成果、探索过程、伟大人格的集中反映。从课程思政的角度上讲,教师就要发挥学科史、人物史的丰厚教育资源,尤其是科学家的事迹风采,可以用他们探索科学、追求真理的过程,来引导学生、教育学生。

4. 注重学以致用,在实践中落实思政课程

科学的目的在于运用,学生学习的科学知识最终也要运用到社会实践中。

从课程思政来讲,教师就要用好实践大舞台。让师生在运用知识过程中,增进对社会发展的理解,特别是对社会应用科学现状的了解,也了解社会整体科技水平,既提高自己的国情意识,促进社会责任感,也提高了自己学以致用的能力,还培养自己社会认知和交往能力,是多方面的教育。换言之,知识的学习和运用,不仅仅是累积自然知识过程,更是活生生的社会生活,是人的思想行为和思维观念塑造的过程。而这正是思想政治教育的意义所在。

论思想政治理论课教学中的"灌输原则"与"无灌输"理念

吴国斌

中国地质大学(武汉)马克思主义学院,湖北 武汉 430074

摘要:"灌输原则"与"无灌输"的德育理念,是思想政治理论课教学中的重要问题。现实中思想观念和思想斗争的复杂性,以及青年的思想特点决定了在思想政治理论课教学中坚持"灌输原则"的必要性;而教学活动本身的需要,以及教师职业伦理道德的要求决定了借鉴"无灌输"的德育理念的必要性。在思想政治理论课教学中坚持"灌输原则",具体体现为要坚持对学生进行有目的、有计划、有原则的引导教育,而借鉴"无灌输"的德育理念则体现为在指导思想上要批判地借鉴西方德育的相关理论和论述,在教育实践上要创造性地运用"无灌输"的德育方法。

关键词:思想政治理论课教学;灌输原则;"无灌输"理念

一、"灌输原则"与"无灌输"德育理念的含义辨析

"灌输原则"中的核心概念"灌输"很容易引起误解,其实,它与日常语境中所

【文章来源】本文原载于《学校党建与思想教育》2010年第29期,有修改。

【项目来源】本文系湖北省教学项目"以问题为中心的思想品德课教学研究"(项目编号 hb20060176)研究成果。

【作者简介】吴国斌,男,博士,中国地质大学(武汉)马克思主义学院副教授。

指的"灌输"在概念上有很大的区别。无产阶级理论教育之所以要坚持"灌输原则",主要是要反对"自发"与"放任"的观点。该观点认为,不需要经过从外部进行的引导和教育,仅仅是自发的工人运动就能够使工人阶级形成社会主义思想体系。"灌输原则"中所讲的"灌输"是与"自发形成"和"放任"相对的概念,实际上指的是一种从外部进行的、有意识的引导和教育,这对无产阶级思想观点的形成是非常必要的。

而西方德育"无灌输"理念所反对的"灌输"指的是什么呢?霍尔和戴维斯有两种观点。一种是根据所传授的内容来区分是否进行了"灌输"。这种观点认为,判断教育活动是否在进行"灌输",主要在于所教的内容。另一种观点则是依据教授时的"意图"来确定是否有"灌输"的行为。这种理论认为,灌输者需要人们接受他三番五次地重述那些信念,而同时又不允许人们批评这些信念。如果有一个人所受的教育说服他相信和接受别人教给他的东西,但不允许他探寻这些东西背后的根据和基本原理,据此就可以说这个人在被人灌输。可见,这里所说的"灌输"是与"压服"或者"强制"相对应的概念。

比较"灌输原则"和"无灌输"理念两者所说的"灌输",可以看出,两者是不同意义的概念。西方"无灌输"的理念所指的"灌输"与日常语境中的"灌输"含义更加近似,而"灌输原则"所指的"灌输",并不是日常语境中通常使用的"灌输"。确切来说,思想政治理论课教学中的"灌输原则",指的是思想政治理论课教学不能放任学生思想的自由发展,而必须要有意识、有目的地用正确的思想观点和行为规范加以引导和教育,使他们形成社会所需要的各种思想观念和行为。而"无灌输"的理念,主张在教育教学过程中摒弃硬性灌输的做法,通过某种方式启发学生,使学生自己去探索、去研究,从而培养自己道德思维能力和行为能力。

二、坚持"灌输原则"与借鉴"无灌输"理念的必要性

1. 在思想政治理论课教学中坚持"灌输原则"的必要性

首先,这是由现实思想状况和思想斗争的复杂性所决定的。在现实中,各种落后、错误的思想观念与正确的思想观念之间的斗争非常激烈,也非常复杂。人的正确思想不能自发地产生,尽管人们每天都在社会中生活,与他人交往,但并

不能自动形成社会所需要的思想意识。原因正如列宁所指出的那样：那些落后的，甚至是腐朽的思想体系的渊源比社会主义思想体系久远得多，它们的影响巨大和深远；在新时期，随着技术的飞速发展，这些思想体系能通过多种渠道进行传播，几乎到了无孔不入的地步；青年学生缺乏人生阅历，分辨能力差，对历史和现实都缺乏了解，很容易受到这些思想体系的诱惑。正是基于这些原因，我们必须要坚持正确的思想导向，用正确的思想观念来对他们进行教育和引导。

其次，这是由青年学生的思想特点所决定的。青年学生正处在世界观、人生观、价值观形成的重要时期，他们也需要人们对他们的思想问题和困惑，进行有针对性的教育和引导。具体到思想政治理论课教学，坚持"灌输原则"就是要使得"一切重大理论性、原则性问题上的正确观点"在青年学生的成长过程中发挥主导作用，使他们形成正确的世界观、人生观和价值观，而不是像西方德育界所宣称的那样，对学生们的世界观、人生观和价值观放任不管。

2. 在思想政治理论课教学中借鉴"无灌输"理念的必要性

坚持"灌输原则"就意味着既要重视德育和思想政治教育的结果（正确世界观、人生观、价值观的形成），还要高度重视教育的过程（怎样形成正确的世界观、人生观和价值观）。而重视教育过程，其核心就是要避免硬性灌输的行为，这实际上也就意味着，我们的思想政治理论课教学要借鉴"无灌输"的理念，摒弃硬性灌输的行为。首先，在教学过程中摒弃灌输的行为，是教学活动本身的需要。在实际的教学过程中教师们已经深有体会，对学生进行硬性灌输从来都是不成功的。其次，在教学过程中摒弃灌输的行为，也是教师职业伦理道德的要求。从教师这方面来说，在教学过程中进行灌输的行为本身也是不正确的，就教师职业伦理道德而言是有问题的。

三、坚持"灌输原则"与借鉴"无灌输"理念的具体体现

1. 在思想政治理论课教学中坚持"灌输原则"的具体体现

"灌输原则"所反对的是学生思想的"自发"与"放任"，那么，在思想政治理论课教学中坚持"灌输原则"，就必须要有意识、有目的地用正确的思想观念对学生

进行引导教育。这一点,必须体现在思想政治理论课教学的各个方面。

首先,思想政治理论课教学必须要坚持有目的的引导教育。这就要求我们每一个教育活动、每一个教学行为,都是经过精心设计的,都有明确的目的和指向,要引导学生树立和强化正确的思想观念。教学的内容可以延伸到多个领域,教学活动也可以丰富多样,但是必须做到"形散而神不散",必须围绕"有意识地正确引导"这个目的来展开,必须要紧扣主题,做到有的放矢。

其次,思想政治理论课教学必须要坚持有计划的引导教育。人思想的复杂性,决定了对学生进行引导教育并不是一件容易的事情。引导教育必须是在有计划、有步骤的基础上进行。计划是目的的进一步深化和细化。思想政治理论课教学是有计划的教学活动,必须要按照学生思想变化发展的规律来设计教学的各个环节和步骤,并且按照思想的发展历程来实施这些教学环节。只有这样,才能够达到有意识地对学生进行引导的目的。

最后,思想政治理论课教学必须要坚持有原则的引导教育。思想政治理论课教学是有意识地用正确的思想观念对学生进行引导教育,那么必须在是非问题上态度鲜明,也就是宣扬正确的思想观念、批判错误的观点和倾向,在这一点上一定要做到旗帜鲜明,绝对不能含糊、动摇。

2. 在思想政治理论课教学中借鉴"无灌输"理念的具体体现

西方的德育活动也进行某种"说教"和"灌输",但是他们能够运用一些很巧妙的方法,使这种"说教"(价值干涉和价值引导)看起来不是"外部强制",而是学生自己选择的结果。这值得我们学习和借鉴。具体说来,对"无灌输"理念的借鉴具体体现在德育理论和教学方法两个方面。

首先,从教学的指导思想上来说,我们要批判地借鉴西方德育的相关理论和论述。为了贯彻"无灌输"德育理念,西方德育界形成了较为成熟的理论和论述,有很多理论和论述值得我们在思想政治理论课教学中进行参考和借鉴。强调学生道德思维的发展。戴维斯指出,应该向学生提供一些有发展必要的道德思维技能的机会,而且应该用比他们自己的道德推理稍为成熟一些的道德推理来鼓励和吸引他们。强调开放和真实的道德教育课堂环境。道德教育的课堂环境必须既是开放的又是真实的。所谓大课堂环境必须是开放的,是指我们应鼓励并支持学生去发展他们自己的思考活动,而不是向他们描述那些观念化的"正确的"思维模式和答案。强调师生之间的讨论和互动。戴维斯指出,我们的道德教育方案乃是创造一种进行自由讨论、互相影响和体验的课堂环境。西方几乎所有的教育学家都强调讨论和互动对于学生思想品德形成的重要性。

其次,在具体的教育实践上,我们可以创造性地运用"无灌输"的德育方法。《中共中央宣传部 教育部关于进一步加强和改进高等学校思想政治理论课的意见》(简称《意见》)指出,教学方式和方法要努力贴近学生实际,符合教育教学规律和学生学习特点,提倡启发式、参与式、研究式教学。要研究分析社会热点。要多用通俗易懂的语言、生动鲜活的事例、新颖活泼的形式,活跃教学气氛,启发学生思考,增强教学效果。西方在长期的教学实践中总结出很多行之有效的教学方法,这些方法与《意见》的要求是一致的,应该成为我们借鉴的目标和对象。

综上所述,在思想政治理论课教学中将"灌输原则"与"无灌输"理念结合起来是必须的,它是加强和改进思想政治理论课教学的必由之路。我们要一方面坚持"灌输原则",一方面借鉴"无灌输"的德育理念,在此基础上进行教学方式和方法的创新。只有这样,思想政治理论课才能激发学生们的学习热情,对学生的成长成才起到不可替代的作用。

主要参考文献

邓小平,1993.邓小平文选:第3卷.[M].北京:人民出版社.

孙来斌,2004."灌输论"思想源流考察[J].武汉大学学报(哲学社会科学版)(1):119-123.

关于经典阅读提升思想政治理论课
有效教学的思考

朱桂莲

中国地质大学(武汉)马克思主义学院,湖北 武汉 430074

摘要:经典阅读作为一种读者与经典文本之间超越时空局限的特殊对话和意义重建,在教学环境下强调学生主体性、教师主导性和文本的可对话性,为提升思想政治理论课有效教学提供了一种可能的路径。但在实际的思想政治理论课教学中实施经典阅读,还面临着诸如功利性课程计划与学生自主学习时间的冲突、长期理论灌输教学模式与学生阅读习惯的缺失、教师知识结构的局限性和教学支撑技术的落后等方面的困境。结合当前思想政治理论课教学的根本目的和实际条件,实施以经典阅读为主的思想政治理论课有效教学,需要变革教学观念和模式,创新课程设计,提升教师经典阅读水平,制订经典阅读有效教学的评价效度和改善教学的技术和手段。

关键词:经典阅读;思想政治理论;有效教学

拿破仑曾说:"世界上只有两种强大的力量,即刀枪和思想;从长远看,刀枪总是被思想战胜。"汉初名臣陆贾也曾劝诫汉高祖刘邦:"可以马上打天下,但不可马上治天下。"这些都表明,意识形态对实现国家长治久安的重要性。思想政治理论课作为对大学生开设的通识课程,旨在在不同专业的学生中,建立起对马

【文章来源】本文原载于《湖北经济学院学报(人文社会科学版)》2019 年第 6 期,有修改。

【作者简介】朱桂莲,女,博士,中国地质大学(武汉)马克思主义学院副教授,硕士生导师。

克思主义意识形态的认同,因而也是对大学生进行马克思主义意识形态教育的主要途径和形式。然而,尽管众多思想政治理论课教师殚精竭虑、孜孜以求,不断探索并改进教学方法,但思想政治理论课教学的有效性一直为人所诟病(秦绍德,2014)。如何实现思想政治理论课的有效教学,让学生通过课程学习达成马克思主义意识形态的共识,开展经典阅读是一种不可忽视的途径。

一、充分认识经典阅读对思想政治理论课有效教学的重要意义

有效教学作为一种优质教学,旨在通过教学促进学生、教师与学校的内涵发展(盛群力,2012)。从教学设计的视角看,思想政治理论课有效教学的基本要义涉及:促进学生对马克思主义理论的认知、认同和运用,能真正调动师生"教与学"的积极性,真正实现教学目标、教学方法和教学评估三者匹配。经典阅读,作为一种读者与经典文本之间超越时空局限的特殊对话和意义重建,在教学环境下强调学生主体性、教师主导性和文本的可对话性,强调意义生成学习,无疑对提升思想政治理论课有效教学有着非常重要的意义。

1. 经典文本所承载的信息与阅读活动的对话本质,为提升思想政治理论课有效教学提供了一种可能的路径

思想政治理论课教学的本质,是为了让不同专业的学生建立对马克思主义理论的认同。而认同作为一种情感心理,其理性基础是对马克思主义理论的认知。要使不同专业的学生获得对马克思主义的认知和了解,尽管可以通过向他们灌输从马克思主义文献中整理出来的原理和观点的方式来实现,但这种方式缺少了学生的阅读体验和情感经验的共鸣,而多少显得有些教条和空洞,因而也常常不被学生接受,或者被虚假接受。作为承载马克思主义原理和观点的经典文本,它们真实地用语言文字表达了文本作者的"知情意"。大学生通过阅读活动与文本作者"直接对话",无疑是获得对马克思主义认知和了解的最正确、最必要的途径,因为阅读的本质是读者与文本互动、互证的对话和意义重建。换句话说,大学生在阅读马克思主义经典文本时,会从自身的受教育水平、审美能力、生活经验、艺术趣味、知识经验出发,主动地把自己的"知情意"与文本中的"知情意"进行沟通、比照和印证,从而获得自己的感受、理解和共鸣。这种认知认同是

非强迫灌输的,因而也是真实的。思想政治理论课教学中提供给学生阅读的经典文本是在一定的教学目的、教学理念下选择的,其中有教师的主导性参与,所以,开展经典阅读不仅是调动教师和学生教与学的积极性的有效方法,也是促进思想政治理论课有效教学的一种可能路径。

2. 经典阅读具有意义生成学习的功能,是提升思想政治理论课有效教学不可忽视的环节

根据建构主义的理论,知识不是通过教师的传递而是通过意义生成的方式获得的。奥苏贝尔在《意义学习新论——获得与保持知识的认知观》中指出,知识是一种依托于认知心理过程的有意义产品,其关乎逻辑的意义观念和相关背景观念之间的互动,是在特定学习者的认知结构中发生的,也是在意义学习或者获得与保持知识的心理"定势"中发生的。思想政治理论课教学视野中的经典阅读,从本质上来说,是一种被引导的创造和以意义构建为指归的学习实践活动,具有强烈的意义生成学习功能。换句话说,学生对马克思主义理论的接受,是在教师的引导下,结合自己的生活体验、情感经历、知识积累,积极主动地与文本展开对话,在多层面的质疑、理解、体验,感悟和思考中,完成新旧知识的整合和意义生成。在这一过程中,学生由知识的消极接受者转变为具有创造性的意义生成者,教师也由单纯的马克思主义理论的传递者转变为阅读活动的引导者和参与者,教学目标、教学方法、教学评估统一于这一阅读活动中。从这一角度而言,思想政治理论课教学中忽视了经典阅读,实际上就停留在了"教"与"学"相互脱离的层面。

3. 国外以经典阅读为主的意识形态共识教育经验,启示我们不可忽视经典阅读对提升思想政治理论课有效教学的重要性

重视意识形态共识和文化认同教育,通过教育铸造共同的精神文化基础,是许多国家非常明确的教育理念。美国大学把通识教育作为向精英阶层进行社会文化和西方价值认同教育的主要途径。通过通识教育,使得精英阶层突破门户和专业局限,在沟通传统与当代和分享普遍的文化和精神的基础上,成为社会文化和西方价值认同的中坚力量。无论美国各大学通识教育形式有多大差异,西方文明经典阅读都是其内容的核心。以哥伦比亚大学的通识课为例,全校本科生都必修的通识课程"人文经典",研读内容从古代的苏格拉底、柏拉图、亚里士多德,一直到当代的德里达、哈贝马斯,重点在于研读经典著作的永恒价值(易涤非,2014)。正是因为有了这样的研读,一代又一代的大学生被培养成既具有广博的文化教养,又掌握专业技能的人,也正是这样的经典研读,培育了一代又一代美国精英的强烈文化认同感。他山之石,可以攻玉,思想政治理论课实现有效教学,切不可忽视经典阅读的重要性。

二、深刻反思在思想政治理论课中实施经典阅读所面临的问题

毫无疑问,经典阅读活动的对话性本质在提升教师、学生教与学的主动性和促进大学生对马克思主义理论的认同等方面有着不可低估的功能,是提升思想政治理论课有效教学不可忽视的方法和途径。但是,在实际的思想政治理论课教学中,经典阅读教学的实施,还面临着诸多的困境。

1. 功利性课程计划与学生自主学习时间的冲突

思想政治理论课作为马克思主义意识形态认同教育的通识课程,包括"马克思主义基本原理""中国近现代史纲要"和"毛泽东思想和中国特色社会主义理论体系概论"等,一般在第一、第二学年开设。为了在一个学期内完成一门课程的教学,大多数学校的周课时安排为:"中国近现代史纲要"2课时,"马克思主义基本原理"和"毛泽东思想与中国特色社会主义理论体系概论"4课时。由于我国大学通行的本科生培养是采取学年制与学分制结合的方式,一般来说,在校大学生平均每学年课程不少于10门,每周课时量不少于20,再加上实验课、实践课、社团活动,学生们自主掌控的学习时间其实非常有限。再考虑到各门功课的作业,大学英语四、六级考试的准备,能留给思想政治理论课的课外时间少得可怜。对于每周4课时的思想政治理论课程来说,意味着学生一周内需要完成的阅读量是能够满足4课时教学主题的计划安排的,这是很不现实的。因为经典阅读需要的是理解和思考,是一种缓慢教学。正因为学生常常没有阅读老师布置的文本,使得设计好的教学方案在课堂上无法实施,许多试图在思想政治理论课中实施经典阅读教学的老师,不得不放弃对这一教学方法的探讨和实践运用。

2. 长期理论灌输教学模式与学生阅读习惯的缺失

长期以来,思想政治理论课作为对大学生进行马克思主义理论认同教育的

主要途径,一直备受中央高层重视。为了保证思想政治理论课的意识形态教育功能发挥,教育部不仅组织众多专家编写了全国统编教材,对教师在课堂上该讲什么、不该讲什么,作出严格的教学纪律规定,而且多次下发文件,要求把马克思主义相关的最新理论进课堂、进教材、进头脑。这些诸多的举措背后,一个重要的理论支撑就是,马克思主义理论体系不可能在学生头脑中自发生成,需要灌输。因为马克思主义理论需要灌输,所以,理论灌输也就成了思想政治理论课教学的主要模式。而在这种教学模式下,课堂由教师主导,学生则事不关己,只是来到教室应付教师的考勤。课后提供给学生阅读的教材内容,是失去背景意义的,通过教材的系统化而显得有些教条、空洞的,以学生的认知水平和知识经验根本无力阅读的原理和理论。在灌输理论的思维下,大多数教师没有意识到阅读对学生认知、意义生成的重要性,没有提供给学生更多的阅读材料;长期习惯于这种模式的学生,也没能养成阅读习惯,即便有教师偶尔布置了阅读任务,大多数学生也没有完成。

3. 教师知识结构的局限性

教学视野下的经典阅读是教师、学生和文本之间的"对话",这就需要教师不仅有良好的阅读沟通能力,而且要有非常深厚的马克思主义理论功底,熟悉马克思主义经典文本。而马克思主义作为改变人类现实世界的伟大理论,是一个完整的理论体系。它不仅包含马克思主义经典作者的作品,还包含后来的马克思主义者的作品;从内容上不仅涉及哲学、经济学、科学社会主义原理与实践,还涉及对诸多非马克思主义的批判和质疑;对马克思主义文本的理解,不仅要从中国的历史和现实需要来解读,也需要从世界历史与现实的背景中去解读。然而,并不是所有的思想政治理论课教师都是有马克思主义理论专业背景的,他们有学政治学、历史学、伦理学、经济学、哲学等专业的,对马克思主义理论的整体把握和文本理解,都还存在一定的局限。这也限制了他们在教学中展开经典阅读教学的尝试。

4. 教育支撑技术的落后

在思想政治理论课中实施经典阅读教学,需要一系列的教学技术支撑。因为思想政治理论课往往面对的是几千名学生,他们所要阅读的经典文本,仅仅依靠图书馆藏书是远远不够的,老师也不可能在每次上课前把要阅读的文本复印给学生。最便捷的方式,就是使用如 Blackboard 等智能教育平台,事先把课程所需要学生阅读的文本上传,提供给选课的学生,让他们在课堂之外进行远程阅读。但目前大多数高等学校在这方面都还比较落后。这无疑也会限制经典阅读教学的实施。

三、经典阅读提升思想政治理论课有效教学的思路与方法

在思想政治理论课中实施经典阅读,以经典阅读促进思想政治理论课有效教学,不仅是一种教学观念的变革,更是教学设计的创新。需要结合当前思想政治理论课教学的根本目的和实际条件,以教学观念创新和教学方法改进为支撑,设计以经典阅读为主的思想政治理论课有效教学方案。

1. 变革教学观念和模式,创新课程设计

传统的思想政治理论课教学观念是以"灌输理论"为假设前提的,认为马克思主义理论必须通过灌输,才能进入学生的头脑。事实上,这一理论假设前提低估了学生在教学中的主体性。无论教师在课堂上如何宣讲,学生基于自身的认知结构、知识经验,都会有一个自我印证、思想碰撞、选择接受的过程。如果思想政治理论课教学无法提供给学生一个反复的思想印证、碰撞的教学情景和过程,学生是不可能有真正的理论认知和意义生成的,也就不可能有真正的理解、接受和认同。因此,思想政治理论课教学应该着眼于如何适应于学生已有的认知结构和知识经验,创设出有利于学生主体性发挥的教学情境和教学过程。思想政治理论课教师应该发挥其在教学中的主导性,对思想政治理论课统编教材进行加工改造和整体设计,将其变为学生可阅读、可对话的文本,让学生自己在原始性的文本阅读中寻找有价值的主题。基于经典阅读的思想政治理论课有效教学设计,应该遵循如下原则。一是要注重从马克思主义理论的整体性出发安排教学内容,选择经典文本。以"马克思主义基本原理"为例,结合统编教材的纲目,马克思主义哲学部分,学生至少应该阅读《黑格尔法哲学批判》《关于费尔巴哈的提纲》《德意志意识形态》《自然辩证法》等文本;政治经济学部分,学生至少应该阅读《资本论》第一卷,《〈政治经济学批判〉序言、导言》等文本;科学社会主义部

分,学生至少应该阅读《共产党宣言》《哥达纲领批判》《家庭、私有制和国家的起源》等文本。二是要注重让学生了解国内外意识形态斗争的前沿动态,阅读内容应该涉及马克思主义的和非马克思主义的,既包括西方马克思主义者对马克思主义的构建和解构,也包括民主社会主义、新自由主义等思潮及其批判的文献。三是要注重给学生理论联系实际的课程视角,特别是马克思主义理论与中国特色社会主义理论和实践的逻辑联系。说到底,学习马克思主义理论,最终是要用马克思主义的世界观和方法论去认识世界和指导中国特色社会主义实践,否则,马克思主义就失去了生命力。在社会主义市场经济条件下出现的新情况、新问题,马克思主义应该给予正面的回答。因此,思想政治理论课教师在课程设计中,应该在给学生阅读的文本中体现这一视角。

2. 提升思想政治理论课教师经典阅读水平

毋庸置疑,在经典阅读教学中,教师仍然是重要的且不可替代的角色,他们不仅主导着课程的进度和内容的安排,而且也是学生和文本对话的参与者、解惑者、引导者。教师对马克思主义经典作品的理解程度,对意识形态领域形形色色的思潮、观点的熟悉和了解程度,对运用马克思主义世界观、方法论解释世界资本主义和中国特色社会主义实践的能力,都将直接影响思想政治理论课教学的有效性。因此,要采取多种途径提升思想政治理论课教师的经典阅读水平。一是要创造条件,分批次地对思想政治理论课教师进行经典阅读培训。人们常说教师要给学生一碗水,自己首先得有一桶水。对教师进行经典阅读培训,不应该停留在仅帮助教师了解和熟悉经典文本,而是要让教师学会如何有效指导学生阅读文本。因为在阅读教学中,教师们所面临的一个两难境地是如何在使学生学得更好的同时,能够完成课程所要实现的教学目标。所以,如何把教学目标渗透到有效的讲授、倾听、赏识、提问、追问、补充、互动等教学技巧中,这才是提升教师经典阅读水平的重点。二是鼓励教师参加各种学术研讨会。对经典文本的阅读需要从不同的视角去理解其深度和广度,各种学术研讨会为各种观点的汇集、碰撞提供了很好的平台。教师参与学术讨论,实际上也是自己作为读者与其他读者和文本之间进行对话,是发生在教师间的意义生成学习过程。三是开展经常性的日常经典阅读活动。利用教学研讨时间,经常性地集中学习马克思主义的经典文本,鼓励教师从不同的专业角度对经典著作展开对话。

3. 制订经典阅读有效教学的评价效度

尽管有效教学的实施效果在本质上取决于教师是否具有能够形成关于实现教学目标的学习经验的能力，但其前提是每个学生都参与教学活动。思想政治理论课是针对全校本科学生所开设的通识课，同时开班学习的人数众多，参与教学的教师也不止一个。而经典阅读是一种缓慢的、耗时耗精力的学习活动，要使每一个学生都投入时间精力参与教学活动，如果没有一个相对统一的课程教学和考试评估的要求和标准，只是某几个教师教学方法的改进，则很难贯彻实施下去。因为在当前的大学教育中，学生的学习大多具有较强的功利性，他们注重的是专业知识的学习和掌握，对思想政治理论课，他们更在乎的是怎样获得较高的分数。只有当经典阅读成为思想政治理论课教学的统一要求，对所有的学生都有约束力的时候，才有可能促使学生去进行阅读。也只有当经典阅读成为课程的一种主要形式时，学生才有可能养成阅读习惯。因此，教师要研究把握课程教学和考试评估改革方向，在着眼于学生全面、多元、有差异发展的基础上，集体备课，制订相对统一的思想政治理论课的经典阅读教学大纲，讨论规划每一次课的主题、目标和要阅读哪些文本，制订有效的考试成绩评定标准，增加平时成绩的比重，量化每一次作业、讨论的分值，优化交流、反馈和评价手段，促进经典阅读教学有效展开。

4. 改善思想政治理论课教学的技术和手段

经典阅读在具体的教学过程中，需要运用 Blackboard 等智能教学平台。因为 Blackboard、MOOC 等智能教学平台，具有强大的教学资源整合功能，可以帮助教师在课程开始前就上传教学大纲、经典阅读文本，布置作业，组织在线考试、答疑和讨论教学内容等；可以让学生通过平台事先阅读文本，讨论学习内容（顾正位等，2007）。这样，才能保证学生事先阅读了文本，带着问题上课堂，保证课堂的教师、文本、学生之间的对话得以顺利展开，使教学得以顺利进行。

主要参考文献

顾正位，王晓燕，金秀梅，2007. 基于 BlackBoard 的网络教学研究[J]. 中国教育信息化(13):65-66.

秦绍德,2014.有感于大学校长上思政课[N].文汇报,2014-04-28(5).

盛群力,2012.论有效教学的十个要义——教学设计的视角[J].课程·教材·教法,32(4):13-20.

易涤非,2014.通识教育、媒体责任与美国意识形态建设——从两份哈钦斯报告说起[J].红旗文稿(14):32-35.

突发公共卫生事件下的精准思政路径研究
——基于武汉市11所高校大学生的调研

王 渊 邬海峰 严 嘉

中国地质大学（武汉），湖北 武汉 430074

摘要： 思想政治教育是一切工作的生命线，作为影响人们意识形态领域的主要活动，在突发公共卫生事件中它也有其特殊的地位和作用。高校学生工作是思想政治教育的重要组成部分，承担着引领正确价值观、培育大学生爱国主义情怀和社会责任感，巩固意识形态教育阵地的重要使命。笔者通过在武汉市的11所高校随机抽样，以网络问卷和电话访谈的方式对疫情防控期间大学生思想、生活状况开展调查，分析了大学生面对疫情存在的现实困难和诉求，在大学生思想政治教育质量理论的指导下，遵循"精准思政"理念，提出高校学生工作要在对学生问题精准识别的基础上，依据全面性、主导性、针对性、持续性原则，从教育、服务、管理三方面精准供给和精准发力，实现思想政治教育主客体互动的精准对接，并建立一套高校学生工作在突发公共卫生事件中的响应路径方案。

关键词： 精准思政；高校学生工作；路径；突发公共卫生事件

【文章来源】本文原载于《中国地质大学学报（社会科学版）》2020年第20卷第5期，有修改。

【项目来源】湖北省高等学校人文社会科学重点研究基地——大学生发展与创新教育研究中心科研开放基金项目"全媒体时代基于网络舆情视角的大学生思想政治教育体系构建研究"（项目编号DXS2019002），"大学生网络素养现状及教育对策研究"（项目编号DXS2019009）。

【作者简介】王渊，女，博士，中国地质大学（武汉）学生工作处，副教授；邬海峰，男，中国地质大学（武汉）本科生院副院长，副研究员；严嘉，男，中国地质大学（武汉）学生就业创业指导处处长，讲师。

一、引言

近年来,突发事件成为社会"非常态"中的"常态",呈现出频率高、范畴多、辐射广、损失大的复合性危机特色,如新型冠状病毒肺炎(以下简称新冠肺炎)疫情。此次事件持续时间长,给民众的生命安全乃至经济、社会生活带来重大而深远的影响,也是我国公共卫生领域近年来发生的最为严重的一次突发事件。

《中华人民共和国突发事件应对法》中对"突发事件"做出了定义,是指"突然发生,造成或者可能造成严重社会危害,需要采取应急处置措施予以应对的自然灾害、事故灾害、公共卫生事件和社会安全事件"。突发事件一般具有产生的瞬间性、爆发点的偶然性、发展趋势的危机性以及其后果对主体与社会具有危害性等特征(程洪宝,2010)。我国教育领域从20世纪90年代开始认识到突发事件的危害性,对此类事件进行了专门的研究。本文的研究重点是突发公共卫生事件中的高校思想政治教育应对研究。突发事件的发展大致划分为3个时期,即潜伏期、爆发蔓延期和恢复重建期。从潜伏期加强防范的角度看,王鸿(2010)基于应急管理理论提出,为更好地防范高校突发事件,必须加强以预警机制、缓解防范机制和安全应急教育机制为主体内容的思想政治教育防范机制建设,维持高校和社会的和谐稳定。从爆发蔓延期积极应对的角度看,宋娟等(2012)基于心理危机干预理论提出,根据高校突发事件发生的时间序列,心理干预可以分别从突发事件发生前、发生中、发生后,即预防、应对、善后3个阶段进行。李艮(2016)基于情境学习理论提出,高校突发事件为思想政治教育的开展提供了契机,使得思想政治教育能够更深入和有效地进行,达到较好的教育效果。从恢复重建期发挥作用的角度看,刘艳华(2017)基于思想政治教育基础理论提出,高校应从思政教育的内容与形式、思政教育队伍建设、思政教育机制等方面,积极开展应对突发事件的思政教育创新性研究。新冠肺炎疫情所引起的学术思考也是多维且深刻的,张毅翔(2020)从系统辩证法视角对疫情中的思想政治教育进行整体性建构。一些学者则认为,疫情防控期间必须密切关注大学生的思想变化状况,有针对性地加强学生思想政治教育,强化学生价值引导(陈华洲等,2020;叶定剑等,2020)。同时指出重大疫情应对中大学生思想政治教育的4个着力点:加强爱党与爱国主义教育,坚定自信心;加强信息沟通和舆论引导,保障知情权;加强生命健康和大爱教育,增强抵抗力;加强人文关怀和心理疏导,消除恐慌感(张立学,2020)。因为重大疫情事件发生概率小,且没有给人们足够的预防准备时间,与之相关的思想政治教育学科方面的研究相对较少,现有成果主要是以思辨为基础的理论探讨和逻辑分析,实证调查研究不足,难以为学生工作者直接掌握和应用。

2015年1月,中共中央办公厅、国务院办公厅印发的《关于进一步加强和改进新形势下高校宣传思想工作的意见》明确提出,要着力增强大学生思想政治教育针对性实效性,启动大学生思想政治教育质量提升工程。大学生思想政治教育质量,是指教育者的思想政治教育水平与满足大学生需要程度的状况(郑永廷,2013)。在思想政治教育学科传统的基础范畴中,将教育者作为主体,教育对象作为客体,大学生思想政治教育质量便可理解为,主体的思想政治教育水平与满足客体需要程度的状况。大学生思想政治教育质量,是思想政治教育者所培养的人才符合社会发展需要和个体发展需要的充分程度,应该从大学生思想政治教育的全面性、主导性、针对性、持续性等方面加以综合考察(曾兰,2016)。针对高校大学生这一特殊群体,充分利用重大疫情这一特殊事件、特殊情境,加强大学生思想政治教育,既是做好突发公共卫生事件应对工作的客观需要,也是提升大学生思想政治教育质量的重要契机。笔者认为,将思想政治教育质量理论跟学生工作实践有机结合,对特殊时期大学生思想政治教育提质增效十分必要。所以,本文以学生工作的视角,针对此次疫情中的调研结果分析,从实践应用层面对突发公共卫生事件下的精准思政路径进行研究,通过精准定位疫情防控这本思想政治教育的"活教材"、精准选择有效方式和内容对疫情中的学生精准发力,加强帮扶措施的精准供给,在学生工作实践中探索建立一套快速反应的精准思政路径方案。

二、武汉市11所高校大学生的调研情况概述

调查研究是思想政治教育的重要方法,有利于关注现实、回应现实,加强思想政治教育的针对性和有效性,提升大学生思想政治教育质量。

1. 电话访谈

面对突发疫情这一新形势新情况,为深入了解在读大学生的学习生活现状,

笔者于2020年3月9日至4月22日,在中国地质大学(武汉)随机抽样,电话访谈了2062名学生,其中本科生1192人,硕士生805人,博士生65人;男生1254人,女生808人。具体比例如图1所示。主要调研的问题包含4个方面:①大学生在疫情期间的思想状况如何;②大学生面对疫情时的心理健康状况怎样;③受疫情影响的大学生就业呈现什么样的局面;④大学生在疫情期间有哪些亟须学校回应的期待。受访的大部分学生表示疫情来临时毫无心理准备,因为不具备应对这类突发事件的知识和技能;也有部分学生对疫情期间产生的有关社会问题表示困惑和不解。此外,受新冠肺炎疫情影响,很多面试改为线上,由线下改为线上的变化,学生和招聘单位都需进一步适应,不断调整心态和方式。还有不少学生很关心返校后学校的管理方式能否确保大家健康安全,就学校的防疫物资准备得是否充足,如何避免聚集等问题提出疑问和建议,希望学校予以回应。

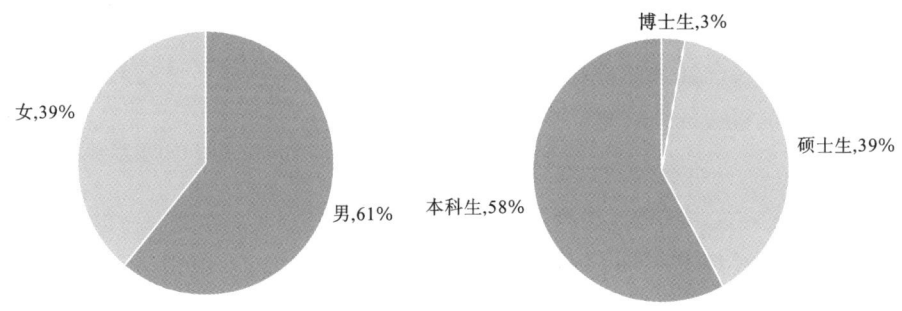

图1 电话访谈学生比例图

2. 问卷调查

为更加全面了解疫情对大学生造成的影响,笔者进一步扩大调研范围,于2020年6月下旬至7月初,在武汉大学、华中科技大学、华中师范大学、中国地质大学(武汉)、华中农业大学、中南民族大学、湖北大学、武汉工程大学、武汉纺织大学、武汉体育学院、湖北第二师范学院11所高校(含"双一流"建设高校、一流学科建设高校和普通高校)发放网络调查问卷,通过随机抽样的方式采集数据,针对在读大学生进行了一次专题调研。共收到有效问卷1575份,其中,参与调研的男生 823 人,女生 752 人;本科生 1195 人,硕士生 360 人,博士生 16 人。具体比例如图 2 所示。

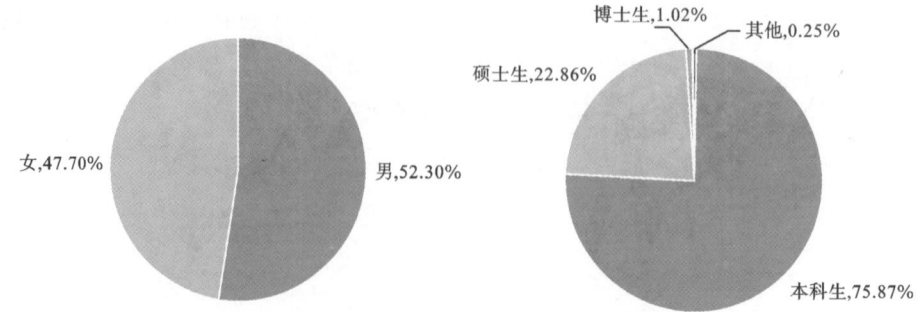

图 2　问卷调研学生比例图

问卷针对大学生的基本情况,包括思想、学习等方面,进行了调查,还调查了疫情对高校日常管理的影响。

(1)思想方面。调研数据显示,94.5%的学生对疫情防控中体现出的社会主义制度的优越性和强大的中国精神的凝聚力表示赞同,同时也觉得我国在疫情防控中取得的重大成果对自己认同中国梦和增强爱国主义情怀有着非常积极的影响。

81.5%的学生表示,疫情发生后对青年人应该担当的时代使命和历史责任有了更深的思考。可喜的是,这其中有 32.6%的学生不仅在疫情中对责任和担当有了更深入的思考,也付诸实践,积极参与到了疫情防控的工作中。

(2)学习方面。调研的数据显示,59.3%的学生表示在线学习存在较多困难和问题。对于具体的困难,57.2%的学生认为主要体现在无法与老师、同学面对面沟通,答疑交流不便、不深入;69%的学生表示长时间上网课容易走神,学习易受到网络及外界环境的干扰,专注力不够,从而影响学习效果;还有 25.4%的学生表示所在地没有网络,根本无法参加在线学习。

(3)日常教育管理方面。调查数据显示,93.4%的学生都觉得学校有必要加强对传染病防控知识的宣传,全面提升大学生综合应急能力和生态环保意识。91.7%的学生认为返校复学后学校的管理方式须确保大家的健康安全,应错峰上课、用餐,避免聚集。

三、大学生在疫情中面临的困境分析

调研显示,大学生在疫情中面临成长与发展的问题主要表现在以下方面。

1. 应对突发疫情的意识、能力和思想准备不足

Sayegh 等(2004)曾将突发危机事件的典型特征归纳为:起因和后果的不确定性、低发生率、非常规性、要求迅速对其反应、威胁生命以及决策困难。本次疫情满足了以上所有特征,公众心理也会表现出与日常情境下完全不同的特点。心理学研究表明,个体在危机情境下倾向于直觉决策(黄琳妍等,2013),但如果提供模拟和预演的机会,有了相关经验作为参照,其行为的非理性程度会下降(Fu et al.,2018)。在突发事件发生时,生活常态被突然打破,人们首先会尝试采用自己习惯的方式解决,当既往经验难以应对时,就会体验到自身的紧张和焦虑(樊富珉,2020)。当前高校思想政治教育体系中,应对突发公共卫生事件的教育相对不足,缺少对学生应急知识的培训,包括疫情期间的自我防护等,大学生缺乏安全意识和面对突发公共卫生事件的应急处理能力,必然会产生恐慌、焦虑的心理。因为公众的心理学常识匮乏,不能理解困扰自身的心理因素,一般状态下的"焦虑"就会引起人们的负性注意偏向(即更多地关注负面信息)(彭晓哲等,2005)。此次疫情来势凶猛,防控形势变化无常,对国家应急反应能力的考验加剧。大学生由于心理尚未完全成熟,政治辨别能力不强,面对突如其来的巨大变化,看待复杂的社会问题容易片面化,会产生困惑、误解,难免出现一些负面情绪。

2. 大学生面对疫情期间"停课不停学"的要求有待适应

此次疫情的发生,改变了大家习以为常的传统教学模式,大大加快了高等教育在线教学的步伐,对于疫情时期的特殊学习方式,虽然学生们都表示理解和支持,却需要一个适应过程。在线教育实现了时空分离状态下师生同步或不同步的教学行为,但作为影响在线教学质量的重要因素,在线交互效果一直是在线教育中有待提升的方面,它包含学生与媒体界面的交互、师生交互、生生交互、学生与学习资源之间的交互以及学生新旧概念之间的交互等(王志军等,2015)。这种在线教育方式给学生带来很多挑战,比如,学生可能会因在线课程中资源过于丰富而遇到信息超载、生理负担加重(长时间面对屏幕带来的视觉疲劳、注意力不集中)等问题。在线教育效果也受到多种因素影响,首要的是网络条件、设备配置。学生居家隔离,不同地区网络条件参差不齐,导致部分学生根本无法完成在线学习任务。

3.疫情的全球扩散引起学生关注学校的应急管理方案

2003年"非典"疫情之后,各地高校纷纷制定了一些突发事件的应急管理制度,但并没有形成全面的"大学校园应急管理"意识,也没有建立突发事件发生前的防范及发生后的恢复保障措施等全套应急管理方案。疫情的快速传播也让高校措手不及,针对学生提出的疑虑,高校应对此次突发公共卫生事件应以平安校园和构建社会主义和谐社会为目标,以人为本,更新观念,以现代科学技术为手段,全方位思考,科学系统规划,完善应急管理体系。在学生正式返校及之后的一段时间内,要严格杜绝学生聚集,减少线下无序流动,将避免人员拥挤作为学校疫情防控应急管理的关键环节。

四、实施精准思政是突发公共卫生事件下的高校学生工作响应方案

在全国高校思想政治工作会议上,习近平总书记指出要"提升思想政治教育亲和力和针对性",虽然未使用"精准"这一提法界定与描述高校思想政治教育的根本要求与推进策略,但综观他在不同场合关于思想政治教育的重要论述,均具有很强的现实指向性,即新时代高校思想政治教育要突出"精准"二字(陈慧军等,2019)。精准思政作为新时代思想政治教育工作创新发展的新样态,需要切实抓住提质增效的"硬核"问题,推进思想政治教育精准供给,从而增强思想政治教育的亲和力和针对性。

在疫情全球肆虐的背景下,大学生居家隔离时,思想政治教育如何发挥生命线的作用成为精准思政面临的重大而紧迫的任务。基于思想政治教育质量提升的全面性原则,应将全员、全程和全方位精准育人落实到疫情防控中,坚持问题导向,通过调查做到对学生问题的精准识别,在教育、服务、管理措施的定制上进

行精准供给,面向对象精准发力,将疫情期间的思政工作融入学生生活,实现主客体互动的精准对接,从而构建一套突发公共卫生事件中的精准思政路径方案,如图3所示。

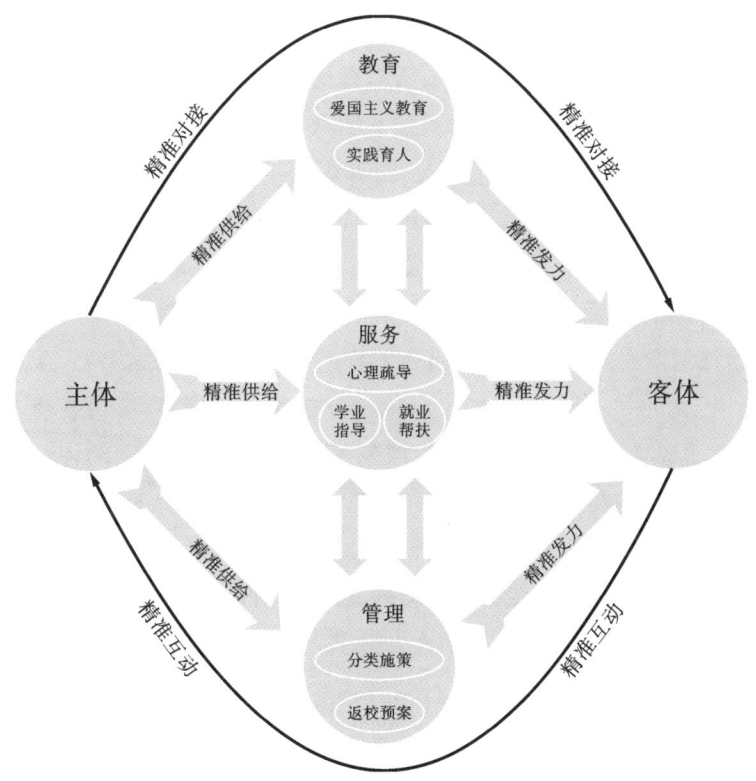

图3　突发公共卫生事件中的精准思政路径图

1. 主导性的精准教育:因势而新,精准供给教育内容

大学生思想政治教育主导性的一个重要体现为价值认同,包括对大学生思想政治教育目标和内容的认同,这是大学生思想政治教育质量提升的基础。思想政治教育内容有效性深刻地影响着思想政治教育的实际效果。理论只要说服人,就能掌握群众;而理论只要彻底,就能说服人(马克思等,2012)。思想政治教育内容的彻底,不仅表现为理论上的科学性,更体现为对现实世界的指导性,具体为能否关照社会重大、热点问题,能否贴近学生的生活世界。围绕疫情防控现实问题和社会价值误区,学生工作要因势而新精准发力、"定点爆破";精准供给"有滋有味"的内容,将隐性教育与显性教育有机结合。笔者认为,应该抓准时机强化培育大学生的爱国主义情怀,帮助大学生建立良好的社会责任意识,科学地引导大学生树立正确的世界观、人生观和价值观。

(1)整合优化丰富大学生爱国主义教育的内容和形式。突发事件在给大学生带来影响的同时,也带来了预想不到的教育"契机"——情感体验。体验学习可让学生的思想行为得到正确的引导,更客观公正地看待自己和社会,促进其全面健康成长。通过学生在抗击疫情过程中的亲身体验,既可以让学生应对突发公共卫生事件的能力得到提高,又能激发学生的爱国主义热情。习近平总书记(2014)指出:在中华民族几千年绵延发展的历史长河中,爱国主义始终是激昂的主旋律,始终是激励我国各族人民自强不息的强大力量。团结一心、众志成城抗击疫情是突发事件中彰显的中华民族精神。首先,学校要号召和鼓励学生参加在各自的生活区域开展抗击疫情志愿服务等有益的实践锻炼活动,并加强宣传、树立典型,用身边的榜样感动同龄人,激发大学生的爱国主义情感,在实践中不断迸发爱国主义热情,并不断将爱国情怀的感性认识转化为理性认知,在形成正确"三观"的基础上,运用理性认识在新的实践中不断丰富知识体系,提升新时代大学生爱国主义情怀的精神境界和人生追求。其次,加强对现有主题教育、党建活动、暑期社会实践等爱国主义情怀培育内容中各种要素的整理、加工、重组与创新,使之更紧密地贴近学生的生活和学习实际,探索适合新时代大学生的爱国主义教育新模式。再次,在新生入学教育、主题班会、日常教育管理等工作中开展内容丰富、形式多样的大学生应对突发公共卫生事件教育培训和演练。着力加强对健康理念和传染病防控知识的宣传教育、生命教育、生态文明教育和危机意识教育,全面提升大学生综合应急能力。最后,在思想政治理论课教学中增加专题模块和讨论环节,将抗击疫情的典型案例融入课程思政,使理论教学更具生动性和感染力。对疫情防控期间存在的社会热点问题进行透彻分析,以"有理有据"的阐发,将中国共产党为什么"能"、中国特色社会主义为什么"好"等重大问题讲准、讲深、讲透。从责任担当的角度出发,帮助学生答疑释惑并解决一些现实问题,充分发挥疫情防控过程中的典型示范教育功能,通过主流价值观引导促进新时代大学生对中国梦的情感认同和实践躬行。

(2)深化在社会实践中培养大学生家国情怀和社会责任感。此次突发公共卫生事件给大学生的学习生活和健康生命等都带来重大影响,学生工作需要把握好时机,形成定期开展爱国主义社会实践活动机制,在社会实践中切实帮助大学生形成胸怀祖国的抱负和关注民生的情怀,对大学生着重开展民族精神教育和社会主义核心价值观教育。引导大学生深入卫生防疫、医院、部队、社区、农村、企业中,深入开展社会调查、公益活动、"三支一扶"、志愿服务、走访活动等,亲身经历和了解社会真实面貌和实际状况,感知中国大地,体察国情民情,增强对国家民族的自信心和自豪感,增强对家庭、社会、国家的责任意识和担当精神,将灾难性事件引发的危机与大学生的爱国情怀、民族情感衔接起来,培育家国情怀,激活学生工作新思维,展现新时期大学生爱国主义教育的新气象。学生工作还要让大学生具备勇于担当的社会责任意识。学生作为担当民族复兴大任的生力军,肩负着时代赋予的使命,要切实帮助他们巩固国家意识,并将"小我"融入"大我",把爱国的理性情感转化为自觉的报国行动。同时学生们也要在完成每一项任务,履行每一项职责过程中培养锲而不舍的拼搏、奋斗精神,不畏艰难、锐意进取、不辱使命的实践态度,到祖国需要的地方实现自己的人生价值,争做砥砺奋进的时代新人。

2. 针对性的精准服务:因事而化,精准解决学生困难

大学生思想政治教育的针对性体现在"围绕学生、关照学生、服务学生"。围绕学生的所思、所虑、所忧,关照学生的心理困扰、学业和就业困难,满足其需求和期待,为他们提供精准服务。精准服务要做好咨询快速响应、服务贴心周到等多方面细节,让精准供给"有情有义"。

(1)丰富和完善大学生心理健康教育体系。首先,建立高校应急心理辅导支持系统。在抗击疫情过程中和之后采取各种形式的心理辅导与咨询,针对毕业就业焦虑类、学习困难焦虑类、家庭关系紧张类、生活困难焦虑类和害怕疫情恐慌类这五类学生群体进行网络或者电话的个体咨询或团体辅导,对于生活困难群体,还要及时给予物质上的补贴和资助,缓解其家庭经济压力,确保学生能安全度过疫情。一是建立多层次的应急心理支持系统,学校的心理咨询师、辅导员、班主任、专业教师、研究生导师、班级党员干部同学都要密切关注各类焦虑群体,引导学生理解和接纳自己的各种不同心理体验及反应,帮助学生舒缓和表达情绪,有针对性提出辅导建议,做到贴心、全方位地解决学生的心理矛盾、问题。二是建立多渠道的应急心理支持系统。社会、学校、家庭要各司其职,承担相应的学生心理辅导工作。建立家校联系,通过倾心交谈缓解学生心理压力,减轻恐惧和焦虑感,并教会学生用转移、暗示等方法放松心情,减少危机中的心理、行为失衡与偏差,保持健康乐观的心态。

其次,注重疫情过后大学生心理健康素质的恢复和重建。重大突发事件带来的心理失调并不会随着事件的结束而马上消失,所以在事件善后中要注重大学生心理素质的恢复与重建,提高个体心理承受力和心理应急素质。疫情结束后,高校学生工作需深化完善大学生心理健康教育体系的构建,根据突发事件发生前、中、后3个阶段开展心理健康培训教育工作。突发事件前,经常开展应急心理健康教育,对大学生的心理健康状况有全面细致的了解和掌握,便于突发危机事件时及时反应、做好防范工作;在突发事件发生过程中,准确地把握事件发展态势和预测变化趋势,根据大学生的心理状态变化,挖掘深层次原因,有针对性地开展心理疏导工作;突发事件过后,对大学生进行心理救助。对于隔离期间受到歧视对待的学生群体,学校要组织专项团体辅导,助其释放负面情绪并正确理解疫情期间大众的恐慌心理。

(2)加强学业帮扶,确保学生学习质量。首先,加强与教学主管单位协同配合,共同抓好学生线上学习。一是任课老师适当放慢节奏,细化教学内容;多给予学生方法性的指导,注意增加互动,组织讨论。通过电话、邮件等方式提前做好学情调研,在总体学习目标不变的前提下,不拘泥于教材,尽量设计生动活泼的交流互动环节,帮助学生缓解长时间面对屏幕的视觉疲劳和解决注意力不集中等问题,还可将学生完成较好的作品和作业进行案例展示,在有限的时间内把"独白"或者"满堂灌"的方式转化为师生交流,采取录播和直播相结合等方法充分发挥在线教学"碎片化"学习的优势。也可通过线上翻转课堂的模式强化互动,增加生生互评、教师点评等环节激励学生深度思考、发表个人见解,吸引学生参与到教学活动中;通过练习、测试、任务等发现学生存在的共性问题,再进行直播教学予以重点解决。二是为身处偏远地区因无 Wi-Fi 而不能上网学习的学生提供流量补助,同时,鼓励其采用线上与线下相结合的混合学习模式。教师根据教学目标和任务创建拓展资源库,通过 QQ 或者微信打包给学生,推送的资源包括基本知识、经典题例和主题探究、解题策略等,有效缓解学生学习条件上的困难。三是为疫情期间的学习提供各类支持活动。通过建立学习互助QQ群,由各专业"学霸"为学习困难同学讲解课程内容,在线答疑辅导,发挥朋辈引领作用。四是教育教学管理部门要加大教师培训投入,适时开展不同学科、不同类型的在线教育教学实践研究,总结并大力推广在线教育教学规律,让一些传统学科形成更为精彩的在线教学实践模式。

其次,辅导员、班主任、研究生导师多方持续关心学生毕业设计(论文)进展。导师在线指导,一对一联系毕业生,一方面帮助完成毕业设计(论文)有困难的学生解决实验方法设计、论文数据处理等难题;另一方面鼓励学生主动克服居家学习困难,增强学习主体性,正视疫情带来的不便,积极调整心态,寻求帮助和指导,提高线上资源的搜集能力,把当前面临的挑战内化为自我成长的积蓄资本。学校建立起家校协同双向通道,教师可充分利用在线班会等形式对家长进行培训;家长营造居家学习的良好氛围,积极参与精准辅学,与毕业设计(论文)指导教师共同努力帮助学生顺利完成学业。

(3)优化服务协同推进大学生求职就业和创业指导。首先,创新工作方式,提高就业工作实效。一是建立"学校主导、学院主体、校友联盟"的就业帮扶工作机制。通过组建就业工作联盟,发挥学院专业优势,动员导师人脉资源,激活校友母校情结,提升就业工作的针对性和专业性。同时,广泛开拓就业渠道。加强和地方人社部门协作,积极与校企战略合作单位联系,在重点区域、重大工程、重大项目、重要领域上深化人才供需对接,及时发布毕业生学科专业及生源信息,多渠道发挥校友资源作用,调动辅导员、班主任、专业教师、研究生导师等力量,为毕业生提供就业信息服务。二是对学生进行"一对一"个性化就业指导。为学生提供精细化就业咨询,帮助学生解答网上求职的疑惑和难题。积极邀请用人单位参加在线宣讲、互动交流和视频面试,构建疫情防控期间用人单位与学生快速便捷交流的招聘与求职平台。实时推送与专业契合度高且符合学生意向的岗位信息;辅导员或专业团队为毕业生开展简历制作、面试技巧、求职经验分享等指导活动,提升学生就业自信。对就业困难毕业生进行点对点帮扶,贯彻精准帮扶理念,找出困难的具体原因,实现"一生一策"动态管理。

其次,摒弃固有传统思维,优化创业服务体系。围绕互联网思维构建创业服务体系,提高对学生创新创业的各种支持力度,为创新创业提供更优质更专业的服务。加强校企战略合作,搭建创新与创业、线上与线下、孵化与投资相结合、成本低、便利快捷化的创新创业综合服务平台。下大力气帮助学生解决他们在创业过程中面临的融资难问题,积极协助构建适合大学生的多层次、多渠道创业融资体系。由学校出资,与校友合作,设立创业基金,利用多方资源支持大学生创业。学校还应与一些较为成功的创业网站进行合作,让学生能够直接登录相关网站学习和掌握当前自主创业的最新资讯;针对无法上网的学生,开通专门的就业、创业咨询服务热线,学生在面临找工作难、就业迷茫和焦虑时,产生创业想法和在自主创业过程中遇到困难时,都可以直接拨打就业、创业咨询服务热线寻求温馨且有效的帮助。

3. 持续性的精准管理:因时而进,精准回应学生诉求

大学生思想政治教育的持续性就是要及时跟进,适应社会环境变化,抓住时机,利用好重大事件和重要时间节点,加强与大学生的平等对话与理解,以学生为中心,充分考虑大学生正当合理的需求。在疫情期间积极回应学生诉求能赢得信任、凝聚力量、温暖人心,达到事半功倍的效果。

(1)加强教育引领,关心留守学生。一是保障学生日常生活必需物资的配送,在生活上贴心关怀。二是成立留守学生临时党支部,发挥党员先锋模范作用,引导学生认清疫情防控形势,深入了解留守学生困难和需求,精准到人,做好心理疏导,鼓舞士气,增强信心。同时,采取网络、校园广播等形式多渠道开展健康教育培训,传播和普及传染病防控知识,给学生以正确和及时的信息引导,进行突发公共卫生事件的常识教育和应对教育,帮助学生提高对突发公共卫生事件的应对和处置能力。三是建立常态化疫情防控应急人员队伍,以学工系统教师为基础,挑选辅导员组成应急分队,及时协助学校处理疫情防控工作相关任务。

(2)采集学生健康信息,科学制定学生返校准备预案。一是精准制定分批错峰返校工作方案。采取分类管理的办法,辅导员提前返校做好迎接学生开学准备,提前开展即将返校学生的心理疏导工作并强化防疫抗疫教育;做好学生返校过程中防止感染的风险教育和防疫措施指导;毕业生错峰办理离校手续。二是将防疫物资储备和生活物资保障到位,备好隔离观察区。可申请政府专项资金资助、争取校友企业支援、适当使用学校公共事业经费解决防疫物资购置的经费问题;并请政府给予学校专业处置队伍的援助,下派具有一线防疫工作经验的医护人员入驻学校提供防疫工作指导。三是在学生返校后广泛开展健康教育,对教育教学活动严格管控,避免人员聚集。通过各种媒介传播突发公共卫生事件相关知识、观念、行为、技能等,使大学生准确、快速地掌握防护技能,学会处置和应对突发公共卫生事件的方法和策略。同时,加强精细化管理,对学生健康状况和位置信息进行严格掌控,加大日常管理力度。

五、结论

精准思政是新时代思想政治教育工作的创新发展,符合"因事而化、因时而进、因势而新"的新形势下高校思想政治工作总要求,也是遵循思想政治教育规律和学生成长需求的具体体现。在突发公共卫生事件中,精准思政需要抓住精准供给这一提质增效的"硬核"问题,面向对象精准发力,用习近平新时代中国特色社会主义思想铸魂育人,确保"立德树人"的各项要求落到实处。

实施精准思政是提升大学生思想政治教育质量的有效方式。在大学生思想政治教育质量理论的指导下,遵循精准思政理念,笔者提出了以下观点:第一,新时代高校思想政治教育工作应树立"问题意识",聚焦的重点是密切关注大学生的思想动态,立足于对其需求和期待的精准识别基础上精准供给和精准发力,以提升大学生思想政治教育质量。第二,定位疫情防控这本思想政治教育的"活教材",高校学生工作应积极探索"因事而化、因时而进、因势而新"的精准思政路径方案,将全员、全程和全方位精准育人落实到疫情防控中,坚持"问题导向",通过调查研究做到对学生问题的精准识别,在帮扶措施的制定上进行精准供给,保证对话的有效性,将思政工作融入学生居家隔离的日常生活中,实现主客体互动的精准对接。第三,面对疫情中大学生存在的现实困难和诉求,高校学生工作要积极提供突发公共卫生事件下快速反应的解决方案,秉持"回应问题、解决问题"的态度,精准选择有效的方式和内容面向学生精准发力,做到为学生提供主导性的精准教育,针对性的精准服务,持续性的精准管理。

主要参考文献

陈华洲,项微微,2020.重大疫情防控中大学生思想政治教育的应对[J].学校党建与思想教育(7):82-84.

陈慧军,平章起,2019.论新时代精准思想政治教育的逻辑向度[J].学术论坛,42(5):140-148.

程洪宝,2010.突发事件应急处置的思想政治教育保证机制探析[J].求实(6):80-83.

樊富珉,2020.突发疫情中的心理危机与干预[EB/OL].(2020-02-05)[2022-09-21].https://www.sohu.com/a/370804229_183794.

黄琳妍,李虹,徐继红,2013.直觉性和分析性决策策略偏好的情境效应[J].心理与行为研究,11(6):739-745.

李艮,2016.面对突发事件,要用好思想政治教育这块"压舱石"[J].人民论坛(25):198-199.

刘艳华,2017.高校突发事件应对与思政教育创新探析[J].江苏高教(6):83-85.

马克思,恩格斯,2012.马克思恩格斯选集:第1卷[M].中共中央马克思恩格斯列宁斯大林著作编译局,译.北京:人民出版社.

彭晓哲,周晓林,2005.情绪信息与注意偏向[J].心理科学进展(4):488-496.

宋娟,任智霞,2012.高校突发事件心理危机干预研究[J].学校党建与思想教育(35):49-50.

王鸿,2010.应对突发事件的思想政治教育预警防范机制探析——以高校为例[J].理论月刊(12):179-182.

王志军,陈丽,2015.国际远程教育教学交互理论研究脉络及新进展[J].开放教育研究,21(2):30-39.

习近平,2014.习近平谈治国理政[M].北京:外文出版社.

叶定剑,林立涛,田怡萌,2020.重大疫情背景下大学生思想行为特点及教育策略[J].学校党建与思想教育(7):79-81.

曾兰,2016.论内容优化与大学生思想政治教育质量提升[J].思想教育研究(2):96-99.

张立学,2020.重大疫情应对中大学生思想政治教育的四个着力点[EB/OL].(2020-02-09)[2022-09-21].http://edu.gmw.cn/2020-02/09/content_

33537556.htm.

张毅翔,2020.从自适、自觉到自为:重大疫情应对中思想政治教育的整体性建构[J].思想教育研究(3):28-32.

郑永廷,2013.大学生思想政治教育质量提升的理论研究[J].思想教育研究(6):14-16.

FU L,YU J J,NI S G,et al.,2018. Reduced Framing Effect: Experience Adjusts Affective Forecasting with Losses [J]. Journal of Experimental Social Psychology,76(5):231-238.

SAYEGH L,ANTHONY W P,PERREWÉ P L,2004. Managerial Decision-Making under Crisis: The Role of Emotion in an Intuitive Decision Process [J]. Human Resource Management Review,14(2):179-199.